애국인가 친일인가

독립운동에 투신한 무관들이다

노백린   이갑

노백린 일본 육사 11기. 대한제국 무관학교 교장, 뒷날 임정 국무총리를 지냈다.
이갑 일본 육사 15기. 신민회를 창설하고 망명투쟁을 전개했다.

김경천   지청천   조철호

김경천 일본 육사 23기. 중위 때 탈출, 신흥무관학교 교관, 백마 탄 김 장군 전설이 되었다. 스탈린의 폭압 시대에 간첩 누명을 쓰고 유형지에서 사망했다.
지청천 일본 육사 26기. 중위 때 탈출, 신흥무관학교 교관, 광복군 총사령이 되었다.
조철호 일본 육사 23기. 소위 때 탈출에 실패, 전역 후 조선소년군을 창설했다.
이종혁 사진이 없다. 일본 육사 27기. 소위시절 연해주 출병 중 동포 독립투사 총살, 그후 탈출해 독립전쟁 지휘관이 되었으나 동포 밀정의 밀고로 피체되어 옥살이 후유증으로 사망했다.
이동훈 사진이 없다. 일본 육사 27기. 소위 때 퇴역, 평양 광성고보 교사로 일하면서 제자들 3·1만세 운동을 조장, 상하이로 망명하려다가 체포된 뒤 고문 후유증으로 사망했다.

반민족 친일행위자로 지목된 무관들이다

　　홍사익　　　　　　이응준　　　　　　신태영

홍사익 일본 육사 26기. 탈출맹세에 등 돌렸다. 일본군 중장으로 승진했으나 태평양전쟁 전범으로 처형당했다.

이응준 일본 육사 26기. 탈출맹세에 등 돌렸다. 일본군 대좌로 광복을 맞음. 그러나 국방경비대 창설을 주도하고 초대 참모총장을 지냈다.

신태영 일본 육사 26기. 일본군 중좌로 광복을 맞음. 국방부장관을 지냈다.

　　염창섭　　　　　　김석원　　　　　　윤상필

염창섭 일본 육사 26기. 일본군 대위로 전역, 만주국 고위관리를 지냈다.

김석원 일본 육사 27기. 가장 용맹한 일본군 장교였다. 대좌로 광복을 맞았으나 국군에 들어가 장군이 되었다.

윤상필 일본 육사 27기. 탁월한 능력을 발휘한 장교로서 만주국 고위관리를 지냈다. 소련군에 체포되어 유형지에서 사망했다.

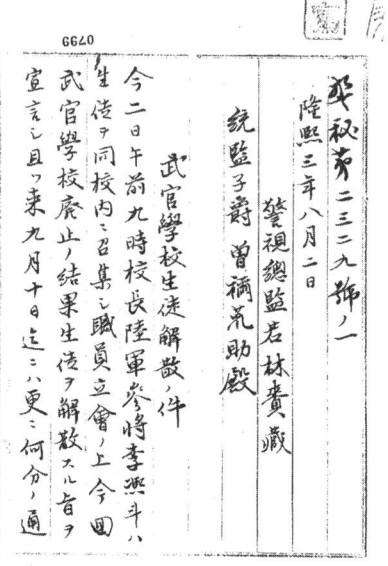

대한제국 무관학교 생도 해산을 보고한 1909년 8월 2일자 일본군 기밀문서.

편입 후 단체 사진

도쿄 육군중앙유년학교 편입 직후 교관단과 찍은 사진. 이기동,《비극의 군인들》에서 옮김.

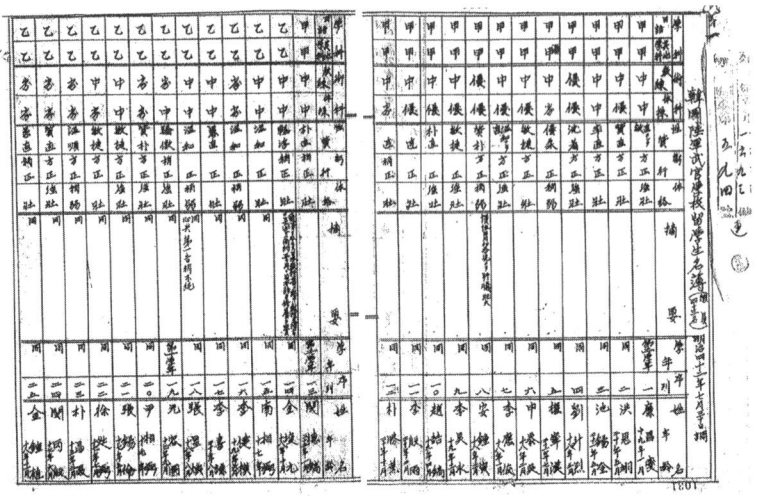

무관학교 생도 명부

일본국립공문서관 보존자료이다. 일본어 '갑'은 통역 없이 수업 가능, '을'은 일상회화 가능, '병'은 일상회화 곤란. 기타학과 '갑'은 중학 1년 수료 상당, '을'은 중학입학 상당, '병'은 그 이하로 적었다.

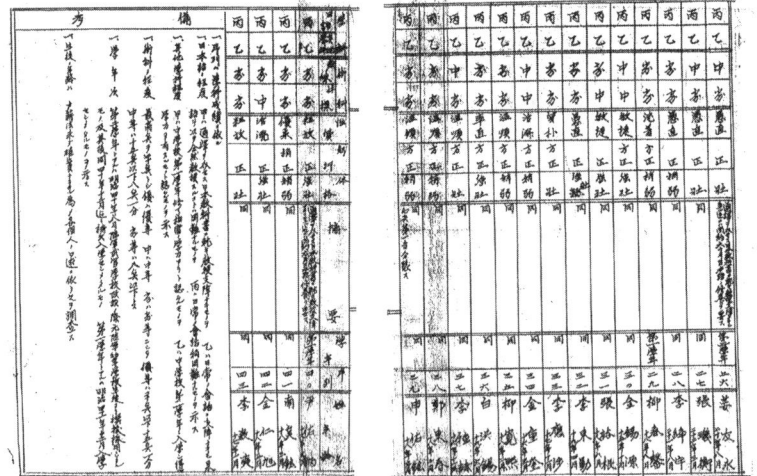

무관학교 생도 명부

연령은 호적법 미비로 개인구술을 따랐고, 전체 45명 중 1명 유학 거부, 1명은 신체검사 불합격이라고 기록했다. 우에서 좌로.

당시의 일본 육사 정문.

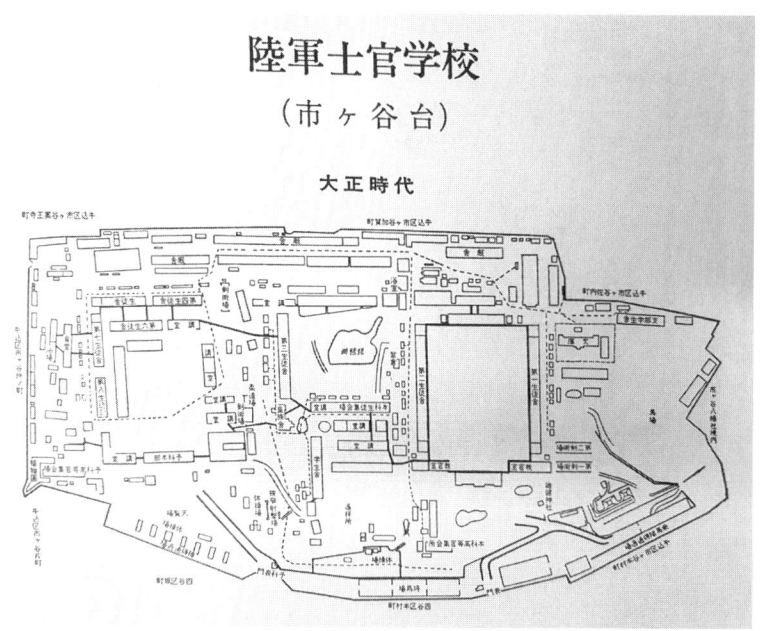

당시의 일본 육사 시설 배치도.

육사 26기 제3생도중대 제3구대의 단체사진

1열 왼쪽에서 4번 유승렬, 5번 이호영, 2열 왼쪽 1번 조철호, 3열 왼쪽 4번째에 지청천이 있다. 코베이 경매 전시 사진.

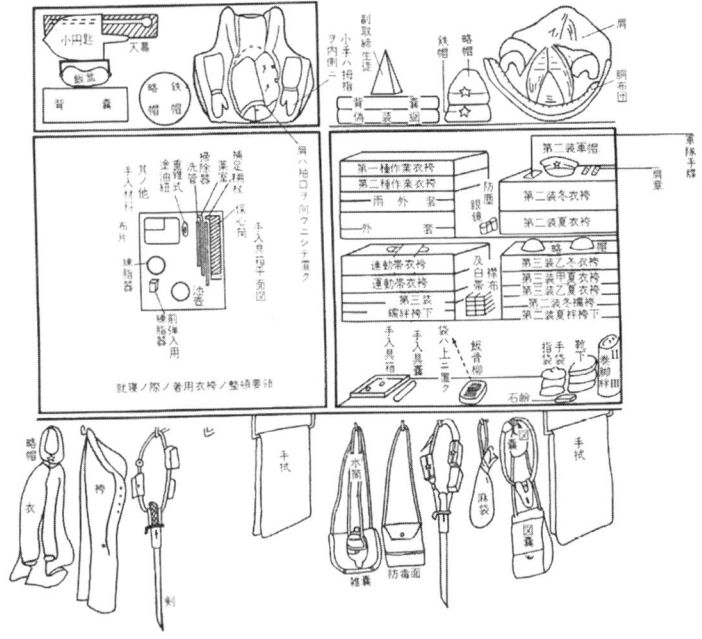

일본 육사 생도 내무반의 관물배치도

애국인가 친일인가

이원규 지음

책을 내면서

15인 약전을 내놓으며

　이 책은 지난 7월까지 18회에 걸쳐 월간《책과 인생》에 연재한 글들을 묶은 것이다. 일제강점기 직전과 직후 일본 육사를 나온 무관 15명의 삶을 정리한 여러 편의 약전이다. 망국의 역사 위에 던져진 그들이 어떤 삶을 선택했는가를 공통 주제로 잡아 쓴 논픽션이다.
　2016년 대한제국 무관학교 마지막 생도들의 생애를 추적한 장편소설《마지막 무관생도들》을 출간했다. 그 직후에, 평소 인생의 사표(師表)로 존경해온 대학 선배 범우사 윤형두 회장님께서 소설적 허구를 뺀 사실 중심의 주요 인물들 약전을《책과 인생》에 연재하라고 권유하셨다. 그리하여 연재가 끝나고 이제 책을 내는 보람을 안게 되었다. 작가로서는 좀처럼 만나기 어려운 행운인데다 명문 출판사 범우사 출간이라 기쁨이 크다.

　젊은 독자들이 읽기 쉽게 수필체 스토리텔링 문장을 선택했으나 자료를 최고 가치로 삼고 조심스럽게 썼다. 약전의 대상들이 이 나라 근현대사의 중요인물이고 대부분 친일로 지목되었고 자녀들이 생존해 있기 때문이다.

　1909년 망국의 길목으로 몰렸을 때, 이 나라에는 50명의 사관생도들이 있었다. 명문가 출신으로 총명과 열정과 용기를 겸비했던 그들은 학교가 폐교되고 순종황제의 명으로 일본으로 가서 사관교육을 받게 되었다. 그리고 닥쳐온 강제합방, 그들은 일본에 순치당하지 않겠다고, 일본의 군사기술을 배워 일본을 물리치겠다고 결의했다.

　그들에 대한 이야기를 하기 위해 나는 10년 이상 자료를 수집했다. 얻은 것은 세 가지였다. 첫째는 모두가 파란만장한 생애를 살았으며 친일과 항일이라는 두 가지 길로 극명하게 갈렸고 친일이라는 타협과 굴종의 길을 선택한 사람들이 훨씬 많다는 사실이었다. 둘째는 친일과 굴종의 삶을 선택한 사람들이 광복 후 창군의 주도권을 잡은 역사의 모순이 아직 지워지지 않고 있다는 사실이었다. 셋째는 그래도 끝까지 절조를 지킨 지사들이 있어서 이 나라 현대사가 덜 부끄럽다는 느낌이었다. 그들의 삶에는 한국 근현대사의 영욕이 고스란히 들어 있다.

　나는 이 책에서 냉정하게 그들의 삶을 바라보며 묻힌 진실을 밝혀내려 했다. 그러면서 민족에 대한 반역행위마저 우리 역사의 일부로 끌어안아야 한다고 생각하며 썼다. 슬프지만 그들의 생애는 우리의 자화상이다.

　15인이 생애 전반부에 같은 길을 걸은 터라 내용 중복이 있다. 개인 생애사의 완성도를 생각해 모두 잘라 내지 못했다. 모든 인물을 관통해 읽으시는 독자들의 양해를 구한다.

이 책은 많은 분들의 도움이 바탕이 되었다. 10여 년 전 처음 자료를 수집할 때 나는 모교인 동국대에서 소설을 강의하고 있었다. 사학과 이기동 교수께서 기초자료를 주셔서 방향을 잡을 수 있었다. 독립운동사 전공 장세윤·이동언 박사는 내가 구하기 어려운 자료들을 구해 주었다. 김경천 장군의 외증손녀인 김올가 선생과 박환 교수는 자료와 사진 수록을 허락해 주었다. 모든 분들에게 감사의 인사를 보낸다.

이 책을 쓸 계기를 만들어주신 윤형두 회장님, 1년 반 동안 귀한 지면을 내놓아 15인 약전을 연재하게 해주고 좋은 책으로 꾸며 준 범우사의 윤재민 대표와 직원 여러분에게도 감사드린다.

2019년 여름 이 원 규

차례

책을 내면서

이종혁 중위 이야기 • 21
용맹무쌍했던 김석원 장군 • 28
조선의 몽테크리스토 백작 이갑 • 42
호방하고 거침없던 노백린의 생애 • 56
일제에 순응한 우등생 염창섭 • 71
우등생 홍사익이 달려간 영욕의 길 • 85
6·25때 순절, 친일 멍에 벗은 안병범 • 117
관산 조철호의 거룩한 생애 • 134
만주국 고관이 된 우등생 윤상필 • 157
친일 흠결에도 참모총장 국방장관 지낸 신태영 • 173
제자 증언으로 밝혀진 친일 이희겸, 항일 이동훈 • 191
백마 탄 김 장군의 전설, 김경천 • 206
일제에 충성하고도 초대 참모총장 된 이응준 • 244
민족의 자존심 지청천 장군 • 281

이종혁 중위 이야기

선우휘의 단편소설 〈마덕창 대인〉

1965년 조선일보 편집국장이던 소설가 선우휘는 대령으로 예편한 터라 무관의 기질이 몸에 배어 있었다. 그 해 봄, 그는 유봉영 주필에게서 가슴 벅차도록 슬픈 이야기를 듣고 단편소설로 써서 《현대문학》 5월호에 발표했다. 제목은 〈마덕창 대인〉, '한 번뿐인 인생을 어떻게 살 것인가'하는 화두를 독자에게 던져주는 감동적인 작품이다.

주인공은 비운의 독립투사 이

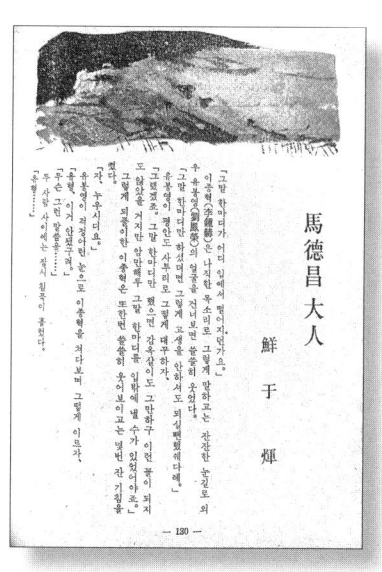

《현대문학》 1965년 5월호에 실린 선우휘의 소설 〈마덕창 대인〉.

종혁李種赫(1892~1935) 의사이다. '마덕창'은 항일투쟁 시 사용한 그의 가명이다. 뒷날 용맹한 무관으로 이름을 떨친 김석원 장군이 깊은 신의와 우정을 나눈 조연으로 등장한다. 소설 내용으로 보면 김석원 장군도 인터뷰한 것이 분명하다.

한성 삼청동에 있었던 대한제국 무관학교, 충청도 당진 출신의 과묵한 생도 이종혁은 외향적이고 역동성이 강한 한성 출신 김석원과 단짝이었다. 남자들의 우정이 그렇지 않은가. 이종혁은 김석원의 씩씩하고 거침없는 성격이 좋고, 김석원은 이종혁의 속이 단단해서 한번 결심하면 흔들리지 않는 의연함이 좋아 서로 끌렸던 것이다. 선우휘가 '대인'이라고 제목에 썼으니 이종혁은 대인배(大人輩)였던 것 같다. 그는 충무공 이순신 장군의 후예였다. 덕수이씨대종회는 인터넷홈페이지에 있는 〈가문의 영광〉 코너에 그를 넣고 있다. 의연한 기품은 충무공의 후예라는 긍지 때문이었을 것이다.

1909년 여름, 군부가 폐지되고 학교가 폐교되면서 청년 생도들은 망국의 역사에 던져졌다. 일본으로 건너가 육군유년학교와 육사를 다니게 된 것이다. 좋은 가문 출신의 당대 최고 엘리트들인데 설마 뜻밖의 행운이라고 기뻐했겠는가. 일본 유학 중 강제합병 소식을 듣자 학교의 주목을 피해 아오야마(青山) 묘지라는 곳에 모여 통곡하며 맹세했다. 일본이 가르쳐주는 대로 군사교육을 받고 뒷날 조국이 부르면 독립전쟁에 나서자고 결의했다.

그러나 인생은 결코 젊은 날의 맹세대로 되지 않는다. 조선인 생도들은 결국 일본 육군유년학교와 육사의 교육으로 순치되었고 일본군을 지휘하는 초급장교가 되었다. 당시 육군 소위는 위상이 군수와 비슷했고 일본군 병사가 당번병으로 배속되어 군화를 닦아주고 빨래까지 해주었다. 결혼도 하고 아이도 낳았고 일본군 내부에 있다 보니 무장독립투쟁은 성공 가능성이 거의 없다는 걸 알았고 칼날이 녹슬 듯 아오야마 묘지에서의 결의는 희미해졌다.

연해주 출병, 독립투사 사살, 갈등에 빠져

이종혁에게 운명의 파도가 닥쳐왔다. 일본이 러시아혁명을 방해하는 간섭전쟁에 17만 명이라는 대규모 병력을 출병하게 되고 조선인 장교들도 여럿이 연해주 전선에 참전했다. 이종혁과, 소설가 염상섭의 형 염창섭, 뒷날 국군 초대참모총장이 된 이응준, 뒷날 국군대령으로 북한군에게 포위되자 세검정에서 자결한 안병범 등이었다.

이종혁 중위의 소대는 조선인 파르티잔을 생포했다. 배낭에서 판화로 찍은 선전물과 기밀서류가 나왔다. 중대장은 보고를 받고 총살하라는 명령을 내렸다. 그는 심문을 하사관들에게 맡겼고 파르티잔과 한 마디도 하지 않았다. 자기 손으로 동포 독립투사를 처형하게 되어 그냥 착잡한 기분으로 서 있었다. 그보다 열 살이 더 많은 하사관이 곁으로 다가와 명령을 기다렸다.

이종혁은 엄숙하게 명령했다.

"중대장님 명령대로 처형하라."

총살형을 당하기 위해 끌려가던 파르티잔이 갑자기 그를 향해 고개를 돌려 모국어로 말했다.

"거기 있는 장교, 당신 조선 사람이지?"

이종혁은 파르티잔에게 다가갔다.

"그렇다. 나는 조선인이다. 명령에 의해 처형하니 나를 원망하지 마라."

동포 파르티잔은 눈을 부릅뜨고 꾸짖었다.

"이놈! 민족이 왜놈들에 짓밟혀 신음하고 있는데 어찌하여 왜놈 장교 복장을 하고 꼭두각시 짓을 하느냐! 부끄러운 줄 알아라!"

파르티잔은 당당하게 처형장으로 걸어갔다. "대한 독립 만세!"를 외치다가 총탄을 맞고 선혈을 흘리며 쓰러졌다.

이종혁은 무쇠처럼 딱딱하게 굳어진 얼굴을 하고 하사관에게 명령했다.

"조국을 위해 싸운 투사이니 잘 묻어 주라."

이종혁의 소속부대는 조선인 파르티잔이 소지한 기밀서류를 토대로 공격을 해서 조선인 무장세력을 괴멸시켰다. 이종혁은 그 공적으로 무공훈장을 받았고 그 후 견디기 힘든 가책과 회의에 빠져들었다. 그런 일을 겪고도 정신없는 놈처럼 일본군에 남아 있을 수는 없었다. 결국 군복을 벗고 만주로 탈출, 마덕창이라는 가명을 쓰며 눈부신 무장투쟁을 펼쳤다. 국사편찬위원회 인터넷데이터베이스에 들어가 검색창에 '마덕창'이나 '이종혁'을 입력하면 무수히 많은 자료가 쏟아진다.

탈출하여 만주 독립군으로

그는 만주로 탈출해 독립군 부대를 찾아가던 중 일본군에 쫓겼고 자신을 구해준 펑위샹(馮玉祥 풍옥상) 군벌부대에서 참모노릇을 했다.

다시 독립군을 찾아가던 중 펑텐(奉天 봉천) 군벌군에 포로가 돼서 몽골까지 끌려갔다. 총살 직전 탈출해 북만주로 가서 주만육군참의부라는 부대를 꾸려 투쟁했다. 그리고 참의부 군사위원장이 되어 혁혁하게 싸웠다. 일본군 전술을 잘 아는지라 싸울 때마다 이겼다. 그러나 가장 큰 고민이 동포 밀정들이었다. 참의부의 항일투사들 중 동포 밀정의 계략에 걸려 체포되거나 죽는 경우가 허다했다. 군사위원장 마덕창(이종혁)은 분노했다.

"독립투쟁을 돕지는 못할망정 일본의 사냥개 노릇을 하다니! 그놈들을 찾아내 처단하라!"

그는 특별조직을 만들어 밀정 처단작전에 나섰다.

그러나 밀정들은 더 교활해졌고 그를 잡기 위해 함정을 팠다. 그리하여 1925년 9월 체포당했다. 동포 밀정들이 이런 독립투사를 함정에 빠뜨리다니, 잊지 말아야 할 통탄스러운 일이라《동아일보》1925년 11월 14일 기사를 인용한다.

남만주(南滿州)에 근거를 두고 조선○○운동을 하는 참의부 군사위원장 마덕창(馬德昌 본명 李鍾赫 32세)이 모종의 계획을 품고 모처를 향하여 지난 구월 십구일에 봉천(奉天)을 경유하던 중에 봉천 일본 경찰의 포위를 당하야 피착되었다는데, 이제 사실을 들은 바에 의하면 전기 마덕창은 ○○계획을 품고 얼마 전에 환인현(桓仁縣)을 떠나서 봉천을 향하던 바 전기 환인현에 있는 밀정 이○○과 오○○가 전기 마덕창의 봉천 가는 일을 봉천 경찰에게 밀고한 바 되어 그같이 피착되어 이래 취조를 마치고 신의주로 압송하였다. 전기 마덕창은 일찍이 일본사관학교를 마치고

만주에 건너가서 여러 가지 활동을 하여 오던 중이라더라. (장춘)

그는 결국 5년 징역을 선고받았다. 그 5년은 공교롭게도 일본군 장교로 보낸 기간과 같았다. 그는 같은 기간 동안 일본군 장교 노릇을 한 것에 대한 벌이라고 생각했다. 그래서 고행수도자와도 같은 태도로 복역했다. 조선인 간수들은 물론 일본인 간수들도 그의 경력을 알고는 외경과 존경으로 바라보았다. 이종혁은 그것을 부끄럽게 여겼다.

2년을 복역했을 때 교회사(敎誨師)가 말했다. 형무소 간부들 사이에 특사를 상신하자는 의견이 나오고 있다며 잘못을 인정하는 반성문을 한 장 쓴다면 풀려날 것이라 했다. 여러 차례 권유가 이어졌다.

"잘못했다고 한 마디만 쓰면 될 거 아닙니까?"

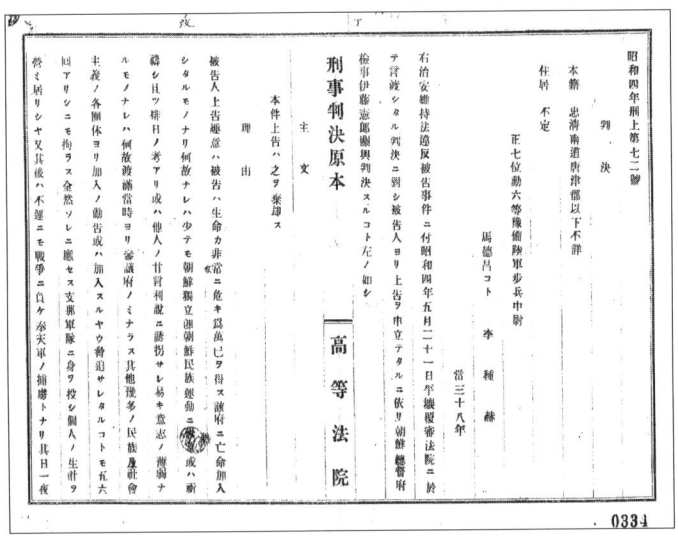

이종혁에게 징역 5년을 선고한 경성고등법원의 판결문 원본.

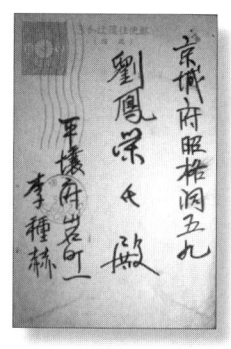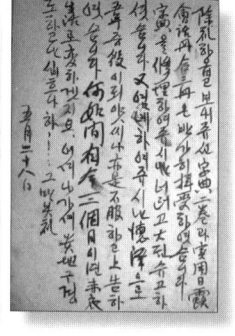

평양형무소 복역시절 이종혁이 유봉영에게 보낸 육필 엽서 앞뒤. 신연수 시인 소장.

교회사의 말에 이종혁은 고개를 저었다.
"나는 후회하지 않아요. 나 자신을 속일 수 없습니다."

유봉영과 김석원의 신의

안타까운 마음으로 자주 면회를 가서 사식을 넣고 편지를 보내는 사람이 있었다. 뒷날 《조선일보》 기자, 주필이 된 유봉영이었다. 그는 평북 철산 출신으로 고향의 3·1만세 시위를 주도하고 상하이로 망명, 대한민국 임시정부에서 일했다. 만주에서도 투쟁했으며 그때 이종혁을 존경하며 따랐다.

이종혁은 결국 형기를 모두 채우고 중병에 걸려 들것에 실린 채 석방되었다. 유봉영이 달려가 평양의 허름한 여관에 웅크리고 있는 그를 경성 자기 집으로 데려왔다.

어느 날, 이종혁이 말했다.
"한 가지 부탁이 있네. 김석원을 아는가?"
"만주에서 무섭게 항일부대를 타격한 일본군 장교 김석원 소좌 말입니까?"

유봉영이 물었다.

김석원은 만주에 출병해서 혁혁한 전공을 세우고 일본 육군의 조선군사령부 산하부대의 대대장으로 있었다.

"그렇네. 그 사람한테 내가 감옥에서 나와 이렇게 앓고 있다고 알려 주게."

유봉영은 난처한 일이라 대답하지 못했다.

이종혁은 가쁜 숨을 쉬면서 말했다.

"김석원은 신의가 있는 사람이네."

유봉영은 김석원을 찾아갔다.

김석원 장군은 그때 이야기를 회고록에 썼다.

내가 당장이라도 가서 이종혁을 만나봐야겠다고 했더니 유봉영은 동행하는 거야 어렵지 않지만 혹시 관헌에서 눈치 채면 나한테 화가 미칠지도 모르니 그럴 필요까지 없다는 것이었고 만류하는 것이었다.

그러나 나는 그런 것을 걱정할 필요는 없다고 유봉영을 설득하고 결국엔 그를 따라가 참 오래간만에 이종혁을 만났다. 생각하면 한국무관학교 시절부터 일본 육사까지 만 8년 동안이나 한솥밥을 먹으며 책상을 나란히 하고 공부를 같이한 이종혁과 나 사이가 아니던가.

하지만 한쪽은 우리나라의 해방을 위해 독립투쟁을 하는 독립군 장교요, 또 한쪽은 독립을 가로막는 일본군의 장교였다. 묘한 사이였다. 따져 보면 극과 극의 사이랄까. 하여튼 나는 이종혁과의 오랜 해후에서 감당하기 어려운 착잡한 감회를 맛보았다.

우선 이종혁을 볼 면목이 없었다. 심한 늑막염으로 병색이 말이 아닌 이종혁이었지만 도리어 그가 당당한 인간처럼 보였고 나 자신은 초라하기 짝이 없는 존재로 보였다.

"이 군. 참 자네를 볼 면목이 없네 그려."

이것은 나의 진심에서 우러나온 말이었다.

"원 별 말을 다하는군. 이렇게 송장이 다 된 나를 찾아주니 참 고맙네."

(중략)

몇 마디 말을 주고받은 후 유봉영의 집을 나온 그 길로 평소 나와 가깝게 지내던 서울장안의 몇몇 유지들을 찾아다니며 이종혁의 치료비로 약 5백 원을 만들어서 갖다 주었다(《노병의 한》, 육법사, 1977).

선우휘는 〈마덕창 대인〉에서 김석원이 1차 문병 때 동창생 17명으로부터 5원, 10원씩 모은 약값을 주고 돌아갔으며 윤치호와 박영효가 각각 50원의 돈을 인편으로 보내왔다고 썼다. 5원, 10원은 오늘 돈으로 50만 원 100만 원은 될 큰돈이다. 나라를 되찾는 일에 신명을 바치자고 맹세했던 대한제국 마지막 무관생도 출신 장교들, 그들은 자기들의 반민족 행위를 대속(代贖)하는 듯한 그의 삶에 김석원처럼 깊은 외경을 느꼈던 것으로 알려져 있다.

감옥에서 얻은 병으로 사망

그 후 일본 경찰은 이종혁을 보호하는 김석원을 찾아가 괴롭히고 귀찮게 했다. 김석원은 이종혁을 전동(典洞)여관(현재의 종로구 공평동에 있었다)으로 옮겨 치료에 전념하게 했고 그 일로 연대장으로부터 경고를 받았다. 징계는 없었다. 만주전선에서 혁혁한 공을 세워 가장 비범하고 용감한 장교로 인정받고 있어서였다.

　김석원의 곁을 떠난 이종혁을 조선소년군(보이스카웃) 초대 총사령장이자 동아일보사 발송부장을 하던 조철호가 떠맡았다. 그도 마지막 무관생도들 중 한 사람으로 이종혁보다 몇 해 먼저 탈출했던 사람이었다. 군사기밀을 갖고 만주로 탈출했다가 체포돼 군법회의에서 간신히 총살형을 면했고, 6·10만세 사건으로 구속됐던 전력이 있는지라 조철호도 행동이 자유롭지 못했다.

　조철호가 한 애국인사에게 부탁해서 이종혁은 평북 선천으로 옮겨가 요양에 들어갔고 1935년 12월 14일 사망해서 그곳에 묻혔다. 조철호와 김석원은 마지막 무관생도들에게 알렸고 모은 돈을 이장 경비로 보냈다.《조선중앙일보》1936년 4월 11일자에 관련기사가 있다. 이종혁의 유족이 가난하여 친구들의 도움으로 고향 충청도로 이장을 준비하는 중이라는 내용이다. 열댓 살 나이에 대한제국 무관학교에 갔고 재학 중에 일본육군유년학교로 편입해 갔으니 국내에 친구가 있을 리 없다. 신문기사의 '친구들'이란 김석원과 마지막 무관생도들로 보인다.

　이종혁이 죽은 뒤 중일전쟁이 발발해 김석원은 다시 전선으로 나갔고 눈부신 전공을 세워 일본군의 영웅으로 떠올랐다. 그리고 여러 차례 학병, 지원병 지원을 권유하는 연설을 했다. 한편으로 그는 가난한 아이들을 위해 성남중고등학교를 세웠고 대좌 계급장을 단 채 광복을 맞았다. 그처럼 끝까지 일본군 군복을 입었던 사람들 일부가 광복군 출신이 해야 할 국군창설의 주역이 되었다. 참회하는 심정으로 조국에 봉사하려고 나섰다고 했다. 참회한다면 근신해야 하지 않는가? 일본군과 만주군 고급장교 출신들이 장악한 국군 창설, 우리 현대사는 그렇게 왜곡되었다.

　김석원은 면목없다며 국군창설에는 나서지 않았으나 결국 국군의 장군이 되었고 6·25 전쟁에서 용감히 싸워 이 나라를 지켰다. 그러나 뒷날 다른 동창들 9명과 함께 대통령 직속 친일반민족행위진상규명위원회에 의해 친일반민족행위자로 지목되었고 25명과 함께 친일인명사전에 올랐다. 선우휘는 〈마덕창 대인〉에서 김석원 장군이나 다른 일본 육사 출신 장군들을 비난하지 않았다. 그때 그들이 창군의 주역이자 6·25전쟁에서 공을 세운 장군으로 존경받으며 생존해 있고 군대 인맥이 그들 중심으로 형성돼 있기 때문이었을까. 아니면 그들의 삶이 결국 우리의 자화상이라고 생각했기 때문일까.

　일본군 장교가 된 대한제국의 마지막 무관생도 33명 중 망명탈출을 감행한 사람은 이종혁 외에 세 사람에 불과하다. 조철호, 이동훈, 그리고 광복군 사령관을 지낸 지청천이다. 나머지 사람들은 이종혁이 재판 받는 소식을 신문에서 읽으며 자괴감에 빠졌을 것이다. 혹은 '나도 탈출하면 그 꼴이 되겠지'하며 반면교사로 삼았을지도 모른다.

　이종혁이 없었다면 우리 역사가 얼마나 부끄러울까 하는 생각이 든다. 조철호·이동훈·지청천도 그렇다. 의를 위해 자기를 버리는 건 아무나 할 수 있는 게 아니다. 그래서 그런 분들을 사람들은 지사(志士)라고 부른다. 맹세는 쉬우나 실천은 어렵다.

　독립투쟁에 생애를 바친 분들이 스토리텔링으로 살아나고 있다. 아마 요새 젊은이들은 김석원 장군도 잘 모르겠지만 이종혁은 더욱 모를 것이다. 그래도 우리는 믿는다. 다시 나라에 그런 위기가 찾아오면 이종혁처럼 자신을 던지는 거룩한 지사들이 나올 것이라고.

용맹무쌍했던 김석원 장군

《만인보》의 시 두 편

앞에서 이종혁 의사를 이야기하다가 김석원 장군 이름이 나왔으니 그의 이야기를 마저 해보려 한다.

고은 시인의 장편 연작시 《만인보》는 시로 쓴 대하소설이라고 일컬어지는 전 30권의 대작이다. 제16권에 〈김석원 장군〉, 제23권에 〈교장 김석원〉이 실려 있다. 특이하게도 한 사람에 대해 시를 두 편이나 썼다.

전쟁이 한 장군에게 다시 철모를 쓰게 했다

그 뒤 수도사단은
한국전쟁 야전의 중앙이었다.
후방의 아이들이 그 이름을 가지고 놀았다

김석원이다
김석원이다 후퇴하라
살고 싶으면 후퇴하라
호랑이 김석원이다.

그는 윤선도와 한용운이 누구인지 몰랐으나 제 부하들은 잘 알았다.
《만인보》〈김석원 장군〉 후반부.

《만인보》는 '개인의 망각과 역사의 그늘 속에 닫혀 있는 이름 없는 사람들의 이야기를 담고 있는' 작품인데 김석원은 이름 없는 사람이 아니다. 그는 한국현대사에서 가장 용맹한 장군으로 유명했다. 얼마나 용감했으면 병정놀이하는 아이들이 '내가 김석원이니 살고 싶으면 후퇴하라'고 했을까.

그리고 이 시를 읽을 때마다 '윤선도와 한용운' 때문에 피식 웃게 된다.

김석원은 1893년 한성 재동(齋洞)에서 탁지부(度支部) 관리의 아들로 출생, 광성학당과 재동소학교를 나와 무관학교에 입학했다. 1년 만에 일본으로 가서 육군유년학교와 육사를 나와 평생 군인으로 살았다. 그러니 윤선도와 한용운을 알 리가 없다. 고은 시인은 '제 나라 문화예술은 젬병이었으나 부하들 이름을 금방 외었다. 그는 오로지 군인이었다'는 뜻으로 그

6·25 전쟁 사단장 시절의 김석원 장군. 《동아일보》 1973년 12월 1일자 에서 옮김.

렇게 쓴 것 같다.

학생복들이 플래카드를 폈다 플래카드가 달려갔다

의에 죽고 의에 살라

경찰복이 덮쳤다
곤봉으로 때리고
총대로 치고
구둣발로 깠다

긴장이 부서졌다
두들겨 맞아
피 흘렸다
학생들이 쓰러졌다

성남고교 교장 콧수염 김석원이 나타났다
학생들을 제지하기는커녕
경찰을 꾸짖었다
경찰을 두려워하기는커녕
학생을 격려했다

너희들 용감하다 정의의 길 누가 막느냐

용산경찰서장이 교장을 노려보았다

어디 보자 저 신종 빨갱이 늙은이 노망든 콧수염을 뽑아줄 테다.

〈교장 김석원〉 후반부.

4·19 학생혁명을 부른 1960년 3월 15일의 마산의거 이틀 뒤인 17일 서울에서는 처음 시위를 감행한 성남고등학교 학생들과 경찰이 충돌하는 상황을 리얼하게 그렸다.

교장이 보통의 스승 인상이 아니다. 앞의 시의 '후퇴하라 김석원이다' 구절처럼 통 크고 거침없는 대인배로, 가장 애국적이고 정의로운 인물로 보인다. 그래서 고은 시인이 두 편을 썼을 것이다. 친일인물에 대해 머리를 내젓는 분인데 위의 시들을 쓸 때는 아직 그것이 본격적으로 파헤쳐지지 않아 간과한 듯하다.

끈질긴 생명력과 두둑한 배짱

1909년 여름 일본군은 곧 단행할 합병조치에 저항할 수 없게 대한제국의 마지막 숨통을 끊는 극비작전을 벌였다. 명맥만 남은 군부를 폐지하는 것이었다. 수많은 문건들이 암호전신으로 현해탄을 건너오고 건너갔다. 무관학교를 폐교하고 생도들을 일본으로 데려가는 계획도 들어 있었다. 현재 일본 방위성 방위연구소에는 그때 작성한 김석원을 포함한 생도 44명의 성적순 명단이 보존돼 있다. 김석원은 만 15세 10개월이었다.

김석원(金錫源) / 15년 10월 / 1학년 / 순위–30 / 일어–병(丙) / 기타학과–(乙) / 교련–중(中) / 체조–중 / 성질–민첩 / 궁행–방정(方正) / 체격–강장

'순위'는 1학년 23명, 2학년 21명을 합한 석차이다. 김석원은 1학년이었으므로 중상(中上)에 해당되는 성적이었다. 학과성적은 낮은 편, 태도가 단정하고 몸이 민첩하며 체력이 강했음을 알 수 있다.

김석원은 그 해 9월 3일 경부선 기차를 타고 남대문역을 출발, 부산으로 갔다.

이키마루(壹岐丸)라는 최신형 선박을 타고 현해탄을 건너 9월 7일 오전 육군중앙유년학교에 도착했다. 예과 3년, 본과 2년 과정을 두고 있었는데 예과 2학년에 편입했다. 삼청동 무관학교의 1년 선배였던 지석규(이청천)·이응준·홍사익 등은 3학년에 편입했다.

한국학생반을 따로 운영했으나 1년 뒤 합병하면서 일본인 생도 구대(區隊)에 한두 명씩 분산 배치되었다. 일본인 생도들의 경멸과 따돌림 속에 44명 중 11명이 탈락했다. 김석원처럼 일어에서 '병(丙)'을 받은 사람들은 대부분 살아남지 못했다. 김석원이 얼마나 끈질긴 생명력을 가졌었는가를 알게 한다.

1915년 5월 25일 일본 육사를 졸업한 27기 760명의 일선부대 배치를 명령한 《일본국 관보》 클로즈업.

유년학교와 육사의 기본이념은 일본 정신의 근본이라는 무사도(武士道)였다.

'충성은 가장 고귀한 것이다. 그것은 죽음을 통해 완성되며 비굴하게 사는 것은 참을 수 없는 치욕이요 불명예이다.'

조선인 생도들도 이것에 젖어갔다. 일본이 원하는 대로 순치되어 갔다. 육사를 졸업한 김석원은 오사카(大阪) 소재 제4사단 예하 와카야마(和家山) 주둔 보병 61연대에 견습사관으로 배치되었다. 보직은 중위인 기관총 교관의 조수였다. 밤잠 안 자고 분해 결합을 거듭해 기관총 도사가 되었다. 반년 뒤 소위로 임관하자 교관이 되었다. 보병학교에서 전문교육을 받은 중위들이 맡는 직책인데 그걸 따낸 것이다. 사단장 우쓰노미야(宇都宮太郎) 소장이 순시 중에 칭찬하며 "언제든지 어려운 일 있으면 찾아오라." 하고 말했다. 우쓰노미야는 그 후 중장으로 승진해 조선군사령관이 되었다. 김석원은 고국에 휴가 온 김에 용산의 사령부로 찾아가 인사드리고 조선군사령부 산하로 전속시켜 달라고 요청해 뜻을 달성했다. 두둑한 배짱이 있어 거둔 결과였다.

다른 각도로 보자. 우쓰노미야는 자칭 친한파였으나 3·1운동을 무참히 진압한 공로로 대장으로 승진한 인물이다. 김석원은 장교였으므로 사령관이 제암리 학살사건을 지휘한 그의 육사 선배 아리타(有田) 중위에게 군법회의에서 무죄선고를 내렸음을 알았을 것이다. 수만 명의 만세시위 참가자들을 학살한 자를 찾아가 전속시켜 달라고 매달린 걸 보면 그는 일개 일본군 장교 그 이상도 이하도 아니었다.

가장 용감한 김 부대장

김석원은 1920년 우쓰노미야 대장의 특별배려로 와카야마에서 용산 주둔 보병 78연대로 전속되었다. 우쓰노미야를 통해 박영효(朴泳孝)를 소개 받았다. 박영효는 철종의 사위였지만 합방에 기여한 공로로 후작(侯爵) 작위를 받았고 총독부 중추원에 몸담고 있었다. 김석원은 초급장교로서 50엔 정도 월급을 받고 있었는데 신혼생활에 보태 쓰라며 200엔을 주어 고맙게 받았다고 회고록에 쓴 걸 보면 박영효의 총애가 컸던 것 같다. 한 마디로 친일거물인 박영효 후작과 김석원 중위는 죽이 맞았을 것이다. 그래서 아들들 이름 돌림자를 영(泳)으로 했다던가.

1920년대를 그렇게 보내고 1931년 특기인 기관총 부대 중대장으로 만주사변 전장에 출정해 마잔샨(馬占山) 부대를 상대로 싸워서 혁혁한 공을 세웠다. 그의 지휘의 특징은 죽음을 두려워하지 않는 무서운 돌격이었다.

군도를 뽑아들고 앞장서 "나를 따르라" 외쳤다. 마잔샨은 우리에게 낯설지 않다. 만주의 마적 출신이지만 중국의용군 대장으로서 한국 독립운동 세력에게 많은 도움을 준 인물, 즉 독립군 편이었다.

승전하고 경성에 돌아온 뒤 김석원은 "중국군 수천 병력 가운데 단 몇 놈 남기고 내 손으로 전부 몰살했다."하고 자랑했다. 훈장과 함께 포상금으로 700엔의 거금도 받았다. 오늘날 사립 명문이 된 성남중고등학교는 이것을 종잣돈으로 하여 설립하였다. '의에 죽고 의에 살자'는 교훈을 가졌던 학교, 4·19 혁명에 앞서 시위를 감행한 성남 학생들의 의거는 정의롭지만 설립의 유래를 생각하면 한숨이 나온다.

김석원 소좌의 승전을 보도한 《매일신보》 기사 〈김부대의 분전기〉.

    1937년 6월 상순, 김일성(金日成)이 이끄는 만주 조선인 유격대가 국내진공을 감행해 함경남도 갑산군의 보천보(普天堡)를 습격했다.

    소탕작전에 나선 것은 김석원의 동기생으로 함흥수비대에 소속돼 있던 김인욱 소좌였다. 간삼봉 등 여러 곳에서 격전을 벌였고 다리에 총상을 입는 부상을 당했다. 김일성·최현 등 유격대 지도자들은 그것을 김석원으로 잘못 알았다. 김석원은 함흥수비대와 무관한 용산 주둔 78연대 소속이었으며 6월 30일 간삼봉 전투가 일어날 때 용산에 있었다.

    7월초 중일전쟁이 일어났고 그는 7월 13일 만주가 아닌 톈진(天津)으로 출정했다. 억울한 오해인 것이다. 김일성의 첫 애인인 김혜순을 김석원이 살해해 김일성과 이래저래 불구대천의 원수가 되었다는 야야기도 있다. 그래서 6·25 남침 때 김일성이 라디오 방송을 통해 "김석원, 너를 잡으러 내가 간다." 하고 말했다는데 낭설로 보인다.

정확한 기록은 북한에서 김일성의 탄생 70년에 맞춰 완간한 《조선전사》일 것이다. 제19권에 '일본군 19사단 함흥 제74연대장 김석원이 간삼봉전투에서 토벌군으로 참가했다가 심한 다리 부상을 입었다'고 썼다.

중일전쟁에서 중국군과 싸우며 김석원은 다시 용맹을 떨쳤다. 2개 중대로써 중국군 1개 사단을 물리쳐 일약 영웅으로 떠올랐다.《동아일보》는 그가 전투 중에 부상당한 소식, 승승장구하고 개선한 소식, 지원병 권유 강연 등의 소식을 보도한 데 비해 친일신문《매일신보》(애국적 신문인《대한매일신보》가 강제합병 후 총독부기관지로 돌아선 것이다)에는 영웅적인 전투상황이 실려 있다. 이 신문만 종군기자를 파견했던 것이다.

1938년 3월 11일자에 실린 〈김부대의 분전기(奮戰記)〉는 장렬한 육탄전 끝에 4면을 포위한 적을 격퇴하고 주요 거점인 둥위안(東源)을 함락시킨 전투상황을 담고 있다. 포위당하자 김석원 소좌 부대는 야간에 육탄공격을 감행했다. 탄약이 떨어지자 민가의 지붕으로 올라가 연통을 뽑아 던졌다. 중국군 300여 명을 사살했는데 24명이 장교였다. 김석원 부대 전사자는 20명이었다.

다음해인 1939년 봄의 또 다른 기사는 〈김석원 소좌의 전진여담(前震餘談)〉이다. '추상같은 전진명령, 명(名) 부대장 대갈일성에 제(諸)장병 기갈 극복하며 전진'이라는 부제를 달고 있다.

김 부대장이 직접 참호위에 올라서며 뒤따르는 장병들의 돌격으로 행궁(行宮) 고시의 한 모퉁이를 점령하였다 한다. 이 전투에 우리 부대장의 부하 장졸들은 벌거숭이로 육탄전을 감행하였음은 물론 집중사격과 아울러 군사를 그 반대방향에 진쳐 두는 등 갖은 신고를 다 겪었다 한다. 그동안 적군은 퇴각하였다가 야습으로 몇 번이나 항전하는 것을 끝끝내 물리치고 나니 그때에 난위안(南苑) 공략의 명령이 내려 쉴 사이 없는 김소좌 부대는 적의 시체와 군마가 거꾸러진 데를 짓밟으면서 전진하였다 한다.

(《매일신보》 1939년 3월 29일자).

난위안 혈투를 보도한 《매일신보》 기사. 〈김석원 소좌의 전진여담 추상같은 전진령〉.

김석원의 전투 상보를 읽어보면 늘 '나를 따르라' 하고 앞장서고 병사들의 절대복종을 이끌어내는 카리스마와 무서운 돌파력을 가졌음을 알 수 있다.

그는 '김석원 소좌를 찬양하는 노래'를 들으며 개선하여 경성으로 돌아왔다. 그러나 생애에 치명적인 흠결이 될 중대한 일이 기다리고 있었다. 4월 5일 부민관에서 열린 개선간담회를 시작으로 전국을 돌며 중국 침공의 당위성을 선전하고 지원병 입대를 독려하는 강연을 펼쳤다. 그는 큰소리로 외쳤다.

"용약! 군문에 진입하라. 홍대무변(鴻大無邊)한 황은에 보답하는 길은 성스런 싸움터에 나가 죽을 각오로 영·미 귀축의 석을 때려삽는 데 있다."

그리고 중좌로 진급하고 훈3등 서보장이라는 훈장을 받았다.

그 후 일본 본토 근무, 중국 산둥성(山東省) 주둔 독립혼성 제6여단, 지난(濟南)의 군사령부의 간부교육대장이 되어 근무했다. 1944년에는 대좌로 승진, 평양병사부 제1과장으로 배속되어 근무했다.

일본에 대한 충성은 아들에게 이어졌다. 1923년생인 장남은 1943년 가을 지원병으로 입대했고 1924년생인 차남 영수(泳秀)는 경기중학교를 나와 육사에 입학해 1944년 임관했다. 그래서 《매일신보》는 '3부자 군문(軍門)에 봉공(奉公)'이라고 대서특필했다.

그는 가네야마(金山)라는 창씨 성을 썼고 그래서 가네야마 샤쿠겐 대좌로 불리웠다. 일본 육사 57기, 아버지의 30년 후배로 임관한 차남은 이름도 일본식으로 바꿔 가네야마 히데오(金山秀雄)였는데 1945년 4월 필리핀 레이테 섬에서 미군과의 교전 중 전사했다.

8·15 광복 후의 삶

김석원 대좌는 일본군 항복 후 사복으로 갈아입고 38선의 소련군 검문을 아슬아슬하게 통과해 서울로 왔다. 해방조국의 창군 주도권을 잡으려고 수많은 단체들이 경쟁하고 있었다. 그는 처음에는 나서지 않았으나 1947년 육해군동지회 회장을 맡았다.

그 후 군사영어학교가 열렸으나 들어가지 않고 있다가 1949년 1월 입대하여 제1여단장을 맡았고 여단이 사단으로 확대되자 사단장이 되고 별을 달았다.

6·25전쟁 전인 5월, 그가 지휘하는 사단은 개성 송악산에서 북한군과 격렬한 전투를 벌였다. 이때 박격포탄을 들고 북한군 진지로 몸을 던진 '육탄 10용사'가 탄생했다. 그때 깨진 부대가 최현의 부대, 일제 강점기에 간삼봉 전투를 겪은 부대였다.

김일성은 이렇게 말했다고 한다.

"지난날 백두밀림에서 그놈과 싸우던 우리 동무들이 오늘은 38분계선에서 또 그놈과 맞서 싸우고 있다. 김석원을 처형해 복수하겠다."

역시 보천보 전투와 간삼봉 전투에서 항일유격대와 싸운 부대를 김석원이 지휘했다고 잘못 안 것이다.

그해(1949년) 여름 이승만 대통령이 장제스(蔣介石)를 초청해 경남 진해별장에 머물 때, "건군 초기라 우리나라는 지휘관이 부족해서 걱정입니다"라고 말하자, 장제스가 "한국에는 김석원이라는 용감한 군인이 있지 않소"라고 말했다고 한다. 중국 국민당군이 여러 번 참패한 터라 기억했던 것이다.

그러나 앞뒤 안 가리는 김석원의 직선적 성격은 북어사건으로 군복을 벗게 했다. 그의 사단 관할구역에서 군 간부들이 북한산 북어를 밀무역해 이익을 챙긴 '북어사건'이 일어나자 이를 두고 총참모장인 채병덕(蔡秉德)과 대립하다 예편하고 성남중학교 교장 자리에 앉았다.

채병덕이 누군가. 김석원의 육사 동기생 백홍석의 사위이자 일본 육사 49기로 22년 후배, 1950년 7월 경남 하동전선에서 전사했다.

김석원은 6·25 전쟁이 일어나자 군에 복귀해 수도사단장이 되고 중국전선에서처럼 용맹을 떨쳤다. 일본군 시절처럼 카이젤 수염을 했다. 미군 장군들이 그를 우습게 알았다는 증언, 일본군 장군이 쓰는 장군도를 빼어들고 부대를 지휘했는데 그다지 비범하지 못했다는 증언도 있지만 그는 천생 군인이었다.

용감하다는 명성, 교육자라는 명성을 등에 업고 민의원에 당선되기도 했는데 정치적 술수 따위는 모르는 사람이니 정치도 곧 그만두었다. 《국회 20년》이라는 책은 그를 이렇게 평가했다.

> 철두철미하게 군인정신이 몸에 배었으며 고집이 세기로 유명. 한국전쟁 당시 미 고문과 맞서 싸우다가 보직을 잃은 적이 있음.

김석원의 좌우명은 '의에 죽고 의에 살자'였다. 그가 설립한 성남고등학교의 교훈이기도 하다. 앞에서 이야기한 대로 그를 포함한 대한제국 마지막 무관생도들은 일본유학 중 강제합병 소식을 듣고 통곡하며 조국이 부르는 날 독립전쟁에 한 몸을 던지기로 맹세했다. 그 맹세를 저버렸는데 도대체 어떤 의에 죽고 어떤 의에 산단 말인가? 모순된 말이며 허언에 불과하다.

지금 김석원을 보는 눈은 냉정하다. 임중빈 선생은 민족문제연구소의 《친일파 99인》(1993)에 실은 〈일본 군국주의 화신 가네야마 대좌〉라는 글에서, 친일문제연구가 정운현 선생은 자신의 저술 《친일파는 살아 있다》(2011)에서 매서운 눈으로 그의 행적을 비판했다.

그리고 2009년 대통령 소속 친일반민족행위진상규명위원회는 '일제강점기 말기 친일반민족행위 관련자 705명'에 그를 포함시켰다. 그해 민족문제연구소가 발간한 《친일인명사전》도 그를 비중 있게 올렸다.

김석원은 난세에 태어났으나 앞에 놓인 길을 그냥 열심히 산 사람이다. 선배 이청천과 동기생 이종혁처럼 독립전쟁에 몸을 던졌다면 우리 역사가 얼마나 자랑스러울까? 홍범도와 김좌진처럼 독립전쟁 전선에서 용맹을 떨친 일로 유명해서 아이들이 '독립군 대장 김석원이다 살고 싶으면 후퇴하라' 한다면 얼마나 좋을까? 그런 다음 늙은 교장이 되어 아이들을 가르쳤다면 또 얼마나 좋을까? 아쉬움이 크고 원망스럽기도 하다. 그러나 그의 생애가 우리 모두의 자화상이라는 생각에 마음이 쓸쓸해진다. 우리민족이 굴종하지 않고 좀 더 저항했으면 하는 아쉬움 속에 그의 이름이 들어 있다.

조선의 몽테크리스토 백작 이갑

구한말의 풍운아

이갑(李甲, 1877~1917)은 생애가 파란만장해 '조선의 몽테크리스토 백작'으로도 불린 풍운아였다

청년장교 시절의 이갑(오른쪽).
주요한의 《추정 이갑》에서 옮김.

고종황제 폐위에 반대해 친위쿠데타를 계획한 바 있고 1907년 해산된 군대를 부활시키려 분투했고 망명 후 해외에 사관학교를 세우려 노력한 일이 있지만 홍범도 · 김좌진 · 김경천처럼 무장투쟁에 나서 독립군 부대를 지휘하지는 않았다. 독립운동은 정치운동, 교육 계몽운동 분야에 치중했다. 그러나 민족 모두로부터 가장 큰 신뢰와 존경을 받은 애국지사였다.

그는 이종혁·김석원·홍사익·지청천(본명 지석규)·이응준 등 대한제국 마지막 무관생도들의 십여 년 선배이자 스승이며 우상이었다. 나라가 누란의 위기에 처했을 때 지도자가 어떤 길을 걸어야 하는가를 상징적으로 보여준 인물이었다.

일본군 육군 중장까지 진급하고 태평양 전쟁 패전 후 전범이 되어 사형당한 홍사익, 광복군사령관을 지낸 지청천, 대한민국 초대 육참총장을 지낸 이응준을 쓰려면 먼저 이갑을 이야기해야 한다.

짧았으나 굵었던 생애와 망명투쟁

이갑은 평안남도 평원군 숙천 출신이다. 본명은 휘선(彙璿)이고 아호는 추정(秋汀)이다. '이갑'은 일본 유학시절 군인을 지망할 당시에 바꾼 이름이다.

소년시절 그는 매우 영특했다. 만 11세 때인 1888년(고종 25) 무자 식년시에 3등으로 급제하였다. 1874년생만 응시할 수 있는데 나이를 속여 과거시험에 응시해 우등 합격한 것이다. 그것은 재앙을 몰고 왔다. 민 씨 일족으로 당대의 세도가였던 평안감사 민영휘(초명이 영준이어서 민영준이라고도 한다)는 이갑의 부친을 체포해 온갖 악형을 가하고 40경(耕)의 토지를 빼앗았다. 1경은 5천 평이니 20만 평에 해당된다. 부친은 고문의 후유증과 홧병으로 사망했다. 그리고 집안은 몰락했다.

이갑은 가출해 유랑의 길을 걸었다. 그러다가 한성으로 와서 1896년 독립협회에 가입하고 만민공동회에서 활동했다. 민족지도자들을 만나면서 자강의식과 함께 정치의식에 눈을 떴다. 1898년 독립협회가 해산되었을 때 죽마고우로서 일본에 유학 중이던 김형섭의 편지를 받았다.

김형섭의 권유로 일본행을 감행, 고학하며 피눈물 나는 노력을 한 끝에 육군사관학교 예비학교인 세이조학교(成城學校)를 다녔다.

1902년 12월, 26세 늦은 나이로 일본 육사에 입학했다. 김응선·김기원·유동열 등 7명의 조선인 동기생들이 관비유학생으로 지명되면서 운 좋게 그도 관비유학생이 되었다. 그들은 육사 15기, 이갑이 리더였다.

이갑은 1903년 11월 일본 육사를 졸업해 도쿄 주둔 근위사단 보병 제1연대에서 견습사관으로 복무하고 러일전쟁에 종군하여 근대 전투를 경험하게 되면서 새로운 각성을 하게 되었다.

그 후 대한제국 보병 참위(오늘의 소위와 같음)로 임명되었고 국내로 돌아와 대한제국 무관학교 학도대를 거쳐 무관학교의 예비과정인 육군유년학교 생도대장이 되었다. 그는 동기생들과 함께 썩어빠진 군부를 개혁하려는 욕구를 갖고 있었고, 효충회(效忠會)라는 사조직을 만들어 강하게 결속했다. 그러나 조직명보다는 '8형제파'라고 불리기 시작했다.

이갑은 처음부터 일본을 싫어하지는 않았다. 장차 조국을 일본처럼 발전시켜야 한다고 여기며 롤모델로 생각했던 것이다. 그러나 러일전쟁 승리 후 막강해진 일본과 반대로 점점 초라해지는 조국의 현실을 직시하면서 깊은 고뇌에 빠졌다. 그는 한성 원동(苑洞)에 살았는데 그의 집에 매일 저녁 우국지사들이 모여 토론을 벌였다.

1905년 여름 일본에 시찰하러 갔다. 일본은 그가 비범한 장교임을 알고 회유책으로 훈장을 주었다. 9월에 귀국해서는 정위(正尉 대위)로 승진했다. 이 무렵 이갑은 "이 원수를 갚아 달라"고 말하고 운명한 아버지의 한을 풀기로 결심했다. 육혈포(六穴砲)의 장탄구 6개에 실탄을 장전했다.

육혈포는 서부영화에 나오는 6연발 권총을 일본이 복사 제작한 무기다. 메이지(明治) 26년(1893)에 개발된 권총이라 하여 '26식 권총'이라 했는데 구경 9mm, 길이 23cm, 무게 904g, 유효사거리 100m의 제원으로 일본 포병공창이 제작했다. 1912년 〈피스톨 강도〉라는 일본 희곡이 조선 땅에서 번안되어 〈육혈포 강도〉라는 제목으로 공연되어 히트를 쳤다. 이후 육혈포라 불렀다. 100년이 지나 몇 해 전 상영된 〈육혈포 강도단〉 제목에도 사용되었다.

이갑은 새벽에 장교 정복을 차려입고 민영휘의 집을 찾아갔다. 민영휘는 정1품 보국(輔國)이며 부장(副將 오늘의 육군소장)이라는 군대 계급도 갖고 있었다.

"대감, 평안감사 시절에 빼앗긴 우리집 전답을 찾으러 왔습니다."

민영휘가 거부하자 육혈포를 겨누었다. 민영휘는 혼비백산하여 옆방으로 피했고 중국 상하이로 피신했다. 이갑은 상하이로 쫓아갔다. 빼앗은 토지를 돌려줄 것, 그 후 수확한 곡물을 현금으로 계산해 지불하고 이자도 붙일 것, 조국에 속죄하는 뜻으로 학교 등의 사회사업을 할 것 등을 요구했다.

결국 모두 받아내고 3만 원을 덤으로 받았다. 그것으로 조용히 애국계몽운동을 펼치고 오성학교를 세웠다. 오성학교는 지금 광신정보고등학교로 맥이 이어지고 있다. 그는 그렇게 재산을 쾌척했다,

프랑스 소설가 알렉상드르 뒤마의 《몽테크리스토 백작》의 주인공 에드몽 당테스는 막대한 재산을 복수하는 일과 가난한 이들을 구휼하는 일에 썼다. 이갑은 나라를 위해 썼으니 더 윗길이며 노블리스 오블리제이다. 이런 의로운 청년장교에게 누가 감동하지 않으랴. 지도자들은 입이 마르도록 그를 칭송했다. 청년들은 우상으로 여기고 그를 따르려 했다. 군마를 타고 거리를 달리면 모두가 박수를 쳤다.

마침 《몽테크리스토 백작》을 번안한 이상협의 소설 《해왕성》이 선풍적인 인기를 끌고 있었다. 도쿄 유학생들은 원작 제목을 알고 있었으므로 그에게 '조선의 몽테크리스토 백작'이라는 별명을 붙여 주었다.

도산 안창호와의 우정

그해(1905년) 겨울에 제2차 한일협약, 이른바 을사늑약이 체결되었다. 참령(오늘의 소령)으로 승진한 이갑과 8형제파는 군대의 요직에 앉았다. 그들은 고종황제의 강제양위에 반대해 친일파 대신들을 격살하는 쿠데타를 계획했으나 실패해 주모자는 처형당하고 나머지는 투옥되었다. 그들이 감옥에 있는 동안 군대가 해산당했다. 석방되어 나왔을 때는 망국이라는 절망의 벼랑이 눈앞에 다가와 있었다. 이갑은 비장한 각오로 합병만은 막아보려고 분투했다.

가슴속에는 일본에 대한 적개심이 들끓고 있었다. 박은식·정운복·유동열 등 평안도, 황해도 출신 인물들과 함께 서우학회를 창립하여 구국교육운동의 주도적 역할을 하였다. 서우학회는 이동휘 등 함경도 출신들의 한북흥학회(漢北興學會)와 통합, 서북학회가 되었다.

그에게는 민영휘에게서 돌려받은 재산이 있었다. 그것으로 서북학회 조직을 키우고 오성학교(五星學校)를 세웠다.

그 후 도산 안창호가 주도한 비밀결사 신민회에 들어갔다. 도산은 1878년생으로 이갑보다 한 살이 적다. 평안남도 강서군 출신이니 평안도 출신끼리라는 의리도 있었겠지만 신민회를 결성하며 의기투합해 둘도 없는 동지이자 친구가 되었다.

이갑은 정희(正熙)라는 이름을 가진 무남독녀가 있었는데 안창호가 수양딸로 삼을 만큼 둘 사이가 가까웠다. 아래는 필자가 쓴 장편 논픽션《마지막 무관생도들》의 한 장면이다.

그 무렵, 이 참령의 집에는 안창호 · 이종호 · 유동열 · 노백린 · 이동휘 등 애국지사들이 드나들며 밀의를 했다. 의병을 일으키려는 것이었다.

도산 안창호 선생은 참령의 외동딸 정희를 귀여워하며 수양딸로 삼았다.

"허허, 도산 선생. 내 하나밖에 없는 딸을 수양딸로 삼다니요. 내 참!"

이 참령이 그렇게 말하자 안 도산은 껄껄 웃었다.

"이보시오, 추정. 예쁘고 귀여운 걸 어찌하오?"

정희는 싫다고 하지 않았다. 머리가 영리해서 친아버지와 구별하기 위해 '도산 아버지'라고 부르며 선생의 무릎에 앉았다.

1908년 3월 미국 샌프란시스코에서 전명운과 장인환 의거가 일어났을 때 이갑은 앞장서 성금을 내놓고 의연금 모집에 나섰다.

다음해 안중근 의사가 이토 히로부미를 처단했을 때는 공범으로 몰려 헌병대에 끌려가 고초를 겪었다.

신민회는 1910년 3월 국외에 무관학교를 설립하여 독립전쟁에 대비한다는 전략을 세웠다. 국내에는 한성의 전덕기, 평양의 안태국, 평북 이승훈, 황해도 김구가 남아 독립군기지 개척사업

1911년 이갑이 제정러시아 수도 페테르부르크에서 도산 안창호에게 보낸 편지(독립기념관 자료).

을 지원하고, 국외에는 미주 안창호, 연해주 이동녕, 북간도 이동휘, 서간도 이회영과 이시영, 최석하, 중국 베이징은 조성환이 맡고 이갑은 러시아 수도 페테르스부르그를 맡기로 했다. 이갑이 러시아를 택한 것은 러일전쟁 종군 경험이 있고 뒷날 제2의 러일전쟁이 일어났을 때 자신이 할 수 있는 역할이 있을 것이라는 기대감 때문이었다.

신민회원들은 그해 4월부터 망명길에 올라 산둥(山東)반도 칭다오(靑島)에서 모여 독립운동의 방략을 논의하였다. 회담이 끝나자 그들은 연해주 해삼위(海蔘衛 블라디보스토크)로 향하였다.

그곳에 도착하여 강제합병 소식을 듣게 되었다. 재러 한인사회가 비분강개하는 가운데 9월에 망명투사들과 '해삼위회담'을 열었다.

그 후 이갑은 제정러시아의 수도 페테르부르그로 갔다. 러시아 외교관과 정치가들과 교류하며 적극적인 언론활동을 전개하였다. 신문사를 찾아가 독립운동 협조를 호소하고 페테르부르그에 청년양성소를 만들어 청년교육에 착수하려 하였다. 침식을 잊고 고심하던 차에 유력한 후원자인 이범진 전 러시아 한국공사가 자결했다.

그는 충격에 빠졌다. 곤궁과 추위와 싸우며 과로까지 겹쳐 손가락에 마비 증상이 오고 반신불구의 상태에 이르게 되었다. 한창 나이에 걸린 뇌졸중이었다. 안창호가 1911년 여름 시베리아에서 미주로 돌아가는 길에 찾아와 그를 끌어안고 울먹였다.

"추정, 그 단단한 몸이 이 지경이 되다니요. 어서 병을 고쳐야지 이 걸 어찌합니까?"

안창호는 미국에 도착해 부인이 바느질품을 팔아 마련한 적금 300불과 《신한민보》 주필로 초청한다는 여행증명서를 보냈다. 이 돈을 받고 이갑은 안창호의 우정에 목 놓아 울었다.

이갑은 동포청년들의 보살핌을 받으며 독일로 가서 뉴욕 행 여객선을 탔다. 미국으로 가는 긴 여정을 견디기에 이갑의 체력은 한계에 다다랐다. 오랜 항해로 인해 탈진했고 결국 뉴욕에서 상륙 허가를 받지 못했다.

그는 발길을 돌려 대한인국민회 시베리아지방총회 본부가 있는 치타로 갔다. 동포사회는 그를 열렬히 환영하며 지도자로 모셨다. 그의 독립운동의 열의는 병중에도 지칠 줄 몰랐다. 좀 더 온화한 곳에서 요양을 하고자 연해주로 갔다. 이동휘와 함께 광복군정부를 구상하며 분열된 동포사회를 하나로 결속시키고 제2의 러일전쟁에 대비한 조직을 갖추어 나가는 일을 하였다. 그러다가 북만주 무링(穆陵)으로 가서 투병했다. 이때 춘원 이광수가 찾아와 한 달 동안 옆집에 머물며 편지를 대필해준 것은 잘 알려진 일이다. 이갑은 그 후 다시 연해주 우수리스크로 갔고 거기서 투병하다가 사망했다.

이갑이 죽은 뒤에도 도산과의 우정은 이어졌다. 도산이 1937년 수양동우회 사건으로 구속되었다가 회복불능 상태로 출옥한 이후 이갑의 딸 이정희가 병구완을 하고 임종을 했다.

춘원과 주요한과 이기동의 글

많은 문사들이 이갑에 관한 글을 썼다. 이광수는 북만주 무링에서 편지를 대필한 일을 회고하는 수필을 썼고 주요한은 1964년에 90쪽 짜리 전기를 썼다. 1970년에는 서울대 박사과정 중에 있던 이기동 전 동국대 교수가 《신동아》 논픽션 공모에 〈추정 이갑〉이라는 글을 써서 당선하였다. 이 교수는 한국학연구원장으로 있다가 국정교과서 문제로 국회에 불려나가 진보계열의 젊은 국회의원들이 야단치듯 질문하자 고분고분하게 대답하지 않은 일로 이름이 떠올랐고 정권이 바뀌자 사임한 바로 그분이다.

파인 김동환이 발간한 《삼천리》 1933년 2월호에 〈조선의 몽테크리스트 백작 이갑〉이라는 글이 있다. 《삼천리》는 3년 전인 1930년에도 이갑에 관한 글을 여러 편 실었다. 7월호에 노백린이 쓴 한시 〈조(弔)이갑 군의 장서(長逝)〉, 9월호 〈해삼위와 이갑〉, 10월호에 딸 이정희 탐방기 〈아하, 아버지 이갑〉, 11월호에 〈인생의 향기 박영효와 이갑 관계〉 등이다. 파인은 《삼천리》에 실었던 명문들을 1931년 《평화와 자유》라는 제목의 단행본으로 찍었다.

춘원 이광수의 〈인생의 향기 알는(앓는) 이갑〉은 〈서백리아의 이갑〉으로 제목을 고쳐서 실었고 일본육사 4년 선배인 노백린의 글도 〈조(弔)이갑 군〉으로 고쳐 실었다.

춘원 이광수의 〈서백리아의 이갑〉은 인터넷을 검색해보니 이 글을 '100년 후에도 읽힐 단편소설'이라고 한 서평과 함께 500원에 읽을 수 있다고 e-book을 안내한 것이 보인다. 그러나 이 글은 소설보다는 수필에 가깝다. 한 부분을 옮겨 본다.

(추정의 편지를 대필해주고) 나는 혼자 내 숙소에 누워서 지나간 하루 추정과 같이 하던 일을 생각하고는, '추정의 속에는 조선이 찼다. 추정의 속에는 조선밖에 없다. 그는 그의 속에서 자기를 내어쫓고 그 자리에다 조선을 들여앉혔다.' 이렇게 생각하고는, 애국자란 이런 사람이로구나 하고 관념으로만 가지고 있던 것을 실물로 목격한 것을 기뻐했다. 지금도 내 속에 기이심(己利心)이 발작할 때에는 추정의 웃는 모양이 나타나서 나를 격

춘원 이광수가 《삼천리》에 발표한 이갑에 대한 회고 〈인생의 향기〉.

려해 준다.

나는 추정의 곁에 일 개월을 머무는 동안 여러 가지 아름다운 광경도 보고 이야기도 들었다. 그 중에 몇 가지를 적자. 이것은 추정 자신의 이야기이다.

"도산(島山)이 미주에 건너가는 길로 돈을 미화 오백원을 보냈읍데다. 도산의 사정을 내가 다 아는데 웬 논 오백원이 있어서 내 병 치료비로 이 적지 아니한 돈을 보냈는고 하고 매우 받기가 거북한 것을, 동지의 정성을 거절하는 것도 도리가 아니어서 받았지요, 했더니 그 후에 알아 보니까 도산이 본국 들어 와 있는 동안 도산 부인이 남의 빨래를 해주고 벌어서 저축한 돈이라고요. 그러고는 도산은 어느 운하를 파는데 역부(役夫) 노릇을 하고 일공(日工)을 받아서 생계를 보탰다고요." (《평화와 자유》, 삼천리사 1931)

참 가슴 뭉클한 이야기이다.
《평화와 자유》에는 이 글 외에도 권동진의 〈이동휘의 청년시대〉 홍명희의 〈자서전〉 여운형의 〈옥중에서〉 설의식의 〈헐려가는 광화문〉 허영숙의 〈나의 재혼관〉 등 당대의 오피니언 리더들이 읽을 만한 것들이 많았다. 판을 거듭할 정도로 많이 팔리자 결국 총독부로부터 금지도서 처분을 당했다.

이갑에 대한 글은 8·15 광복 후에도 이어졌다. 시인 주요한은 1964년《추정 이갑》이라는 전기를 90쪽 분량으로 써서 출간했다. 한국 근대시 운동의 선구자인 시인이 평전 형태의 전기를 쓴 것은 특이하다.

두 사람은 특별한 관계였을까, 아니면 애국심과 실천궁행에 대한 존경심 때문이었을까? 나의 판단은 후자이다. 주요한도 평안남도 평양 출신이고 추정이 사망한 뒤 도산 안창호를 따르며 흥사단 활동을 한 인연이 있었다.

주요한의 평전 자서(自序) 앞부분에 이런 내용이 있다.

추정 이갑 선생은 한말 신민회 시대에 효성(曉星 새벽별)처럼 빛나는 청년정치가요 교육 사업가였다. 노일전쟁이 끝날 무렵 일본사관학교를 나온 신지식의 청년사관으로서 한성 무대에 나타난 그는 당시의 세도귀족 민보국(閔輔國 민영휘를 말함)과 대결하여 빼앗겼던 전토(田土)를 찾으므로 세인의 경탄을 박(博)하였고 그 재물을 전부 희사하여 육영사업을 일으키므로 세상을 놀라게 하였다.

동지인 청년장교들과 합심하여 이윽고 한성의 정계를 주름잡아 진취적이고 개화적인 세력의 중핵을 이루었고 미주에서 돌아온 도산 안창호와 의기투합하여 비밀결사 신민회를 조직하고 항일구국운동을 전개하였다.

(중략)

기미독립운동의 원천이 추정과 그 동지들의 행적과 사상에 연유함이 크다 할 것이다. 3·1 이후 연면히 계속된 신문화운동, 민족주의운동이 또한 그 뿌리에서 성장한 것이 틀림없을진대 이로써 족히 그의 인물과 기여를 평가할 수 있을 것이 아닌가.

외동딸과 사위 이응준

이갑은 슬하에 딸 하나만 두었다. 참령 시절, 그는 가출 소년이던 이

〈아하, 아버지 이갑〉. 《삼천리》에 실린 유가족 이정희(딸) 탐방기.

응준을 거둬 자기집에 머물게 하고 독선생을 두어 가르친 뒤 보성학교를 거쳐 대한제국무관학교에 편입학시켰다. 독립전쟁에 몸을 던지라는 당부를 했다.

이응준은 무관학교가 폐교되어 일본으로 가서 육군유년학교, 육사를 나와 임관했다. 그 무렵 북만주 무링에서 생명이 꺼져가던 이갑은 이응준에게 외동딸 정희와 결혼하라고 했고 이응준은 평생 은인인 이갑의 명을 받아 정희와 결혼했다.

이응준은 생도시절, 뒷날 '백마 탄 김 장군' '원조 김일성'이라고 불린 김광서(항일투쟁시 가명 김경천)의 지도 아래 동기생인 지석규(지청천) 홍사익과 더불어 항일무장투쟁을 하기로 맹세했으나 지키기 않았다. 대좌 계급까지 올라간 뒤 8·15 광복을 맞았고 아내가 애국지사 이갑의 외동딸이자 안창호의 수양딸이라는 사실이 후광이 되어 국군창설의 주역이 되었고 초대 육군참모총장이 되었다.

이정희 이응준 부부는 각각 《아버님 추정 이갑》(인물연구소, 1981)과 자서전 《회고 90년》(선운기념사업회, 1982)을 써서 남겼다. 거기 이갑에 대한 이야기가 많이 들어 있다.

두 사람은 90세가 넘도록 장수하고 저 세상으로 갔다. 저승에서 사위를 만난 이갑이 내 외동딸을 풍파 없이 잘 데리고 살아줘 고맙다고 했을지, 왜 무장투쟁을 안했냐고 꾸짖었을지 상상해본다. 보통 사람이라면 고맙다고 하겠지만 이광수의 말대로 '마음속에 조선이 찼고 자기를 내어쫓고 그 자리에다 조선을 들여앉힌' 이갑이고 보면 "이놈! 왜 조국을 배반했냐?"고 크게 꾸짖었을 것 같다.

호방하고 거침없던 노백린의 생애

이토 히로부미 연회장에서 이완용을 '개'라고 조롱

앞에서 '조선의 몽테크리스토 백작 이갑' 이야기를 했으니 노백린(盧伯麟 1875~1926) 장군 이야기도 해야겠다. 여기 써 나가는 이야기의 중심이 20세기 초 갑자기 망국의 역사 위에 던져진 홍사익·지청천·이응준·김석원 등 대한제국 무관학교 마지막 생도들의 생애인데, 그들을 가르친 교장이었기 때문이다. 노백린은 일본 육사 11기로 이갑보다 4년 선배이자 동지였다.

노백린은 가까운 동지들과 신민회를 결성해 구국운동을 펼치고 만주에 독립운동 전초기지를 건설하려는 계획을 세웠다. 1910년 강제합병 후 하와이로 가서 박용만 등과 국민군단을 창설해 300여 명의 독립군을 양성했다. 1919년 임시정부가 수립되자 군사담당 간부가 됐으며 파리강

청년장교 시절의 노백린.

화회의에 대표로 선발되었다. 1920년 공중폭격으로 일본을 공격하려고 미국에서 동포청년들을 비행기 조종사로 양성했고 다시 임정에 참여해 군무총장과 국무총리를 지냈다. 그러나 그도 역시 비운에 찬 말년을 보내고 이역 상하이에서 궁핍에 시달리다가 병을 얻어 죽었다.

한국 근대사에서 통 큰 사나이 대인배를 찾는다면 노백린을 빼놓지 못할 것이다. 1920년대 잡지 《개벽》이나 《동광》, 1930년대의 《삼천리》를 찾아보면 무수히 많은 일화들이 실려 있다. 이갑의 일화들이 애잔하고 거룩한 것에 비해 그의 이야기들은 호방하며 저절로 미소를 짓게 하는 것들이다. 웃으면서 가슴이 싸하게 슬퍼지는 이야기들이다.

우선 청년시절 일화를 한번 보자. 홍사익·지청천·이응준 등을 가르친 무관학교 교장이 되기 몇 해 전 일이다.

1905년 12월 21일 을사늑약을 기어이 성사시킨 이토 히로부미(伊藤博文)는 초대 조선 통감으로 임명되었다. 그 후 두 달 남짓한 기간은 한국주차군 사령관 하세가와 요시미치(長谷川好道 1850~1924)가 권한 대행을 했다.

이토는 1906년 3월 2일에야 경성에 도착해 업무를 시작했고, 을사늑약에 협조한 이완용과 송병준 등 얼빠진 조선인 고관대작들을 초대해 연회를 열었다. 취흥이 무르익어 갈 무렵 30대의 조선군 장교가 연회석 앞에 나타나 "워리, 워리"하고 소리치며 혀끝을 굴려 개를 부르는 소리를 냈다. 연회에 온 매국노 이완용을 개라고 여겨 조롱한 것이었다.

일설에는 하세가와 대장이 장군도를 뽑아들고 일어서자 그 장교도 군도를 뽑아들어 맞대결을 하려고 했는데 이토가 만류했다고 한다. 믿어지지 않는 이 일화의 주인공이 바로 청년장교 노백린이었다. 노백린이 뒷날 조선총독 데라우치 마사다케(寺內正毅)의 밥상 위에 굵직한 똥을 누고 유유히 사라졌다는 일화도 있는데 앞의 것과 달리 분명한 기록이 없어 믿기 어렵다.

일본 육사 동기생과 선후배 들

노백린과 직접 관련이 없는, 이토의 통감 부임이 늦어진 이유를 짐작하게 하는 알려지지 않은 이야기가 있다.

당시 일본 정계는 조선반도 통치 문제를 놓고 두 가지 주장이 있었다. 정한론(征韓論)을 바탕으로 강제합병으로 완전히 삼켜버리자는 이토 중심의 합병론자들, 합병은 무리하므로 우선 연방제로 가자는 육군대신 고마다 겐타로(兒玉源太郞,1852-1906)를 비롯한 연방론자들이었다.

고종황제는 이 사실을 간파하고 이토의 최대 정적이기도 한 고다마에게 보내는 어새(御璽) 찍은 밀서를 한 일본 육사출신 고급 무관에게 주어 일본에 보냈다. '나는 귀하가 통감이 되어 오기를 희망한다'는 내용이었다.

밀서를 전달 받은 직후 고다마가 급서함으로써 고종황제의 계획은 실패로 돌아갔다. 이토는 조선통감이 되고 기어이 조선반도를 합병하는 수순을 밟게 되었다.

이것은 노백린의 또 다른 육사 11기 동기생 어담(魚潭)이 일본어로 쓴 회고록에 나온 이야기이다. 동국대 사학과 교수로 정년퇴임하고 한국학중앙연구원 원장으로 있다가 문재인 대통령 정부가 들어서자 물러난 이기동 교수는 이 나라의 운명이 바뀔 수도 있었던 중대한 사건의 밀사 역할을 노백린의 동기생 김성은(金成殷 1878~1906) 부령 (副領 : 오늘의 중령과 같음)이 한 것으로 추정하고 있다.

김성은은 '백마 탄 김 장군', 또는 '원조 김일성'으로 불린 김경천 (金擎天. 본명 김광서(金光瑞))의 친형이며 노백린의 일본 육사 11기 동기생이다. 그리고 김성은 부령은 27세 젊은 나이로 요절했다. 대한제국 시대의 일본 육사 출신 무관들, 육사 11기 조선인은 21명이었다. 촉망받던 인물 김성은은 그렇게 요절했고 노백린·윤치성·김희선·어담 등이 알려진 인물들이다.

윤치성과 김희선은 한동안 독립운동을 하다가 가망 없다고 생각한 듯 주저앉았다. 어담은 처음부터 끝까지 일본에 충성했다. 노백린 하나가 끝까지 순결하게 독립운동을 펼쳐 민족에게 희망을 주고 체면을 세웠다.

12기부터 14기까지는 조선인 입학이 없었다. 15기는 8명이 졸업했다. 이갑과 유동열만 독립운동을, 나머지는 일제에 타협하고 살았다. 그리고 계속 입학생이 없다가 23기에 위에서 말한 김경천이 혼자 입학해 임관한 뒤 생애를 독립운동에 바쳤다.

무관학교 교장으로 애국혼을 강조

노백린은 1875년 1월 황해도 송화군에서 출생했다. 어릴 때 이미 기골이 장대해 '장군'이라는 말을 들었다. 1895년 관비 유학생으로 뽑혀서 일본에 갔고 게이오의숙(慶應義塾) 특별교육부 보통과에 입학했다. 그곳에서 일본어를 익히고 육군사관학교의 예비학교인 세이조학교에 들어갔다. 관비 유학생인 어담·윤치성·김성은 등 20명과 함께였다.

이 학교는 사관학교의 예비학교 기능을 했다. 구한말 유학간 초기 일본 육사 입학자들은 이 학교를 거쳤다. 그들보다 후배인 심경천과 홍사익·지청천·이응준 등은 유년학교 제도가 생겨 거기 입학했다.

노백린과 동기생들은 1899년 11월 일본 육사를 졸업하고 일본군 견습사관 과정에 배치되었다. 그 후 큰 고난을 맞았다.

아관파천 이후 고국에 새로 들어선 친러 내각이 일본 유학 관비유학생들을 친일분자로 간주해 관비 송금을 중단했다. 육사 졸업생들에게 참위 임명장을 보냈지만 봉급은 보내지 않았다.

1900년 7월, 그들은 도쿄에서 혁명일심회라는 비밀결사를 만들고 쿠데타를 모의했다. 노백린은 주모자는 아니어서 뒷날 비밀결사가 발각됐을 때 살아남았다.

그는 그 해 말에 귀국해 무관학교 교관을 맡았다. 곧 부위(副尉: 중위), 정위(正尉: 대위)로 승진했고 1904년에는 러일전쟁 당시 일본군에 종군하며 만주전선을 돌아보고 와서 참령(參領: 소령)과 부령으로 승진하며 헌병대장 자리에 올랐다.

이 무렵 고향에 있던 조카가 연락선을 타고 인천으로 오는 길에 준수하게 생긴 가출 소년을 발견해 그의 집으로 데려 왔다. 그 소년이 뒷날 대한민국 초대 육군참모총장을 한 이응준이다. 실컷 친일을 하고 해방조국의 국군 창설을 한 사람이다.

1907년 노백린은 안창호·이갑·전덕기·윤치호·이동녕·이동휘 등과 함께 신민회를 조직하였다. 이후 만주에 독립운동 전초기지를 건설하기 위한 계획을 수립였으며, 자신의 재산과 땅을 헌납, 고향인 송화에 사립학교인 광무학당(光武學堂)을 설립하였다. 그리고 그는 흥사단에도 가입하였다.

이 해 군대가 해산당했다. 그때 일본 정부는 장군, 영관, 위관, 하사관에게 위로금 혹은 퇴직금 형식으로 돈을 주었다. 강제로 퇴직당한 사람들로서는 받을 권리가 있는 돈이었다. 실제로 많은 해산 군인들이 그 돈으로 토지를 사서 생계를 무난히 해결했다.

노백린의 큰아들 노선경(盧善敬)이 기록한 아버지의 전기 〈노백린 장군 실기〉를 보면 그는 이 돈을 직접 하세가와 사령관에게 돌려주었다.

(노백린) 장군은 이를 꽁꽁 싸 가지고 댁(宅)을 나갔다. 찾아간 곳은 하세가와 대장 집이었다. 일본 도쿄 사관학교 재학시에 하세가와는 아마 교장직에 있으면서 장군의 모든 면이 장래에 희망이 큰 학생으로 알고 모범 학생이요 수재인 것을 탄복하였다.

그러나 군대 해산을 당한 그 마당이니 한마음 쓰라린 가슴을 안고 하세가와 관저로 갔다. 그 대장은 문안 온 줄 알고 온화한 말로 맞이하였다. 장군은 돈 뭉치를 내어던지고 분노한 표정으로 눈을 부릅뜨고 행패를 부렸다. 대장이 만류하며 감언이설로 설명하였으나 분연히 대장 관저를 나왔다.

《노백린의 생애와 독립운동》 독립기념관, 2003).

하세가와가 노백린 재학시절에 육사 교장이었다는 것은 사실과 다르다. 돈뭉치를 돌려주었다는 말은 다른 증언들도 있어 사실로 보인다.

노백린은 군대 해산 뒤 대한제국 군부에 남았고 삼청동에 있던 대한제국 무관학교 교장으로 갔다. 생도는 1학년 25명뿐이었다. 그리고 오구라 유사브로(小倉祐三郞, 1878~1943)라는 일본군 수석교관이 파견 나와 있었다. 노백린과 육사 11기 동기생으로 수원수비대장을 지낸 자였다. 그는 이동휘가 지휘했던 강화진위대가 군대해산에 저항해 봉기하자 진압군으로 나서 강화로 진공했다가 매복에 걸려 수십 명 부하가 전사하고 진급이 늦어지고 있었다.

노백린은 통이 크고 너그러워서 피맛골 술집 주인과도 친구를 하는 인물이었다. 그러나 오구라에게는 그러지 않았다. 사사건건 학교 일에 참견하는 꼴이 보기 싫어서 군기를 잡았다고 한다.

"이봐, 내 직책은 교장이고 계급은 일본군 대좌와 같은 정령이다. 그런데 왜 경례를 안 하는가?"

오구라는 꼼짝 없이 경례를 할 수밖에 없었다고 한다.

노백린은 생도들에게 자주 애국혼을 강조했다.

"기울어가는 조국을 일으킬 사람들은 그대들이다. 일본의 강요에 굴복해 보호조약을 맺었지만 아직 희망이 있다. 조국을 잃으면 너희 부모와 형제는 노예가 된다, 정신 차리고 공부하라."

그는 망국의 불행을 막으려고 분투했다. 그러나 결국 1909년 5월 교장직을 떠나게 되었다. 그는 체구가 큰 대식가였다. 생도들에게 이임인사를 할 때 자기 식으로 했다.

그는 교관단과 조교, 생도 전원에게 일과를 중단하고 정오에 학교 서북쪽 소나무 숲에 모이라는 명령을 내렸다.
 소나무 숲에는 시골 부잣집 잔칫날처럼 음식이 가득 차려져 있었다. 늘 배가 고팠던 생도들은 이게 웬 떡이냐 하고 허리띠를 풀어놓고 실컷 먹었다.
 생도들이 배를 채운 뒤 노백린 교장의 명으로 교관단과 생도들은 언덕 위에 매우 자유스럽게 서서 기념사진을 찍었다. 이 사진은 한국근대사의 중요한 장면으로 기념되며 지금도 남아 있다.
 그런데 촬영이 끝난 뒤 노백린이 비장한 표정으로 이임인사를 했다.
"교관단과 생도 제군! 지금 우리 조국의 사정이 나를 더 이상 제군과

무관학교장 이임식날 회식을 하고 제자들과.

같이 있기를 허락하지 않는다. 조국을 지키는 더 큰 일을 하기 위해 오늘 부득이 학교를 떠나게 되었다. 생도 제군! 기울어가는 조국을 위해 한 몸을 바치는 장교가 돼야 한다. 조국을 구할 사람은 그대들밖에 없다. 조국을 지키는 전선에서 다시 만나자."

생도들은 우상으로 여겼던 노백린 교장이 떠난다는 말에 눈물을 철철 흘리며 마지막 경례를 올렸다.

독립운동에 본격 투신 그리고 조종사 양성

그 후 노백린은 신민회 일에 매달리는 한편으로 애국 계몽운동에 나섰다. 해서교육총회(海西敎育總會) 대표를 맡아 고향 황해도의 청년들을 대상으로 독립운동의 기초를 세우려 했다. 이 조직에는 백범 김구도 참여했다. 노백린은 조직에 필요한 자금을 충당하기 위해 육사 동기생인 윤치성과 몇 가지 사업에 손을 댔으나 큰 손해를 보고 물려받은 가산을 잃어버렸다. 군인 출신이 사업을 벌이면 망한다는 건 옛날도 마찬가지였던 것 같다.

그해(1910년) 10월 1일 한일강제합병 직후 그는 군복을 벗고 낙향했다. 조선총독부가 고급 무관들에게 작위와 은사금을 주었고 대부분의 무관들이 받아먹었다. 노백린은 집에 끼니가 떨어질 정도로 궁핍했으나 그걸 받을 리가 없었다.

조선총독부의 무단통치와 삼엄한 감시 아래서 노백린은 김좌진 등과 대한광복단을 꾸려 활동하다가 1916년 7월 경의선 열차를 타고 만주로 탈출했다. 이후 다롄(大連)을 거쳐 상하이로 가서 독립전쟁을 펼치는 방략을 찾으려 고심했다.

그해 10월에는 독립군 훈련기지를 마련했으니 교육훈련을 맡아달라는 박용만(朴容萬)의 요청을 받고 하와이로 건너갔다. 오아후 가할루 지방에서 국민군단(國民軍團)을 창설하여 김성옥·허용 등과 함께 대조선국민군단 별동대 주임으로서 3백여 명의 독립군을 훈련시켰다.

그러나 그것도 쉽지 않았다. 재정공급처인 파인애플 농장의 흉작, 주미일본공사관이 미국 정부에 한인들의 군사훈련을 항의한 때문이었다. 게다가 박용만과 대립관계에 있던 이승만의 영향력이 커졌던 것이다.

1919년 3·1운동 이후 미주 한인들이 독립운동을 열망하게 되고 하와이에 체류하고 있던 노백린의 존재감이 커졌다.

그해 4월 그는 한성임시정부 군무총장으로 지명되고 9월에는 통합 상하이임시정부의 군무총장으로 임명되었다.

그러나 곧장 상하이로 가지 않고 미국 본토 순방길에 올랐다. 곳곳에 있는 동포들의 환영을 받으며 자신의 위상을 확고히 할 수 있었다.

노백린은 일본을 공격할 비행기 조종사 양성에 돌입했다. 초기에는 비행기 2대, 미국인 기술자 1인과 비행사 6명을 교관

미국 체류시절 이승만과 함께.

미국 캘리포니아 비행기학교 시절 조종생도들과.

으로 두었으나 기대한 만큼 실적을 얻지는 못했다. 그래도 계속 미국에 머물면서 비행학교에 열성을 기울여 1920년 7월 제1회 졸업생 25명을, 1923년에는 11명을 졸업시켰다. 비행기도 5대로 늘어났고 무선통신 장비까지 갖추었다.

한편으로 그는 임정 군무총장으로서 '전 국민이 광복군 대열에 참가하기를 당부하는 군무부 포고 제1호를 발표하였다. 틈을 내어 러시아 연해주 블라디보스토크에 가서 계몽운동을 추진하기도 했다.

비행학교가 제대로 돌아가자 그는 1922년 비로소 상하이로 떠났다. 그 후 국무총리도 맡았다. 그러나 상하이 임시정부는 분열과 갈등을 거듭하고 있었다. 난국을 수습하려고 분투했으나 그는 교묘하게 머리를 쓰는 지략가가 아니라 단순 정직한 군인이었고 타고난 본성도 그러했다. 그는 실망을 거듭했고 심신이 허약해졌다.

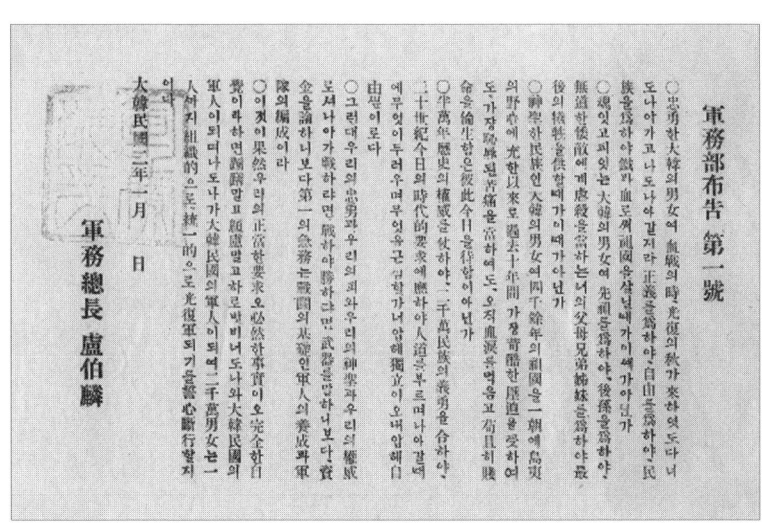

노백린 임정 군무총장의 포고문 원본.
군인의 양성과 군대편성의 중요성을 설명하고,
대한민국 군인으로 지원할 것을 권유하는 내용.

불우한 말년

노백린은 생애 마지막 시간을 상하이에서 불우하게 보냈다. 그의 사정을 엿볼 수 있는 기록들이 눈길을 끈다. 《개벽》 1925년 8월호에 실린 권동진의 글이다.

네 거고 내 거고 닥치는 대로 먹어 없애는 기풍이 굉장합니다. 술도 맥주 같은 것은 한꺼번에 3,4 타스를 예사로 마시고 양요리, 일본요리, 조선요리 할 것 없이 특히 요리 먹기를 좋아합니다. 누구나 만나면 돈이 있고 없는 것을 불구하고 흔연히 가서 쾌(快)하게 한바탕 먹고 보는 기풍이 있습니다. 혼자도 가는 때가 많습니다. 돈 없이 먹고도 뱃심 좋게 누웠다가 후기(後期)를 두고 일어서는 적도 많습니다. 그러나 기풍과 수단이 어찌 좋은지 한 번도 봉변을 당한 적도 없습니다.

그는 어쨌든 호활(豪濶)합니다. 세상이 다 자기의 어깨 아래로 보이는 듯한 태도를 가졌지요. 그리고 "다 그만두어라. 나 혼자도 한다." 하는 독성독래(獨往獨來)의 기풍이 있습니다. 그러기에 최근으로 말해도 그가 3,4년 동안 국무총리의 직을 가지고 혼자서 버티고 지내었지요. "다 그만두어라. 내 혼자서 버티고 있을라" 하는 무겁대남(無怯大擔)한 불구불속(不拘不束)의 쾌남아(快男兒)이지요.

그는 가족 관념이 본래 없습니다. 상처(喪妻) 뒤에 취처(取妻)를 안하고 지냈습니다. 아들은 아들 마음대로 딸은 딸대로 자기는 자기대로 각각 저 할대로 하라는 말을 가끔 했습니다. 그는 또 자전거를 퍽 좋아했지요. 날마다 자전거에 올라 앉아 동서남북으로 뺑뺑 돌아다녔습니다. 어쨌든 활물(活物)이지요. 조금도 가만있지는 않았지요. 그러기에 나를 찾아왔다가 내가 방에 들어앉을 걸 보고는 "여보 나갑시다. 방 안에는 무슨 방 안" 하고 손목을 끌어 잡아다닌 적이 많습니다.

이것은 그래도 사정이 좋았던 시절 이야기였다. 《삼천리》 1934년 9월호에는 호사가들을 즐겁게 하는 〈풍문집〉이라는 글이 있는데 '감자 봉지 든 노백린'이라는 글도 있다.

상해(上海)에서 숙은 노백린 씨가 한참 손궁할 석에 불단서 소계에서 자취하는데 늘 전차를 타고 공동조계 시장에까지 감자 사러 나갔다.
하루는 전차에서 뛰어내리다가 가슴에 안은 감자 봉지가 탁 터지는 바람에 감자가 아스팔트우 거리에 대굴대굴 굴러 흩어졌다. 노백린 씨가 어떻게도 그 감자가 아깝든지 이리 뛰고 저리 뛰며 그 감자 한 개씩 두 개씩 모두 주워 모으느라고 정신이 없었다. 그 때문에 가고 오던 자동차가 모두 서고 전차까지 서고 교통순사는 교통 방해한다고 연해 호각을 불고, 이리 하야 구경꾼까지 수백 명이 삽시간에 몰려왔다.

감자를 다 주은 노 씨는 군중들을 향하여 껄껄 웃고 다시 봉지를 안고 다른 전차에 바꿔 타고 제 집으로 향하였다고 그 호담(豪憺)을 말하는 한 에피소드이다.

상하이 시절 그는 임시정부의 국무총리가 아니었던가. 그러나 작은 것에 연연하는 사람이 아니고 늘 낙천적으로 살아간 남자였다. 그러다가 결국 섭생을 제대로 하지 못해 영양실조에 걸리고 그로 인해 정신 이상까지 왔다.

늘 군복 입고 군마를 타고 남대문을 통해 입성하면 참 좋겠다고 노래하듯이 말했다고 한다. 밤마다 세를 든 집 지붕 위에 올라가 말 달리는 시늉을 하면서 "한성으로 가자! 나의 보금자리!"라며 크게 외쳐 이웃 사람들을 놀라게 했다고 한다.

그는 1926년 1월 22일 세상을 떠났다. 송건호 선생은 《송건호 전집》 제15권에서 노백린이 자살했다고 썼는데 영양실조로 정신 이상 증세에 빠져 있었으니 제정신으로 한 행동이 아니었을 것이다. 그의 주검은 상하이에 묻혀 있다가 1993년 국내로 봉환되어 국립묘지에 안장되었다.

그의 자식들도 독립운동에 투신했다. 아버지의 전기 《노백린 장군 실기》를 쓴 장남 선경은 신흥무관학교를 나와 대한독립단에서 투쟁했고 차남 노태준은 중국 중앙군관학교를 나와 이범석 장군의 광복군 제2지대의 구대장을 하며 OSS 국내 정진대 간부를 지냈다.

  노백린의 일본 육사 동기생들은 그가 불행하게 죽었을 때 일본군의 조선군사령부 소속 장군이나 대좌로 승진하며 살고 있었다. 그가 삼청동 무관학교에서 열성을 다해 가르쳤던 생도들 중 독립전쟁 전선에 나온 사람은 시청천 한 사람뿐이있다. 노백린도 군대해산 때 돈뭉치를 받았다면, 경술합병 뒤 남작 작위와 은사금을 받았다면 천명을 다하며 편안하게 살았을 것이다. 그는 불행했지만 이 나라 근현대사는 그의 존재 때문에 덜 부끄럽다.

일제에 순응한 우등생 염창섭

수석 편입생으로 일본에 감

염창섭(廉昌燮 1890~1950)은 경기도 가평군수와 경상북도 의성군수, 예천군수를 지낸 관료 염규환(廉圭桓)의 장남으로 한성 적선방(積善坊 현 종로구 적선동)에서 태어났다.

아우인 소설가 염상섭의 산문 〈어머님 회상〉(1958년 2월 《여원》)에 보면 8남매였다고 한다. 염창섭이 맏이였다. 아버지는 조용한 성격이고 어머니가 괄괄한 여장부였다. 창섭은 일본 육사를 나왔지만 외향적 역동성이 강한 성격은 아니었던 것 같다. 동기생인 지청천과 이응준, 후배인 김석원의 회고록에 두드러진 존재로 표현되지 않았다.

그는 경술년 강제합병을 한 해 앞두고 일본으로 건너간 대한제국 마지막 무관생도들

일본군 보병 중위 시절의 염창섭.

44명의 성적서열 1번이었다. 메이지(明治) 42년(1909) 7월 30일 조선주차군사령부가 작성한 〈한국육군무관학교 유학생 명부〉 맨 앞에 그의 이름이 있다.

> 1. 염창섭(廉昌燮) : 19년 1월, 2학년, 일어-갑(甲), 기타학과-갑, 교련-중(中), 체조-중, 성질-직민(直敏), 궁행(躬行)-방정(方正), 체격-강장(强壯)

일본 육군성에 보존돼 있는 이 성적순 명단은 일본어 '갑'은 통역 없이 수업가능, '을'은 일상회화 가능, '병'은 일상회화 곤란, 기타학과 '갑'은 중학 1년 수료 상당, '을'은 중학 입학 상당, '병'은 그 이하로, 연령은 호적법 미비로 개인구술을 따랐다는 부기(附記)가 있다.

그는 1907년 겨울 치열한 경쟁을 뚫고 삼청동에 있던 무관학교에 입학했다. 이 무관학교와 일본 육사 동기생으로 뒷날 광복군총사령을 지낸 지청천은 근처에 살아 한성사범학교부속소학교를 나왔다. 염창섭이 무관학교 입학 전 어느 소학교를 다녔는지는 기록을 찾을 수 없다. 현직 군수의 장남이니 당대 최고의 소학교였던 한성사범부속소학교를 나왔을 것으로 보인다.

《구한국 관보》, 광무 9년(1905) 7월 20일자 광고에 실린 생도모집에 '신체검사 및 체력검사와 한문, 독법작문, 산술, 역사, 지지(地誌), 외국어학'을 6개 과목을 제시했으므로 그에 따라 필기시험에 응했을 것이다. 지청천의 회고록에 의하면 그때 북일영(北一營)에서 이틀에 걸쳐서 시험을 치렀다.

북일영은 훈련도감의 분원으로 대궐 호위 임무를 맡은 부대 또는 그 병영을 가리켰는데 경희궁의 무덕문(武德門) 밖, 현재의 종로구 계동에 있었다. 김홍도의 유명한 기록화 〈북일영도(北一營圖)〉로 그 모습이 남아 있다.

당시 무관학교 교장은 앞에서 이야기한 노백린 정령이었다. 그는 "기울어가는 조국을 일으킬 사람들은 그대들이다. 일본의 강요에 굴복해 보호조약을 맺었지만 아직 희망이 있다. 조국을 잃으면 너희 부모와 형제는 노예가 된다. 정신 차리고 공부하라."며 애국혼을 강조했고 염창섭, 지석규(지청천), 홍사익, 이응준 등 생도들은 깊은 감화를 받았다.

통감부의 지시를 잘 따르지 않고 신민회원으로 활동하던 노백린은 결국 학교를 떠났다. 생도들은 눈물 흘리며 마지막 경례를 하여 그를 보냈다. 그 후 김석원, 이종혁 등 후배들이 입학했고 결국 몇 달 뒤인 1909년 7월 명맥만 남은 대한제국 군부가 폐지되고 무관학교도 폐교되었다. 그리고 생도들은 일본육군유년학교로 가게 되었다.

일본이 이들을 가르치고 순치시켜 조선반도 지배의 첨병으로 쓰려고 데려간 것인데 당시 지도층은 그들에게 마지막 희망을 걸었건 것 같다.《대한매일신보》1909년 8월 12일자에 가슴 뭉클하게 하는 4.4조 운율을 가진 개화기 가사가 한 편 실려 있다.

어화 우리 무관학도들아, 군사학을 공부하여 적개심을 키우고 나라독립 등에 지고 세계열강 물리치자 하였더니 갑작스런 군부 폐지로 학업중단 하였으나 와신상담하여 보세. 44명이 한마음에 뜨거운 피 뿌리며 공부하여 나라 중흥 공신이 되어보세.

어화 우리 학도들아, 동해를 건넌 후에 급류 중에 노를 젓고 열일(烈日) 아래 칼을 둘러 그 학업을 연구하고 인내 분발하여서 우리 국권 회복하고 유방백세(流芳百世)하여 보세.

'유방백세'는 '향기가 백세에 흐른다는 뜻', 훌륭한 명성이나 공적이 후세에 길이 전한다는 의미이다. 함께 쓰이는 반대말은 '유취만년(遺臭萬年)'으로 더럽고 불명예스러운 이름이 만년을 간다는 뜻이다.

위의 가슴 뭉클한 개화기 가사의 필자나 지도층이 가졌던 기대와는 다르게 염창섭을 포함하여 그들 마지막 무관생도들 대부분은 일본에 충성해 '유취만년'이 되었다.

염창섭은 도쿄 우시코메구(牛込區) 이치가야다이(市谷臺)에 위치한 육군사관학교에 붙어 있던 육군중앙유년학교 예과 3학년에 편입학했다. 그의 동기생과 후배들 모두 합해 44명은 일본인 생도들과 부대끼며 살아남기 위해 열심히들 공부를 했고 11명이 떨어져 나갔다.

내가 장편 논픽션《마지막 무관생도들》을 쓸 때 정리해 본 바에 의하면 1910년 강제합병 후 거부하고 자퇴한 사람들도 여럿 있고 일부는 성적 불량이나 질병으로 퇴학당했다.

염창섭은 편입 당시는 서열 1번이었으나 졸업은 그러지 못했다. 1912년 5월 31일, 중앙유년학교를 제11기로 졸업했는데,《일본국 관보》6월 6일자에 실린 졸업 석차(조선인들만 따로 묶었다)는 홍사익, 이응준, 안종인, 유승렬, 염창섭, 신태영, 지석규, 권영한, 이호영, 조철호, 박승훈, 김준원, 민덕호 순이었다. 학과는 우수했으나 승마, 사격,

구보, 유도 등 술과(術科)에는 소질이 없었던 것으로 보인다.

그는 1914년 겨울 일본 육사 보병과를 26기로 졸

1914년 6월 5일 육사 졸업생 부대배치 명령 관보 속의 염창섭.

업하고 교토(京都) 주둔 16사단의 38보병연대에 배속되어 근무했다. 교토에는 1897년에 개교한 일본 제2의 명문대학 교토제국대학교가 있었다. 뒷날 군복을 벗고 이 대학에 간 걸 보면 이때 그는 제국대학생들이 몹시 부러웠던 것 같다.

이 시기에 주목할 것은 아우 상섭(8남매 중 아들이 넷이었고 넷째였다)이 1911년 보성중학을 중퇴하고 도쿄 아자부구(麻布區)에 있던 아자부중학으로 유학간 것이다. 이때 형 창섭은 유년학교 생도였다. 상섭은 그 뒤(1917년) 교토부립제2중학으로 갔는데 형 창섭이 이 도시에서 중위로 복무하고 있기 때문이었다.

염상섭 작가론을 쓴 많은 분들이 형 창섭이 상섭을 데려다가 가르쳤다고 했는데 절반은 맞고 절반은 틀린 것이다. 유년학교와 육사 생도는 빡세게 내무생활을 하고 일요일만 외출했다. 육사 졸업 후 견습사관 때는 4원 50전의 월급, 소위 시절에는 43원을 받았다. 일본의 교육을 받아본 창섭이 아버지와 아우에게 유학을 권했고 아버지가 군수 자리에 있고 재산도 넉넉해 유학 보낸 것이었다.

당시 육군장교 위상이 군수급에 해당할 정도로 높아 형의 후광으로 명문학교에 입학할 수 있었다. 염상섭은 부립중학을 거쳐 귀족 자제들이 가는 게이오(慶應)대학에 입학했다.

3·1독립운동에 나선 아우 염상섭과 아내 안숙자

아무튼 염창섭은 학구적이었고 출퇴근시 교토제국대학 앞을 지날 때마다 거기서 공부하고 싶은 열망을 안았다. 그는 틈틈이 중국과 만주 관련 논문을 읽고 중국어 공부에 매달렸다. 1917년, 이화학당 출신 안숙자(安淑子)와 결혼했고 아우 상섭이 교토로 전학을 와서 영외거주를 했다. 이때 아내를 교토고등여학교에 편입시켰다.

1918년 7월, 중위로 승진했는데 9월에 연해주로 출병하게 되었다. 일본이 공산주의 혁명으로 내전상태에 있던 러시아 연해주와 시베리아에 국제간섭군 명분으로 대규모 병력을 파병했는데 거기 낀 것이었다. 그가 속한 교토 16사단 전체의 출병이 아니라 중국어에 능통한 터라 러시아 만주 국경에서 필요하여 통역요원으로 지목된 것이었다.

배속 명령 외에 특별한 명령도 함께 내려왔다. '군용열차를 타지 말고, 이태왕(李太王, 고종황제) 전하의 환후 위문차 경성으로 가는 영친왕과 특급열차에 동승해 항구도시 히로시마(廣島)까지 가라'는 것이었다.

같은 명령을 받은 동기생이 있었다. 대한제국 마지막 무관생도들 중 가장 잘 생기고 운동도 잘하고 공부도 잘한 이응준이었다. 두 동기생은 도쿄 신바시(新橋) 역에서 영친왕을 만나 특급 객차에 올랐다. 이토 히로부미에 의해 볼모로 끌려간 영친왕 이은(李垠)은 유년학교와 육사의 여러 해 후배, 그러나 귀족 대우를 받는지라 위상은 장군처럼 높았다.

나는 졸저인《마지막 무관생도들》에서 영친왕이 두 사람이 걸어온 과정을 듣고 점심을 최고급으로 사 주는 장면을 그렸다.

친일신문인《매일신보》는 1918년 8월 31일자에 이 특별한 일을 큰 기사로 올렸다. 영친왕을 옹위해 동행한 것 외에 염창섭의 이력과 장인의 인터뷰까지 실었다.

조선 장교의 출정

해삼위(海蔘威. 블라디보스토크) 군중(軍中)에 네 명의 조선 장교

이번 해삼위 파견군 중에 조선 사람은 네 명이나 있더라. 십일 년 전에 군대 해산 후에 무관학교도 계속하여 폐지되고 당시 재학 중이던 학도 사십 명은 동경에 유학을 하게 되어 그네들은 유년학교로부터 사관후보생 육군사관학교 견습사관 등의 정식 절차를 밟아 지금은 훌륭한 이십여 명의 장교가 조선사람에서 났는데 그 중 대정 삼년에 임관된 사람들은 이미 중위로 승차되었고 대정 육년에 졸업한 사람들은 소위로 있으며 그 뒤에 또 이어 같이 다년의 공을 쌓아 임관된 사람으로 왕세자 전하 이외에 전하의 학우되는 조대호(趙大鎬) 씨가 있을 뿐이라더라.

이번 왕세자 전하께서 태왕 전하의 환후 문안차로 경성에 오시는 길에 광도(廣島)까지 한 열차에 모시고 온 두 명의 조선인 장교가 있었는데 이 두 사람은 제십육사단에 근무하는 보병중위 염창섭(廉昌燮) 씨와 제일사단에 근무하는 보병중위 이응준(李應俊) 씨로 염중위는 제십이사단 총사령부 근무로, 이 중위는 파견군총사령부 근무로 선발되어 해삼위로 출정하는 길이더라. 그 중 염 중위는 청어에 능란한 고로 경도의 십육사단에서 특별히 출정한 십이사단으로 전임되었으므로 출정하여서도 그 방면의 임무를 종사하기로 되었으며 이 중위는 본래 함경남도 성장으로 체격은 장대하지 아니하나 두뇌가 명석하고 심지가 건확하여 사관학교 재학 중에도 항상 성적이 우등하였고 조선인 유학생 중에도 학업이 출중하여 가위 참모상교의 자격이 있을 사람으로 상관에게도 칭찬을 받았으므로 이번에 특별히 출정군인의 명예로 여기는 총사령부 근무가 되었다.

(중략)

훈공(勳功) 있기를 축원

염 중위 장인의 말

십이사단 사령부 근무로 출정한 염 중위는 경성부 서린동 백번지에 사는 안영기(安永基)씨의 사위인데 안 씨는 사위의 일에 대하여 말하되 "창섭이 출정하는 줄은 이십칠일 저녁에 전보를 받아 보고 처음으로 알았는데 조선인 장교로 출정한 사람은 창섭이 외에도 이삼 인이나 있다는 말을 들었습니다만 실로 군인의 몸으로 명예되는 일이라 아무쪼록 국가를 위하여 훈공을 세우라고 온 집안이 그 일만 주야로 축수하고 있습니다. 창섭의 처 숙자(淑子)는 이화학당을 졸업한 후 재작년에 혼인을 하고 즉시 창섭의 임지되는 경도에 가서 방금 경도의 여학교에서 일본말과 기타 학과를 연구하는 중인데 창섭이가 임지에 있을 때에도 가정을 지어서 지내었으나 이제부터 창섭이가 개선하기까지는 혼자 지내게 되었으므로 학교의 기숙사에 보낼런지 아직 결단하지 못하였으나 숙자의 오라비가 이십팔일에 경도로 향하여 출발하였으니까 거기서 의논한 후에 어떻게든지 조처할 줄로 생각합니다."

《매일신보》는《대한매일신보》가 경술 합병 뒤 이름을 바꾼 신문으로 친일 일변도로 돌아서 있었다. 내용이 긴 이 기사는 당시 친일인사들의 일본군 장교에 대한 인식을 읽을 수 있다.

염창섭은 아버지도 장인도 친일인사였으니 이의 없이 순응하며 그 길을 간 것으로 보인다. 그러나 아내 안숙자와 아우 상섭은 3·1운동에 잠시 끼어들었다. 마음속에 갈등이 있었고 양심의 소리가 울렸던 것이다.

교토에 남은 그의 아내 안숙자는 친정 오라비와 함께 귀국길에 오르고 아우 상섭은 남아서 공부를 계속했다.

연해주에 도착한 염창섭은 중국인 포로 심문이나 문서 번역을 했을 것이다. 일본군이 차르 황제의 백군 편을 들고 있었으므로 당시 연해주 조선인 혁명투사들은 러시아 혁명군 편에 서서 싸웠다.

이응준이 연해주 한인들의 정보분석관으로서 독립투사들을 사찰하는 임무도 있어 갈등한 자료, 염창섭, 이응준과 같은 배를 타고 출병한 이종혁이 소대장으로서 상관의 명령에 따라 동포 독립투사를 총살한 일로 인해 갈등하다가 탈출하여 독립투사가 된 과정에 대한 자료는 있다.

그러나 염창섭이 처한 사정에 관한 것은 찾지 못했다. 그가 속한 부대에 조선어에 능통한 장교는 없었을 것이므로 염창섭도 비슷한 일을 겪고 갈등했을 것이다. 체포된 동포 독립투사를 심문하는 일, 조선어로 된 기밀문서를 번역 분석하는 일을 했을 것이다.

염창섭이 출정해 있는 사이 고국에서는 3·1 만세운동이 일어났다. 자신처럼 일본에 타협하며 살라고 일본으로 데려온 아우 상섭은 게이

오대학을 다녔는데 오사카(大阪)에서 한인노동자들의 만세시위를 주도하고 구속당했다.

《매일신보》 1919년 4월 21일자 기사가 있다.

일본 오사카구(大阪區) 재판소에서 출판법 위반죄로 염상섭(27)을 금고 1년, 이경근(34세 오사카 고공 학생), 백봉제(24세 동상)를 금고 3개월 반(半)에 처하다. 이들은 지난 3월 9일 일본 오사카 텐노지(天王寺) 공원에서 독립 시위운동을 목적으로 독립선언서 등 문서를 인쇄 살포한 혐의이다.

염상섭은 증거불충분으로 석방되었는데 감옥에 있는 여섯 달 동안 담당 검사의 호의로 문학서적을 차입해 읽어 작가적 소양을 닦은 것은 알려진 사실이다. 그는 석방된 뒤 귀국해 막 창간한 《동아일보》 기자가 되고 《폐허》의 창간동인으로 참여하고, 1921년 〈표본실의 청개구리〉를 발표해 작가의 길로 들어섰다.

아내 안숙자는 모교인 이화학당의 만세시위를 계획한 일로 구속당했다. 국사편찬위원회 데이터베이스에는 만삭의 몸으로 경성검사

형의 영향으로 일본에 유학한 소설가 염상섭(가운데). 일제에 순응한 형과 달리 3·1 운동으로 옥살이를 했다. 아래 두 사람은 오사카 형무소 간수들.

국에서 심문을 받은 기록이 남아 있다.

문: 그대는 일본 육군 보병 중위 염창섭의 아내인가?
답: 그렇다.
문: 그는 어느 사단 소속이며 현재 어디에 있는가?
답: 12사단 소속으로, 현재 시베리아에 출정 중이다.
문: 그대는 임신 중이라는데. 그러한가?
답: 그렇다. 현재 9개월째이다.
문: 그대는 이화학당을 졸업했는가?
답: 그렇다. 중학과를 작년에 졸업했다.
문: 금년 3월 2일에 이화학당 박인덕의 방에 갔었는가?
답: 그렇다.
문: 그날 그곳에 모인 자들은 누구누구였는가?
답: 김마리아 · 나혜석 · 박인덕 · 황애시덕 · 안병숙 · 신준려 · 손정순 · 박승일 · 김하르논 · 황에스터 등이었다.
문: 그때 어떤 상의를 했는가?
답: 그날은 박인덕을 방문하러 갔던 것인데 앞서 말한 사람들이 무엇인가 상의 중이었다. 무엇이 무엇인지 조금도 몰랐다.
문: 그때 남자 학생들이 독립운동을 하고 있으니 여자도 단체를 만들어 응원하지 않으면 안된다는 상의가 있었던 것이 아닌가?
답: 그때 조선에는 부인 단체가 없어서 허전하니 여자 단체를 만들자는 상의가 있는 모양이었으나, 나는 그 상의에는 끼어들지 않았다.
문: 그러나 김마리아 · 박인덕 · 신준려 · 나혜석 등의 말에 의하면,

그대도 그곳에 있었고 지금 신문한 대로 상의를 했었다는데, 어떠한가?

답: 그 사람들이 어떻게 말하던 나는 결코 그런 상의에 관계하지 않았다. 나는 일본 제국 군인의 아내이며 또 일본에 살면서 일본 사정에도 신속하게 통해 있고, 그런 상의는 학생들이 했을 뿐, 나는 그 동료에는 낀 일이 없다.

안숙자는 시베리아 전선에 출정한 제국 육군 장교의 아내로 출산을 앞둔 몸이었다. 다른 피고들과 달리 고문당하지 않고 훈방되었다. 내가 갖는 소설적 상상일지도 모르지만 그의 아내와 아우는 출정 장교의 가족이 받는 특혜와 나도 조선의 딸, 조선의 아들이라는 콤플렉스와 양심의 소리 때문에 그렇게 한번 나섰던 것이 아닌가 생각한다. 그러나 당시에는 대단한 일이었다. 얼마나 많은 지식인들이 양심의 소리를 외면하고 순응했던가.

교토제국대학 나와 만주국 관리로

염창섭은 1924년 군복을 벗었다. 이 때 육사시절 멘토였던 3년 선배 김경천과 동기생 지청천·조철호는 무장 독립투쟁에 뛰어든 터였다. 염창섭은 그러지 않았다. 몇 해 전 연해주 전선에 파병갔을 때 탈영하여 항일 파르티잔부대를 찾아갈 수 있었으나 그러지 않았다. 그때 일본군이 얼마나 막강한가를, 조선의 독립투쟁은 계란으로 바위치기라고 생각했을 것이다.

그는 퇴역하고 남강 이승훈과 신민회원들이 세운 오산학교 교감으로 갔다. 이 무렵 아우 상섭이 그 학교로 가서 일본어와 역사를 가르쳤다.

1927년에는 염창섭이 기어이 교토로 가서 제국대학 경제학부에 들어갔다. 1932년 졸업하고는 조선총독부에 특채되었다. 그는 조선어와 중국어에 능통한, 육사와 제국대학 출신 고급두뇌였다.

곧장 명령을 받고 괴뢰국가인 만주국으로 나갔다. 랴오닝성(遼寧省), 펑톈성(奉天省), 지린성(吉林省), 헤이룽장성(黑龍江省) 등의 일본영사관에 근무하면서 재만 조선인들을 만주국 정책에 협조하도록 지도하는 임무를 수행했다.

1936년에는 아예 만주국 고급관리가 되었다. 이후 참사관이라는 고급관리로 승진하며 부귀를 누렸다. 아우 염상섭이 1936년 《만선일보》 주필 겸 편집국장으로 간 것도 형의 영향력 때문이었을 것이다. 그는 아우의 삶에 많은 영향을 준 형이었다.

만주국 안둥성(安東省) 과장으로 있다가 일본 패전 후 서울로 왔다. 어떤 연고가 있었는지 서울에서 성동공고 교감을 맡아 일했다.

1949년 뇌혈관 질환에 걸렸고 1950년 6·25 동란을 앞두고 사망했다.

아우 염상섭의 단편소설 〈임종〉이 형의 죽음을 소재로 쓴 것이라는 설이 있는데 발표 시기가 1949년이고 염창섭은 다음해 죽었으므로 직접 관련은 없다고 보아야 할 것이다. 작품을 들여다보면 주인공인 병인(病人)이 큰형 창섭임을 짐작하게 한다. 그러나 형의 생애에 관한 힌트는 없다.

그는 2007년 대통령 직속 반민족행위진상규명위원회가 치밀하게 조사하여 발표한 '일제 강점기 친일반민족행위 관련자'에 들지 않았다. 그러나 2009년 민족문제연구소가 발간한 《친일인명사전》에 아버지와 함께 이름이 올랐다. 그가 만주에서 고급관료로 승승장구할 때 동기생 지청천과 후배 이종혁이 만주에서 항일 무장투쟁을 전개하고 있었다. 그들의 활동을 첩보로 들으면서 그가 깊은 자괴감을 가졌었는지, 혹은 그들을 어리석다고 코웃음을 쳤지는 알 수 없다.

우등생 홍사익이 달려간 영욕의 길

가장 비범한 인물, 일본 패전 뒤 전범으로 처형

홍사익(洪思翊 1889-1946)은 1909년 가을 무관학교가 폐교된 뒤 일본으로 건너간 44명의 대한제국 마지막 무관생도들 중 장군이 된 유일한 인물이다. 그는 육군 중장(中將)까지 올라갔다.

일본군에서 장군이 된 사람들은 여럿이 더 있었다. 대한제국 군대의 장군이나 고급장교로 있다가 경술년 강제합병 후 조선군사령부 소속이 되어 일본이 주는 봉록을 받아먹으며 구차한 생을 살아간 조동윤 중장, 이병무 중장, 조성근 중장, 어담 중장, 이희두 소장, 김응선 소장, 왕유식 소장 등이다.

강제 합방 이후 일본 육사를 나와 장군이 된 경우는 영친왕 이은 중장과 홍사익 둘뿐이다. 이들 장군들은

장군복 입은 홍사익.

독립투쟁에 투신하지 않았는데 가장 아쉬운 것은 홍사익이다. 가장 비범한 인물이었기 때문이다.

홍사익은 마지막 무관생도들 중 우등생이자 대표격이었다. 일본 육군중앙유년학교 재학 중 강제합병 소식이 오자 동기생, 후배 들과 더불어 '일본이 가르쳐주는 군사기술을 익혔다가 뒷날 조국이 부를 때 독립전쟁에 앞장서자'고 결의했다. 특히 재학생도들의 멘토이자 우상이었던 김광서(항일 무장투쟁시 가명 김경천)가 지청천·이응준과 더불어 지목했던 후배였다. 그들 4인은 '함께 탈출해 동지로서 투쟁하자'고 피를 섞어 마시며 맹세했다. 알려진 바와 같이 김광서와 지석규만 탈출하고 홍사익과 이응준은 맹세에 등 돌렸다.

홍사익이 조국을 배반하고 일본군 장군이 된 대가는 컸다. 필리핀 주둔 남방군 사령부에 배속되어 포로수용소장을 했는데 연합국 포로들을 학대한 혐의로 전범재판에 넘겨져 사형을 당한 것이다.

경기도 안성 향반 가문 출신의 수재

홍사익은 1889년 경기도 안성군 대덕면 소현리에서 출생했다. 그의 가문 《남양홍씨세보》(2013)를 보면 부친 홍이유(洪理紃)는 사익이 여섯 살 때인 1895년 45세 나이로 죽었다. 그래서 사익은 18년 차이가 나는 형 밑에서 성장했다. 형 홍사용(洪思容)은 1871년생이었다.

홍사익은 어려서부터 총명하여 열 살 때쯤 사서(四書), 즉 《논어》, 《맹자》, 《중용》, 《대학》을 통째로 외워버렸다. 안성공립소학교로 편입학했는데 천재소년으로 이름이 알려졌다. 졸업 후 독학하며 형을 도와 농사일을 하다가 당시의 조혼 관습에 따라 14세 때 세 살 위의 규수와 결혼했다.

16세에 무관으로 있던 집안사람의 권유로 대한제국 육군유년학교에 입학했다. 수업연한이 3년인 이 학교는 일본 유년학교를 모방해 만든, 무관학교의 예비학교였다.

홍사익은 100명을 뽑는 입학시험에 응시해 합격했다. 아버지가 없는 가난한 집안의 소년이 돈 안들이고 공부할 기회를 잡은 것이었다.

1907년 9월 유년학교를 졸업하고 군사실무를 배우기 위해 육군연성(研成)학교로 올라갔다. 이 학교는 1904년에 개교한 장교, 하사관 재교육기관으로 한성 원동(苑洞 현 종로구 원서동)에 있었다. 유년학교 출신들도 반년쯤 입교시켜 무관학교 입학 예비과정을 교습시켰다.

그러나 군대해산과 더불어 그 학교가 폐교되고 곧바로 체제를 새롭게 바꾼 무관학교에 들어가게 되었다.

대한제국 육군유년학교와 연성학교의 학적 기록은 발굴되지 않았다. 홍사익은 일본 육군대학 입학 물망에 오르고 있던 1919년 6월 13일 총독부 기관지《매일신보》와 인터뷰하며 자신이 '유년학교를 나와 한성 원동에 있던 연성학교를 다니다 군대해산으로 폐교되어 새로 열린 무관학교로 갔다'고 회고했다.

이 무렵 무관학교의 입학정원이 120명에서 25명으로 줄었다. 유년학교 동창들이 100명이나 되는데 일반계 학교를 나온 명문가 자제들까지 몰려들었다. 그 결과 유년학교 출신은 8명만 합격하고 우수수 떨어져 나갔다. 무관학교에 들어가서도 홍사익은 최고성적을 기록해 나갔다.

홍사익이 가장 좋아한 동기생은 지석규였다. 자신이 갖지 않은 고

지식하고 끈질긴 지구력이 마음을 끌었다. 어려서 아버지를 잃은 것이 비슷했다.

그는 주말에 무관학교와 가까운 곳에 있던 지석규의 집에 가서 낮잠을 자거나 뒹구는 것을 즐겼다. 입학 몇 달 뒤인 1908년 봄에 이응준이 보성중학교에서 편입해왔고 사익은 지석규·이응준과 더불어 삼총사처럼 우정을 쌓았다.

홍사익은 삼청동에 있던 무관학교 2학년이던 1909년 8월 하순 학교가 폐교되고 그는 43명의 동기생 후배들과 더불어 일본으로 떠났다. 앞의 글들에서 살펴본 바와 같이 이해 7월 30일 조선주차군사령부가 작성한 〈한국육군무관학교 유학생 명부〉를 보면 1등이 염창섭(소설가 염상섭의 형), 2등이 홍사익이었다.

> 1등 염창섭(廉昌燮) : 19년 1월, 2학년, 일어—갑(甲), 기타학과—갑, 교련—중(中), 체조—중, 성질—직민(直敏), 궁행(躬行)—방정(方正), 체격—강장(强壯)
> 2등 홍사익(洪思翊) : 20년 5월, 2학년, 일어—갑, 기타학과—갑, 교련—중, 체조—우(優), 성질—질직(質直), 궁행—방정, 체격—장(壯)

내가 졸저인 장편 팩션 《마지막 무관생도들》을 쓰며 이 자료를 손에 넣었을 때 왜 염창섭이 1등인가 하는 의문을 가졌다. 학과 성적은 같은데 홍사익은 체조(체육으로 판단됨)가 우수하고 염창섭은 체격이 강장했다. 정량성적으로 평가되는 체조에서 홍사익에게 밀리는데도 염창섭이 우위에 선 것은 그가 고관의 아들이었던 때문으로 해석했다.

일본 유학시절

홍사익은 1909년 9월 7일 오전 도쿄에 있는 육군중앙유년학교에 도착해 예과 3학년에 편입학했다. 그는 대한제국 육군유년학교 3개년과 연성학교를 거친 뒤 무관학교 2학년 재학 중 떠났는데 3년 쯤 강등된 것이었다.

일본은 프랑스를 본받아 유년학교를 운영하고 있었다. 생도들을 국제적 감각을 갖춘 교양 있는 장교로 키우기 위해 영어·독일어·프랑스어와 피아노를 가르쳤다.

그러나 기본이념은 일본 정신의 근본이라는 무사도(武士道)였다. '충성은 가장 고귀한 것이다. 그것은 죽음을 통해 완성되며 비굴하게 사는 것은 참을 수 없는 치욕이요 불명예이다.' 이런 정신이 깊이 뿌리내리고 있었다.

수업연한은 예과 3년, 본과 2년, 합해 5년이었으며 전체 생도 수는 700명 가량이었다. 전국 5개 도시에 입학 정원 50명의 지방유년학교가 더 있었지만 거기서는 예과 3년만 가르치고 본과 2년은 여기서 모두 받아 가르쳤다. 육사는 수업연한이 1년 6개월이어서 일본군 장교의 자질은 유년학교에서 형성되는 것이나 다름없었다. 그래서 학교에 기울이는 예산도 대규모였다.

노부오키 에이코(野邑理榮子)가 쓴 《육군유년학교 체제의 연구》(吉川弘文館, 2006)를 보면 군국주의 일본이 당시 사관양성에 얼마나 많은 예산을 썼는지 알 수 있다. 1903년 대표적인 공립중학교인 도쿄

부립제일중학교 학생 1인당 1년 교육경비가 45엔인 데 비해 유년학교는 221엔이었다.

일본의 장교 양성은 유년학교, 사관학교와 현지부대가 유기적으로 협력하게 되어 있었다. 유년학교 졸업생들을 현지부대에 보내면 군복에 사관후보생 표시를 붙인 채 하사관인 조장(曹長)대우를 하며 대부(隊附)근무라는 이름으로 6개월을 복부시켜 상교가 될 자질이 있는가 살폈다. 부족하면 냉정하게 도태시켰다. 살아남은 생도들은 연대장 추천서를 받아들고 육사로 갔다.

유년학교 졸업자만 육사로 가는 건 아니었다. 당시 육사 정원은 750명, 유년학교 졸업자는 250명 안팎이었다. 나머지는 일반계 중학교 졸업자로 채워졌는데 그들은 대부근무가 1년으로 유년학교 출신보다 2배로 길었다. 물론 고급장교나 장군이 되기 위해서는 엘리트 코스인 유년학교를 나와야 유리했다. 육군사관학교를 졸업했다고 저절로 임관되는 건 아니었다. 다시 현지부대로 가서 반년 동안 견습사관을 하고 무사히 수료하면 그곳에서 임관하는 것이었다.

홍사익은 중앙유년학교 예과 3학년 1개년과 본과 2개년을 마치고 1912년 5월 31일, 중앙유년학교를 제11기로 졸업했다. 그해 6월 6일자 《일본국 관보》에 실린 졸업 석차는 홍사익, 이응준, 안종인, 유승렬, 염창섭, 신태영, 지석규, 권영한, 이호영, 조철호, 박승훈, 김준원, 민덕호 순이었다.

그의 이름 위에 X표시가 있는데 이것은 전체 동기생 266명 중 우등 졸업을 뜻했다.

홍사익은 우등생들이 배치되는 도쿄 주둔 제1사단 제1연대에 사관후보생 신분으로 배치되었다. 거기서 반년 간 대부근무를 하고는 1912년 12월 5일 육사에 26기로 입학했다. 1914년 6월 5일 졸업하고. 견습사관 신분으로 다시 제1연대로 가서 복무하고, 그해 12월 육군소위로 임관되었다. 이상은 모두《일본국 관보》의 공식기록이다.

그는 도쿄 육군유년학교와 육사에서 발군의 실력을 발휘했다. 일본인 생도들이 노트를 빌려달라고 아우성쳤다고 한다. 유년학교 석차로 대부근무 부대 배치가 결정되고 육사 성적은 평생 따라다니기 때문이었다. 모든 생도들의 꿈은 도쿄 주둔부대 배치였다.

'나는 조선인이니까 고속승진 같은 건 기대할 수 없지.' 홍사익은 그렇게 생각한 터라 엽엽하게 노트를 빌려주었다.

그는 전 과목에서 우수했지만 문학에서 탁월했다고 한다. 유년학교 본과 시절 홍사익이 속한 생도중대의 스지(辻)라는 생도가 병사했다. 생도들 중 누군가가 추모시를 쓰는 게 좋겠다는 교장의 의견이 있었다.

아무도 나서지 않자 국한문과장을 맡고 있는 마루야마 마사히코(丸山正彦) 교수가 홍사익을 불러 세웠다. 사서삼경을 줄줄이 외고 한시(漢詩)에 능통한 걸 알기 때문이었다.

"네가 추모하는 한시를 써야겠다."

홍사익은 여섯 구짜리 추모시를 거침없이 휘갈기듯 썼다. 그것은 장례식장에 붙여졌다. 이해하기 쉬운 한자를 고르고 운을 맞춰 절절한 추모의 마음을 담은 터라 교장과 교관들은 물론 죽은 생도의 학부모도 감동했다. 그래서 그는 유명해졌다.

그의 생도시절 일화는 그를 형이라고 부르고 따랐던 이자키(井崎)

소좌와 와치 다카지(和知鷹二) 장군의 증언으로 남아 있다. 이자키는 유명한 문필가의 아들이었는데 홍사익을 형처럼 따르며 존경하는 태도를 보였다.

와치는 홍사익처럼 육군대학을 나와 장군의 반열에 올랐다. 참모본부 지나과(支那課)에서 근무한 것을 시작으로 관동군 참모, 지나주둔군사령부 참모를 지내고 1940년 소장으로 진급했다. 태평양전쟁 때 육군중장으로 남방군 총참모부장을 지냈으며 종전 후 전범재판에서 징역형을 선고받고 복역했다. 그는 자신의 회고록에 홍사익의 품성과 그와의 우정에 대해 썼고 홍사익이 태평양전쟁 전범으로 처형된 뒤 그를 추모하는 사업을 이끌었다.

육군대학 나와 초고속 승진, 그리고 이청천이 보낸 밀사

홍사익은 생도시절 성적뿐 아니라 초급장교 시절도 비범했다. 1914년 가을 홍사익이 속한 도쿄 주둔 제1사단은 지바현(千葉縣)의 나라시노(習志野) 훈련장에서 추계대연습에 들어갔다.

어느 날 폭우가 쏟아지는데 홍사익은 척후장 임무를 받아 자기 소대를 이끌고 대대의 전진방향을 유도했다. 물이 불어나 급류가 흐르는 개천이 앞에 있고 뿌옇게 우연(雨煙)이 끼어 건너편이 보이지 않았다.

"수영 잘하는 사람, 개천을 건너가 정찰하고 올 자신 있으면 나오라."

급류가 두려워 30명의 부하대원들 중 아무도 나서지 않았다. 홍사익은 군복을 벗어 머리에 이고 급류를 헤엄쳐 건너가 가상 적군의 매복을 확인하여 대대로 하여금 역습을 할 수 있게 이끌었다. 작전은 성공이었다.

　대연습이 끝나고 사단 장교 전체가 모여 강평회를 열었다. 사단장이 홍사익 소위를 불러 올려 칭찬했다.

　표창장을 주었고 그의 이름은 사단 전체에 알려졌다.

　1919년 봄, 조국에서 3·1 만세의 함성이 요원의 불길처럼 퍼져나갈 때 그는 중위였으나 대위급이 맡는 중대장 자리에 있었다.

　어느 날 갑자기 사단사령부로 전속명령을 받았다. 사단장 사토 가스히로(佐藤勝弘) 소장이 다음해 육군대학에 갈 입시후보자로 지목해 보직 없이 열심히 공부해서 합격하라고 불러 올린 것이었다.

　육군대학은 출세를 보장하는 보증수표였다. 졸업자들은 승진가도를 달리게 되고 별을 달아 장군이 될 가능성이 컸다. 육군대학을 나오지 않으면 아무리 탁월해도 대좌에 머무는 것이 관례였다.

　육군대학은 임관 3-6년차 장교들 중 신입생을 뽑는데 정원이 70명이었다.

　매년 육사에서 졸업생이 700여 명 배출되니 10분의 1만이 들어갈 수 있었다. 희망자가 누적되므로 입시 경쟁률은 30:1이 넘었다. 각 사단이 2명을 추천하면 학과시험과 면접시험으로 선발하는데 우선 사단에서 추천받는 일부터가 하늘의 별 따기였다.

　사단에는 후보자가 200명이 넘었다. 각 사단은 그렇게 보낸 장교가 합격하면 명예로 여겼다. 그리고 사단장 개인의 앞날과도 관련이 깊었다. 추천한 부하장교가 육군대학을 나와 장군이 되면 자신이 퇴역한 뒤에도 군부에 영향력을 가질 수 있기 때문이었다.

귀족 출신, 군벌 가문 출신 젊은 장교들이 육군대학 입시추천을 받기 위해 발버둥치고, 실전기록을 쌓기 위해 시베리아 영하 30도 추위 속에서도 목숨 걸고 뛰고 있는데 홍사익에게 뜻밖의 기회가 온 것이었다. 그는 시험이라면 자신이 있었다.

입학 가능성은 더 커졌다. 그는 사단지휘부 전속 두 달 뒤 이번에는 육군성 인사국으로 선속명령을 받았나. 이때, 9년 선 요코하마에서 무명지 피를 흘려 독립전쟁 투신을 맹세한 지석규(이청천)와 이응준, 그리고 김광서(김경천)는 탈출을 위해 고심하고 있었다. 그해 6월 7일, 결국 김광서·지청천 두 사람만 탈출해 서간도의 신흥무관학교 교관으로 갔다. 이들이 가르친 제자들이 독립군부대로 달려가 초급간부로서 펑우둥(鳳梧洞 봉오동)과 챵샨리(靑山里 청산리) 대첩을 한 것은 오랜세월이 지난 지금에도 가슴이 뛰게 하는 역사적 사실이다.

김광서·지석규 두 사람이 압록강을 건너 만주를 횡단해 신흥무관학교로 잠행해 가던 6월 10일쯤 조선총독부의 기관지나 다름없는 《매일신보》 특파원이 홍사익을 찾아갔다. 육군대학 입학이 예견된다는 기사를 쓰기 위해서였다.

강제합병 후 조선인이 큰 차별을 받는다는 것은 삼척동자도 아는 바였다. 게다가 3·1만세 때 얼마나 많은 인명이 학살당했던가. 그러나 그는 일본이 원하는 대로 '조선인은 차별받지 않는다'고 기자에게 말했다. 자기 생각도 에둘러 표현했다.

'이번에 내가 인사국이란 요로에 근무하게 됨에 대하여 여러 사람들이 놀래임은 조선에 소요가 일어난 때인 까닭입니다. 그러나 영국의 인도인 같으면 혹 어떠할런지 알 수 없으며 또 우리를 육군대학에 입학을 아니 시킬 터이면 어찌하여 나와 같은 조선인을 중요한 지위에 있게 하겠습니까. 가령 내가 인도인으로 영국 내지에서 군인이 되었다 하면 연대 같은 데도 붙이지 아니하였을 것인데 일본에서는 조선인 장교라고 결단코 칭하를 하지 아니하며 이것이 육군당국의 참뜻이지요.

그러므로 자격만 있으면 육군대학에 입학을 하든지 기타 중요한 지위를 얻을 터이지만 나는 아직 대학에 입학할 만한 지위를 준비하지 못하여 이대로 있습니다. 나는 결코 육군당국의 참뜻을 조금도 의심없이 믿으니 일반 조선인은 결코 육군당국의 참뜻을 오해하지 말 것이라. 나는 다만 대학에 입학할 만한 자격을 준비하지 못함을 걱정합니다.'

씨는 경기도 출생으로 그 성질이 침착하고 온정이 많아서 부하의 병졸도 깊이 심복하고 경모한다. (동경지국).

일본이 조선인을 결코 차별하지 않는다는 홍사익의 발언을 실은 《매일신보》 기사.

〈조선인이라고 결무차(決無差) 군대에서 공평한 조선인 대우〉라는 제목으로《매일신보》1919년 6월 13일자에 실린 기사 앞부분이다. 이 기사는 제목 활자가 주먹만큼 크고 내용도 길다. 콧수염을 기르고 장교 정복을 입은 홍사익과 아내 사진도 실었다.

홍사익은 육대 입시에 응했고 합격통지를 받았다. 우리는 추측할 수 있다. 사토 가스히로 사단장의 뜻을 넘어 육군성의 정책상 결정이 있었던 것이다. 조선 땅의 만세운동 때문에 보란 듯이 그를 중용해 성난 조선의 민심을 달래려 한 것이었다.

이때 육사 29기인 영친왕 이은 중위도 합격했다. 합격자 중 가장 어렸다. 아직 경력이 부족한데 역시 3·1 만세 운동을 의식해 유화정책의 하나로 입학시킨 것이었다. 홍사익에게 영친왕의 학습을 도우라는 의미도 들어 있었다. 아무튼 동포들의 만세운동과 김광서·지석규의 탈출이 그를 육대 입학으로 밀어준 셈이었다.

1923년 11월 홍사익은 육군대학을 졸업했고 그의 가슴에는 육군대학 출신임을 알리는 덴포센(天保錢) 휘장이 달렸다. 덴포센은 일본 근대의 엽전처럼 생긴 은제 타원형 휘장이었다. 이것을 패용한 육군대학 출신을 '덴포센구미(天保錢組)'라고 부르며 모두 선망의 눈으로 바라보았다.

그는 이후 순조로운 엘리트 코스를 밟았다. 소좌 시절 관동군에 전속되어 펑톈(奉天, 봉천)에 가 있었다. 그때 만주에서 한국독립군 총사령을 맡고 있던 동기생 지청천의 밀사가 접근했다.

'자네 같은 지휘관이 필요하니 탈출해 이제 독립전쟁 전선으로 오라'는 말을 전했다.

그는 냉정했다. 갈 수 없다고 즉석에서 대답했다. 덴포센구미의 한 사람으로서 장래의 출세를 바라보는 터에 고통스러운 독립전쟁의 길을 선택할 수는 없었던 것이다.

장군이 되어

1941년 3월초, 북지(北支) 사령부로 가라는 전속명령과 함께 소장(少將)으로 승진시킨다는 히로히토(裕仁) 천황의 교지(敎旨)와 장군도(將軍刀)를 받았다. 북지로 가는 길에 경성에 들르게 일정을 잡았다.

《매일신보》는 1941년 3월 6일자 석간에 그의 도착과 지원병 관련 발언을 장군복을 입은 사진과 함께 기사로 실었다.

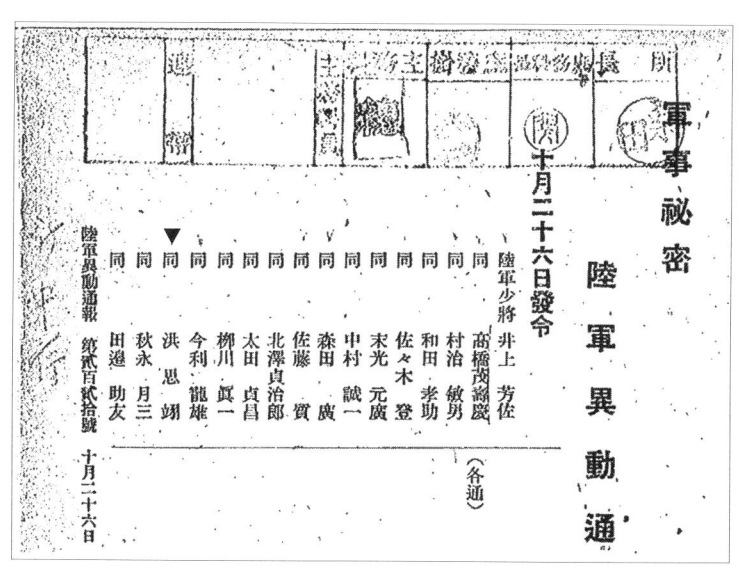

홍사익의 장군 승진과 보직 이동 통보를 기록한 일본 육군성 기밀문서

총후(銃後) 지원에 감사 홍사익 소장 금일 입성

만주사변 당시 작전모략에 이름 빛낸 육군소장 홍사익(洪思翊)씨는 이번 사변 발발 이래 중지(中支) 방면에서 혁혁한 무공을 세우고 작년 여름에 돌아왔던 바, 이번에 또다시 제1선으로 나가게 되어 5일 오후 2시 5분 경성역 착 〈아까스기〉로 정 깊은 경성에 들어섰다.

역두에는 한상룡(韓相龍), 하산부(夏山戊), 이대영(李大永) 소좌 등 관헌 다수의 마중이 있었다. 동 소장은 역두에 마중 나간 기자에게 다음과 같이 간단한 감상을 말한다.

"반도 민중이 총후에 바친 바 적성은 대단하고 감격하여 마지않는다. 중책을 지고 가는 사람이 할 말은 없으나 조선지원병이 씩씩하게 잘한다고 하는 것을 듣고서 매우 감격하여 마지 않는다."

그리고 동 소장은 숙소인 조선 〈호텔〉에서 1박한 후 6일 오후 3시 48분 경성역발 〈대륙〉으로 임지로 향하기로 되었다.

'총후(銃後)'는 후방 또는 후방의 국민을 뜻하는 일본어이다. 한상룡은 이완용의 생질로 한성은행 전무, 동양척식주식회사 이사를 지내는 등 일제에 협력했다. 하산무(본명 조병상[曺秉相])은 국민정신총동원조선연맹 상무이사를 지내는 등 일제에 협력했.

이대영 소좌는 마지막 무관생도 동기생이었다. 겨우 소좌인데 홍사익은 장군이었다.

이대영과 한상룡, 하산무는 육군지원병 독려사업을 하고 있었다.

광복 후 조병상은 반민특위에 기소되었으나 이대영은 제외되고 조병상의 재판에 증인으로 채택되었으나 현역군인이라는 이유로 불

출석했다.

아까스키(아카츠키[赤塚])는 경부선 특급열차, 대륙(大陸)은 부산에서 한반도와 만주를 거쳐 베이징까지 간 특급열차였다.

그렇게 지원병 제도를 찬양한 홍사익은 북중국으로 가서 108여단장 자리에 올랐다. 여단사령부는 허베이성(河北省) 싱타이(邢台)에 있었다. 대도시인 스좌장(石家莊)과 한단(邯鄲) 간의 철도를 확보하고 타이항산(太行山 태항산)의 팔로군을 타격하는 것이 임무였다.

그는 몇 달 동안 팔로군을 상대로 크고 작은 전투를 벌였고 늘 승리했다. 이때 팔로군에 조선의용대 화북지대가 배속되어 있었다. 조선의용대는 무엇인가? 약산 김원봉 등이 조직한 의열단이 발전적으로 해체하며 군대조직으로 확대된 것이었다.

중국 남부에 머물다가 대부분의 병력이 조국땅과 가까운 화북지

장군으로 승진한 뒤 경성에 들러 후방지원에 감사하며
지원병 제도를 찬성한다고 말한《매일신보》기사.

역으로 이동했다. 한동안 조선의용대 깃발을 든 채 중국 공산당 소속 군대인 팔로군의 지원을 받았다. 그러던 중 충칭(重慶 중경)에 있던 김약산 등 지휘부가 광복군과 통합한 뒤 깃발을 조선의용군으로 바꾸고 화북조선독립동맹 산하 군대임을 자임했다.

홍사익이 여단장을 할 때는 아직 조선의용대였고 지휘권이 충칭에 있던 광복군 총사령 지청천에게 있었다. 이 시기에 그의 부대가 조선의용대와 교전한 기록은 보이지 않는다.

《격정시대》로 유명한 소설가 고 김학철(金學鐵. 1916~2001) 선생은 뒷날 '밤낮없이 홍사익 휘하의 일본군과 위험천만한 숨바꼭질을 하며 서로 죽일 내기를 했다'고 유명한 자서전《최후의 분대장》(문학과지성사 1995) 에 썼다.

선생은 1941년 12월 12일 후자좡(胡家莊) 마을에서 벌어진 전투에서 부상을 입고 생포되어 일본으로 끌려갔다.

많은 문학연구가들이 '김학철이 홍사익 부대와 싸우다가 부상당해 한 쪽 다리를 잃었다.'고 쓰고 있지만 위의 숨바꼭질 일화를 읽고 짐작해 쓴 것으로 사실과 다르다. 이날 김학철 대원이 속한 부대와 조우한 일본군은 홍사익 지휘 하의 부대가 아니었다. 홍사익 부대 이야기는 선생의 단편소설 〈태항산록〉에도 나온다.

타이항산의 싱타이에서 이발소를 위장으로 차려놓고 홍사익 여단을 상대로 비밀공작을 하던 투사들의 이야기를 쓴 3인칭 소설이다.

이 무렵에 광복군 총사령 이청천은 홍사익에게 탈출해 광복군 진영으로 오라는 밀사를 다시 보냈다. 그러나 이번에도 거부했다. 하찮게 여겼던 조선 출신에게 별까지 달아 준 일본군을 배신할 수 없었던 것이다.

마지막 임지인 필리핀으로 가다

홍사익이 야전지휘관을 맡은 것은 장군진급 직후인 1941년 3월부터 북중국 타이항산(太行山) 주둔 일본군 108여단 여단장을 지낸 것이 전부였다. 그는 1년 후 만주에 있는 궁즈링(公主嶺)학교의 부교장 격인 간사(幹事)로 가라는 전속명령을 받았다.

'조선반도가 낳은 불세출의 천재'였던 그가 전술이론에는 밝아도 물불 가리지 않고 뛰어드는 용감성과 부하들을 휘어잡는 카리스마가 부족했을까? 그보다는 화북지방에 조선인들이 많아 아무래도 야전사령관은 곤란하다고 육군성이 판단한 때문일 것이다. 실제로 그가 궁즈링으로 전속되고 한 달 뒤, 그가 지휘했던 108여단을 포함한 일본군은 총공세에 나섰고 중국공산당 소속 군대인 팔로군의 지휘부 4,500명을 포위했다. 조선의용대가 앞장서 탈출로를 뚫었고 중심 간부인 윤세주와 진광화가 전사했다.

궁즈링학교는 장차 있을지도 모르는 소련과의 전쟁에 대비하기 위한 장교 재교육 학교였다. 궁즈링은 만주 지린성(吉林省)의 서쪽 쑹랴오(松遼)평원에 있었다. 만주국의 수도 신징(新京)에서 남쪽 펑톈(奉天)으로 가는 철도가 있어 교통은 편리했다.

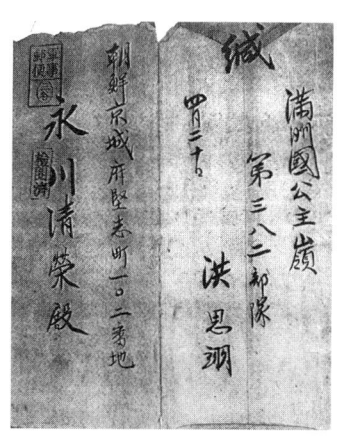

홍사익이 젊은 약혼녀 이청영에게 보낸 육필 편지의 주소 부분. 범우사 윤형두 회장 소장

이 해(1942) 여름, 그의 아내가 경성의 아들 집에 갔다가 중풍으로 급서했다. 몇 달 후 중매가 들어왔는데 이청영이라는 34세의 노처녀였다. 도쿄여자고등사범학교를 나와 경성에서 교편을 잡고 있었다. 그는 이미 머리가 반백으로 물든 55세였으므로 여자와는 21년 차이가 났다. 경성까지 급행열차를 타고 가서 만나보니 젊고 아름다우며 여교사다운 세련된 품위가 있었다. 그는 젊고 아름다운 그녀에게 빠져들어 많은 편지를 썼다. 여자가 쉽게 허락하지 않았던 것이다.

그녀가 군대 막사에서 어떻게 신혼생활을 하냐고 투정 부리자 넓은 관사 평면도를 정성 다해 그려 보냈다. 궁즈링의 장군 관사는 500평의 대지에 정원이 있으며 난방 보일러에 방 일곱 개가 있고 수세식 화장실과 욕실이 있는 벽돌집이었다.

마치 건축가의 설계도 같은 관사 평면도를 포함한 육필편지 몇 통을 범우사 윤형두 회장이 소장하고 있다. 10년 전쯤 나는 대한제국 마지막 무관생도들에 대한 소설 구상을 하고 있었다. 그걸 읽게 해달라고 찾아가서 떼를 썼다.

윤 회장께서는 내가 대학 후배라는 이유만으로 귀한

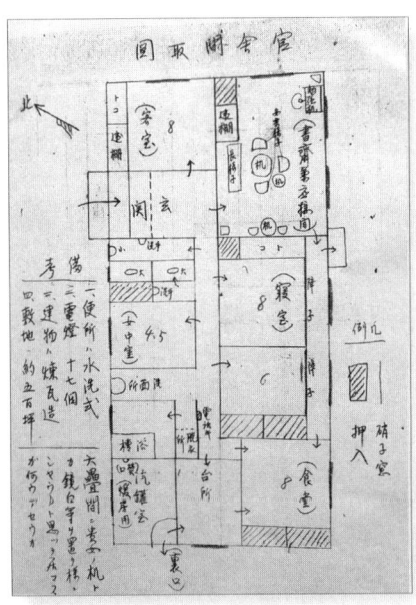

홍사익이 이청영을 달래기 위해 육필로 작성한 장군 관사 평면도. 범우사 윤형두 회장 소장.

자료를 선뜻 내주셨다. 편지들은 연정을 담은 내용이 많았다. 젊은 처녀와의 사랑에 빠진 초로의 남자들이 거의 그렇듯이 홍사익은 장군의 체통도 잊고 그리움과 사랑을 고백하는 편지들을 썼다. 조국애를 엿볼 수 있는 내용은 기모노만 가져오지 말고 한복도 가져오라는 것뿐이었다.

두 사람은 1943년 5월 결혼했다. 새 아내는 곧 임신했고 1944년 3월 초순 출산이 예정되어 있었다. 이때 육군성에서 전속명령이 왔다. 필리핀에 있는 포로수용소 소장으로 가라는 것이었다.

필리핀으로 가는 길에 경성에 며칠 묵었다. 이때 큰아들 집에서 생긴 일화가 전한다. 큰아들 국선(國善)은 와세다대학을 나와 조선은행에 다녔다. 아버지의 육사 동기생 안병범의 조카딸과 결혼해 네 살과 두 살의 두 아들을 두고 있었다. 어느 날, 누군가가 대문을 두드렸다. 대문으로 나간 국선이 일본어로 큰소리를 쳤다.

"탈영병이라니요? 여기가 누구 집인데 와서 감히 그런 말을 해요?"

홍 장군은 무슨 일인가 하여 나갔다. 헌병 소위가 아들을 밀치고 집 안으로 들어오다가 장군복을 입은 그를 보고 그 자리에 발이 붙어버렸다.

"죄송합니다, 각하!" 하며 경례를 하고 얼이 빠진 사람처럼 돌아나갔다. 아들이 무릎을 꿇고 말했다.

"일본군에서 탈영한 친구를 숨겨 줬습니다. 아버님 오신 뒤에는 몇 집 건너 이웃집으로 옮겼습니다."

"잘한 일이다." 홍사익은 담담하게 말했다.

아들은 내친 김에 말했다. 사람들이 '미국의 소리' 조선어방송을 들어서 패전이 임박했음을 알고 있다고. 그런데 꼭 필리핀을 가셔야 하느냐고 물었다.

홍사익은 이렇게 답했다.

"돌이키기엔 너무 늦었다. 지금 발을 빼는 건 장군답지 못한 비겁한 일이다. 그리고 내가 탈출하면 조선인들이 보복당할 것이다."

그는 형제처럼 가까운 친구 이응준 대좌를 만났다. 이응준은 필리핀 포로수용소장으로 가는 길을 만류했다. 그러나 홍사익은 자신에게 장군 계급을 준 일본을 배신하지 못했다.

일본 육군성이 홍사익을 필리핀 포로수용소장으로 보낸 이유는 무엇일까? 이 무렵《매일신보》도쿄 특파원으로서 그를 인터뷰한 김을한(金乙漢)은 '조선인들의 반란을 예방하기 위한 것이었다'고 뒷날 분석했다(〈해방에서 환국까지〉,《중앙일보》1970. 8.22).

홍사익의 전기를 쓴 야마모토 시치헤이(山本七平)는 '필리핀 전선의 최고사령관인 야마시다 혼마(山下奉文) 대장이 자신의 약점을 보충하기 위해 홍사익을 부른 것'이라고 썼다. 《홍사익 중장의 처형》일본 문예춘추사, 1986)

춘원 이광수는 '홍사익이 공주령(궁즈링)에 있다가 마닐라 포로수용소장으로 좌천된 것은 그가 재류동포들의 애경을 받은 죄였다'고 썼다(〈친일파의 변〉,《나의 고백》, 춘추사, 1948. 이광수는 이 글에서 자신의 친일행위를 변명하며 홍사익을 끌어다 댔다).

홍사익이 포로수용소장으로 전속된 1944년 봄, 필리핀의 일본군은 식량 부족에 직면해 있었다. 포로수용소는 여러 곳에 흩어져 있었다. 몇 달 동안은 포로들을 굶기지 않았다. 홍사익은 마닐라에서 대부분이 아래 계급인 일본인 동기생들을 만났을 때 이렇게 말했다.

> "수용소에 연합군 포로 3천 명이 있네. 국제법을 충실히 지켜 충분한 대우를 하고 있어서 불평의 소리를 하지 않아. 크리스마스이브에는 포로들이 파티에 나를 초청해 감사하다고 말했네."

그러나 나쁜 일들도 일어났다. 민다나오 섬에 있던 포로들을 루손 섬으로 이송시키는데 홍 장군은 선박을 해안을 가까이 끼고 운항하라고 명령했다. 불운하게도 미군 전투기가 날아와 폭탄을 투하해 수송선이 침몰하게 되었다. 급히 보트를 내렸는데 포로들이 서로 먼저 타려고 덤비는 바람에 보트가 전복당하게 되었다. 이 때 경비병이 위협 사격을 했는데 포로에게 명중해 1명이 사망하는 사고가 일어났다.

연합군의 제공권, 제해권 장악으로 보급선(補給線)이 끊어져 일본군 전체가 굶주림에 빠졌다. 당연히 포로들도 먹일 수 없었다. 도쿄의 전쟁지휘부는 새 비행장을 만들고 포로들에게 노역을 시키라는 명령을 내려 보냈다.

포로들은 사고로, 혹은 굶주려서 쓰러졌다. 저항력이 약해져 말라리아, 아메바 이질에 걸려 죽어갔다. 홍사익은 포로들을 먹이고 입히기 위해 혼신의 노력을 다했으나 한계가 있었다.

이상은 홍사익과 가까운 친구와, 부하 들의 증언을 종합한 것이다. 그대로 신뢰하기는 어렵다. 홍사익의 태도는 인도적이었다고 해도 부하들도 그랬다고 보기는 어렵다. 일본군이 포로를 잔혹하게 대한 것은 잘 알려진 사실이다. 그들은 포로가 되는 것을 죽음보다 더한 수치로 아는 족속이었다.

필리핀 주둔 일본군 전체가 아사할 위기에 처하자 육군성은 홍사익을 중장으로 진급시키며 제14방면군 병참총감에 임명했다. 홍사익은 굶어 죽지 않고 살아남기 위해 정신없이 뛰었다. 그러나 식량 보급은 완전히 끊어지고 1945년 5월 바닥나 버렸다.

8월 15일, 홍 중장은 그 자신마저도 식량이 없어 굶주린 채로 누웠다가 마지막 참모회의에 참석하고 패전 사실을 알았다. 숙소로 돌아와 부관에게 말했다.

"무조건 항복이야. 전쟁 끝났으니 고향에 돌아가 수학선생 해야겠어. 육군중장까지 지냈으니 초등학교로는 조금 불쌍하고 중학 선생이 좋겠어."

그는 자기 앞날을 그렇게 안이하게 바라보았다.

이제 끝이로구나 하고 뼈아픈 후회와 절망이 엄습했겠지만 야마모토 시치헤이(山本七平)가 쓴 전기 《홍사익 준장의 처형》(도남서사, 1986)에는 그렇게 실려 있다.

전범으로 체포, 그리고 교수형

패전 며칠 뒤 홍사익은 포로학대를 한 전범으로 미군에 체포되었다. 곧장 루손 섬 이푸가오 주에 있는 키안간 수용소로 호송되었고 10월에 임시법정이 있는 마닐라 근교 칸루반 수용소로 옮겼다.

재판이 시작되었다. 홍사익에게 적시된 혐의는 여러 포로수용소에서 미군 포로들을 비행장 건설 노역을 시키고, 포로와 민간인 억류자들에게 전쟁 법규에 위반되는 잔인한 취급, 계획적 무시 및 부당한 관리를 불법으로 또는 고의로 방치해 그들 일부가 죽거나 고통스럽게 했다는 것이었다.

홍사익은 일본군의 규정과 규칙에 충실했지만 미군의 잣대로 보면 유죄였다. 보급품이 끊어져 일본군 병사들이 굶고 포로들 식량도 줄일 수밖에 없었는데 그것도 가혹한 대우로 기소 내용에 포함되었다.

결정적인 것은 두 가지였다. 포로 이송 시 연합군 공격을 받게 되면 '적절한 조치'를 강구하고 부근 섬이나 또는 육지로 피신하라고 명령한 바 있었다. 이것이 '죽여도 좋다'는 뜻으로 해석되었다. 포로 수송선이 미군기 공격으로 침몰한 사건, 그때 미군 1명이 죽은 것이 의도적인 사살로 해석되었다.

홍사익은 재판정에서 단 한 번 자신의 직책과 일본군 제14방면군의 포로 취급원칙에 대해 진술했을 뿐 내내 침묵했다. 변명하지 않고 검찰관이 제시한 12개의 혐의를 받아들였다. 내가 조국을 배반하고 일본군 장군이 되고 패장이 됐으니 그것은 당연하지 않은가. 그렇게 생각한 것 같다. 무죄 주장마저 변호인이 했다. "그는 조선인이어서 모두가 싫어하는 자리에 앉았습니다. 소외당하고 있었습니다. 나는 법정이 최종적 판결을 내릴 때 이것을 충분히 고려할 것을 요구합니다."

전범재판 회부 사실은 해방조국에 알려졌다. 조국에 등 돌렸던 그를 누가 가련히 여겼을까? 1946년 이 나라는 미국과 소련의 군정으로 분할 통치되고 있었고 남한에서는 홍 장군의 동기생 이응준이 군대창설 작업을 하고 있었다.

이응준이 앞장서 구명운동을 펼쳤다. 홍사익은 '비록 일본 육군중장이었으나 확고부동한 애국심과 탁월한 군사기술을 가진 그를 건국의

전범재판을 받는 홍사익(오른쪽 끝) 중장.

이 마당에서 방임할 수 없다'는 내용의 진정서를 써서 군정 책임자 하지 중장에게 보냈다.

1946년 2월 12일 《동아일보》를 보면 이승만·유동열·김원봉·김성수·이여성·안재홍·권동진·이홍종·김관식·백세명·김법린·이기원·노기남·이응준·백홍석 등이 서명했다. 기사가 제목까지 1단 20행 정도로 짧은 걸 보면 큰 이슈는 되지 못했음을 알 수 있다.

이 명단에서 주목되는 이름은 유동열·김원봉 두 분이다. 유동열 선생은 대한제국 시기 일본 육사를 나온 다른 무관들과 달리 한 몸을 독립운동에 던졌던 분이다.

김원봉은 내가 첫 평전으로 쓴 인물, 의열단 단장이자 조선의용대장을 지낸 독립전쟁의 핵심 인물이다. 특히 그가 창설한 조선의용대가 타이항산에서 홍사익의 108여단과 조우하여 많은 피해를 입었는데 그를 구명하는 서명을 했다.

해방공간 3년간 이념 대결로 나라가 두 동강 나려 할 때 포용과 융합을 위해 지도자들이 고심한 사실과 연결하여 생각하면 이해가 간다. 1946년 4월 18일, 필리핀 마닐라의 전범재판정, 재판장은 판결문을 낭독했다.

홍사익 구명을 위한 진정서에 서명한 인물들이 실린 《자유신문》 기사.

피고는 고의로 그 의무를 게을리 하거나 완전히 무시했다. 지휘 하에 있던 자들의 잔학행위를 제어하고 또 방지할 시도가 있었다고 하는 증거는 하나도 피고 측으로부터 제시되지 않았다.

일본군에 의한 전시 포로 및 민간인 억류자에 대한, 그 치욕적인 취급에 대한 유일한 저항은 포로 자신 및 그 지도자에 의해서 보여진 도덕적인 용기와 힘뿐이었다. 우리는 그들의 영웅적 희생을 잊을 수 없다. 본법정은 기소사실에 대하여 유죄로 인정하고 이에 교수형의 판결을 내린다.

서울의 신문들은 홍사익이 전범재판에서 사형을 선고 받았다고 보도했다. 국방경비대 창설의 주역으로 실권을 잡고 있던 이응준이 지프차에 홍사익의 아내를 태워 군정청으로 가서 하지 중장에게 호소했으나 무위로 돌아갔다.

1946년 9월 26일 밤 홍사익은 교수형에 처해졌다. 사형선고에서 집행까지 몇 달 동안 그는 무슨 생각을 했을까? 나는 졸저《마지막 무관생도들》에서 이렇게 썼다.

일본으로 유학 떠날 때 품고 갔던 고종황제의 '군인칙유'를 들여다보며 요코하마 중화인 거리에서 김경천·지청천·이응준과 더불어 피를 섞어 맹세하던 순간을 회상하고 회한에 잠기는 모습, 두 번이나 밀사를 보내 독립전쟁 전선으로 오라고 한 지석규 광복군총사령의 말을 거부한 것을 후회하는 상황, 옛날로 나시 돌아간다면 탈출해 독립전쟁전선으로 갈 것이라고 혼자 중얼거리는 장면을 그렸다.

그러나 그것은 그랬기를 바라는 나의 소망을 담은 작가적 상상력의 결과일지도 모른다. '나는 후회하지 않는다. 가난한 농부의 아들로 태어나서 일본 제국의 육군중장에 오르지 않았는가?', 하며 오히려 일본에 고마워했을지도 모른다.

유족들의 삶

미군은 홍사익을 사형시킨 뒤 유해를 유족에게 인도하지 않았다. 화장해서 바다에 뿌렸던 것이다. 9개월이 지난 1947년 6월 일본 외무성 중앙연락사무국은 유품을 유가족에게 보냈다. 육군중앙유년학교 우등 졸업 상품인 일본 황태자의 하사품 은시계, 그리고 안경, 담배파이프, 수첩, 저금통장이었다.

유족과 홍씨 가문은 그의 옷과 신발을 놓고 의리장(衣履葬)으로 장례를 지내고 안성군 고삼면 봉산리 선산에 무덤을 만들었다. 일본 재향군인 단체인 일본향우연맹은 1967년 9월 홍사익의 위령제를 주최하고 그의 영혼을 야스쿠니(靖國) 신사에 합사(合祀)했다.

와세다대학을 나와 조선은행에 다녔던 그의 장남 국선 씨는 광복 후 아버지 동기생들의 도움으로 육군의 수송장교로 임관했다. 홍사익과 대한제국 무관학교 일본 육군유년학교, 육사 동기인 유승렬, 그는 홍사익보다 네 살이나 아래였다. 형처럼 홍사익을 따르고 존경했던 그가 해방조국 육군의 장군이 되었는데, 아들 유재흥도 일본 육사를 나와 장군이 되었다. 이들 장군 부자의 후원 아래 국선 씨는 1군사령부 수송관을 지내고 대령으로 예편했다.

후처인 이청영은 홍사익이 필리핀으로 부임해가고 나흘 뒤에 태어난 아들 달선(達善, 족보에는 현선[顯善]으로 실려 있다)을 데리고 서울에서 살았다.

달선은 아버지를 닮아 영특하여 최고명문인 경기중 경기고를 나와 서울대학교 상과대학 경제학과에 입학했다. 당시《경향신문》기사를 보면 성북동 산 63의 3번지에서 살았다. 현재의 서울과학고등학교 바로 앞이었다.

이 집은 3·1운동 33인 중 하나인 오세창 선생의 집으로 선생의 아들 오일륙(吳一六, 장면 국무총리 비서관) 씨가 살고 있었다. 어떤 경위로 홍사익의 유족이 그 집에 살았는지는 알 수 없다.

이청영은 아들과 함께 1960년대 중반 일본으로 건너가서 홍사익 장군의 연금을 받으며 고치현(高知縣)에 살았다. 아들을 미국에 유학 보냈고 홍 장군 생전에 우정이 깊었던 사토 에이사쿠(佐藤永作) 총리가 그때 상당한 금액을 마련해 준 것으로 알려져 있다. 달선은 경제학 박사가 되고 UCLA 교수로 일했다.

장남 소생 손자들은 국영기업체인 수자원공사의 중역, 명문대학의 의무(醫務)부총장, 무역회사 대표 등으로 살았다.

내가 가진 '홍사익 파일'에는 이분들의 이름과 경력을 기록한 가문의 족보도 있고 상세한 자료들이 많이 있다. 의무부총장 지낸 둘째 손자는 지도력과 덕망이 높아 임기를 다하고 물려나려 했으나 의대 전체 교수들의 간곡한 요청으로 연임했다. 정년퇴임을 한 뒤엔 또 다른 명문대학이 의과대학을 신설하자 의료원장으로 초빙되어 그곳 의대를 키웠다.

그의 아내는 쌍벽을 이루는 다른 의과대학의 교수였다. 이들 교수 부부가 친어머니와 장모님을 한 집에 모시고 화목하게 사는 미담이 한 신문에 실려 있다. 다른 두 아드님도 중망을 받으며 살았다.

나는 이분들의 이름을 밝히는 문제를 놓고 여러 날 고민했다. 먼저 '친일을 하면 3대가 흥하고 독립운동을 하면 3대가 망한다'는 말을 생각했고 내가 추적했던 독립투사들의 자손들, 특히 홍사익과 '함께 탈출하자' 맹세하고 실천했던 김광서(김경천)와 지석규(지청천) 후손들의 고난 어린 삶과 대비시켰다.

홍 장군의 손자들이 할아버지의 직접적인 광휘를 받으며 성장하고 특혜를 받아 성공했다고 보지는 않지만 아버지가 일본군 장군의 아들로서 명예를 누렸고 그 덕에 유복한 환경에서 성장했다고 보아야 한다. 다만 이분들이 인술을 펼치며 덕망을 베풀고 산 것이 문득 할아버지의 원죄를 대속하는 겸허함에서 나온 결과일 것이라는 생각도 들었다. 그래서 여기 그분들 이름을 올리지 않는다.

홍 중장에게는 딸도 한 분 있었다. 생전에 가족을 데리고 찍은 사진에 여자 아이가 있어서 조카일 것이라고 생각했다. 족보에는 두 분 아드님만 실려 있기 때문이었다.

그런데 2018년 내가 모교인 《인천고 인물사》 편찬 책임을 맡아 소설가 고(故) 한남규(필명 한남철) 선배님을 기술 대상 중 하나로 잡았다. 담당 편찬위원이 선배님의 소년시절 친구들의 증언을 채록하다가 뜻밖의 사실을 알게 되었다.

"한남규가 아마 나한테만 말했을 거예요. '내 외할아버지가 일본군 육군중장으로 미군에 처형된 홍사익이다'라고 했어요." 가까운 친구가 그렇게 증언했다.

내가 한 선배님의 절친한 친구였던 신경림 선배님을 비롯한 몇 분에게 조심스럽게 여쭈어보니 금시초문이라고 하셨다.

한남규 선배님은 내 10년 선배이셨다. 내가 소설이 당선되어 문단 말석에 이름을 올리자 기뻐하며 근사하게 저녁을 사주셨다. 그 후에도 나를 무척 아껴 주셨다. 그런데 선배님 이름을 이 글에 쓴 것은 《인천고 인물사》에 이미 이 사실이 실렸기 때문이고, 나를 용서하실 것이라는 생각 때문이다.

홍사익에 관한 글들

홍사익에 관한 자료들은 그가 대한제국 무관학교, 일본 육군유년학교와 육사, 육군대학에서 비범한 수재로서 명성을 떨치고 장군까지 진급한데다가 미군에 의해 전범으로 처형당한 터라 동기생들보다는 많은 편이다.

《경향신문》은 1962년 〈우리가 본 태평양전쟁 이면사〉 특집에서 '억울하게 전쟁범죄자가 된 고 홍사익 일본 육군중장'이라는 제목으로 5회에 걸쳐 그의 생애를 조명했다.

일본의 작가이자 평론가인 야마모토 시치헤이(山本七平, 1921~1991)는 1978년 잡지 《쇼군(諸君)》에 〈홍사익 중장의 처형〉이라는 제목의 논픽션을 연재했고 내용을 보완해 1986년 《문예춘추사(文藝春秋社)》에서 출간했다. 그는 1942년 일본 육사에 입학했고 졸업 후 초급장교로서 필리핀에서 태평양전쟁에 참전했다.

패전 후에는 그곳 포로수용소에 억류됐다가 귀국했다. 제14방면군 병참총감이었던 홍사익 중장이 전범으로 처형당한 것을 주목해 12년 동안 홍사익의 재판기록을 샅샅이 뒤지고, 일본인 관계자는 물론 수차례 한국에 와서 한국인 동기생과 친지 들을 인터뷰하여 원고를 썼다.

필리핀 현지에 대한 공간 리얼리티가 선명하고 동기생들의 증언이 넉넉히 실려 있다. 그러나 일본인의 입장에서 본 홍사익의 생애라는 한계가 있다.

동국대 이기동 교수(뒷날 한국학중앙연구원장)는 1982년 《비극의 군인들》(일조각)을 출간했다. 대한제국 말기와 일제강점기 일본 육사를 나온 군인들의 비극적인 생애를 다룬 책으로 홍사익을 비롯한 33명의 마지막 무관생도들 이야기를 상세히 서술했다.

1989년 2월 홍사익 중장의 생애가 연극으로 공연된 기록이 있다. 〈번제의 시간〉이라는 제목, 노경식 작, 정일성 연출로 13회 서울연극제에 참가했는데 홍장군 역은 최불암 씨가 맡았다.

저명한 언론인 송건호 선생이 1991년 홍사익의 짧은 평전을 썼다 (《국사관논총》 제28집. 1991. 12). 아주 잘 쓰여진 평전이나 내용이 짧아서 아쉽다.

홍사익의 생애를 다룬 연극 〈번제의 시간〉 관련 《한겨레신문》 기사.

    1994년에는 소설가 유현종 선생이 4권 짜리 장편소설 《제국의 별》(우석출판사)을 냈다. 충실한 취재를 거쳐 홍사익의 생애를 조명하고 내면심리를 그린 노작이다. 나는 2014년부터 순수문예지인 《문학선》에 〈마지막 무관생도들〉을 두 해 동안 연재하고 2016년 《푸른사상사》에서 출간했다. 유현종 선배와 다르게 써야 했으므로 논픽션으로 방향을 바꾸었고 10년 간 수집한 수많은 자료들을 주석으로 붙였다. 45명의 대한제국 마지막 무관생도들의 생애 전부를 다루되 지석규·홍사익·이응준을 중심인물로 잡았다. 홍사익 분량은 전체의 1/5쯤 된다.

2017년 봄부터 '역사와 사람 이야기'라는 젊은 팟캐스트 멤버들이 토론과 입체 낭독으로 인터넷 라디오 방송을 하고 있다. 새로운 해석과 변용으로 실감나게 진행하여 재미있다.

홍사익의 이야기를 끝내며 가슴에 남는 생각은 역사의 소용돌이가 어떻게 개인의 삶을 삼켜버리는가 하는 것이다. 홍사익이 그러했다.

홍사익이 이청천 광복군총사령이 보낸 밀사를 따라 상군복을 입은 채 탈출해서 젊은 날의 금석맹약을 지켜 독립전쟁 전선에 섰다면 죽어서 민족사를 비추는 해와 달이 되었을 것이다. 우리가 독립운동사를 생각할 때마다 갖게 되는 열패감 대신 커다란 긍지를 갖게 됐을 것이다.

그러나 문득 문득 자문하게 된다. 내가 홍사익과 같은 자리에 섰다면 어떤 길을 선택했을까 하는 것이다.

그를 냉정하게 비판하고 원망하면서도 이해하려 애쓰는 것은 나 또한 한 번뿐인 인생을 사는 유한한 인간 존재라는 점 때문이다.

6·25 때 순절, 친일 멍에 벗은 안병범

북한군에 포위당하자 자결, 그러나 친일인명사전에는 올라

 안병범(安秉範 1890~1950)은 지청천·홍사익·이응준 등과 대한제국무관학교와 일본 육사 동기생이었다. 끝까지 일본군에 남았고 1945년 항복 당시 육군 대좌였다. 정부수립 후 국군에 들어갔다. 6·25 전쟁 발발 직후 부상당했으나 후퇴하지 않고 서울에 남아 유격전을 계획하다가 북한군에 포위당하자 자결했다. 장군으로 추서되었고 대한민국 육군의 가장 거룩한 자기희생으로 추앙되었다.

 일본군에 충실히 복무한 친일 경력이 멍에처럼 남아 있었으나 북한군에 포로가 되지 않고 순절하여 그게 지워졌다. 한참 세월이 지나 2008년 대통령 직속 반민족행위특별조사위원회가 작성한 친일반민족행위자 명단에 들지 않았다.

 그러나 다음해 민족문제연구소가 발행한 《친일인명사전》에는 올랐다. 사회단체인 민족문제연구소는 거룩하게 순절한 애국자일지라도 사실은 사실대로 밝혀야 한다는 취지를 앞세운 것으로 보인다.

안병범의 생애를 평가하기는 어렵다. 조국의 고난을 외면하고 일본 군에 충실히 복무한 잘못이 큰가, 북한군에 맞서 나라를 지키려다 깨끗하게 자결한 순절의 정신이 큰가? 그것을 화두로 놓고 그의 생애를 살펴보자.

수원 출신 키 작고 민첩한 대인배

안병범은 청년시절까지는 안종인(安鍾寅)이라는 이름을 썼다. 대한제국 정부가 작성한 1909년 여름 유학 떠난 무관생도들 명부, 일본 육군성의 각종 명부에 안종인으로 올라 있다. 호적을 손에 넣지 못해 개명한 시기를 정확히 알 수 없으나 1934년《삼천리》에 실린 기사에 바뀐 이름 안병범으로 나온다.

순흥안씨 가문 인터넷 홈페이지에 〈안병범 장군의 순의(殉義)〉라는 구술 자료가 실려 있다. '아버지께서 쓰신 자료'라는 부제가 달려 있어 안병범 장군의 아드님이 썼거나, 또는 손자가 아버지의 구술을 듣고 할아버지 안병범의 생애를 간추려 쓴 것으로 보인다. 이 구술 자료와 문헌자료들을 종합하면 그의 생애를 정리할 수 있다.

안병범은 경기도 수원 병점리에서 출생했다. 부친은 집에 스스로 서당을 차려 아들과 근방 아이들을 가르친 중망 받는 유림이자 훈장이었다. 아들을 엄하게 가르쳤는데 병정놀이를 좋아하여 근방의 산야를 뛰어다니고 몸이 민첩했다고 한다.

15세인 1905년 육군유년학교에 입학했다. 수업연한이 3년인 이 학교는 일본 유년학교를 모방해 만든, 무관학교의 예비학교였다. 안병범은 입학시험에 응시해 합격했다. 생도들은 애국지사이기도 했던 이갑 교관에게 열광적으로 경도되었던 것으로 알려져 있다.

유년학교를 졸업하고 군사실무를 배우기 위해 연성학교로 올라갔으나 그 학교가 폐교되고 한성 삼청동 소재 무관학교에 들어갔다. 1909년에는 무관학교마저 폐교되고 일본 유학길에 올랐다. 그야말로 망국의 역사 위에 내던져졌던 것이다.

안병범은 출국 하루 전인 1909년 9월 2일 대한제국 정부가 작성한 '전 육군무관학교 유학생 연명부'에 42명 중 7번으로 들어 있다. 일본측 성적순 명부에는 서열 7번, 연령 18년 2월, 일어 갑(甲), 기타 학과 갑, 교련 우(優), 체조 우, 성질 질박(質朴), 궁행 방정(方正), 체격 조약(稠弱)으로 실려 있다. 모두 안종인이라는 이름이다. 일본어 '조약'은 빼빼 마르고 허약하다는 뜻이다. 체구가 작았으나 몸이 민첩했다는 증언이 있으므로 '허약함'은 잘못 판단한 것으로 보인다.

도쿄 육군유년학교로 간 조선인 생도들은 일본어 능력 부족, 또는 교관들의 차별과 일본인 생도들의 따돌림 속에 여러 명이 버티지 못하고 탈락해 나갔다. 당시의 특별한 일화가 전한다. 유도 유단자라고 으스대며 조선인 생도들을 괴롭히는 덩치 큰 일본인 생도가 있었다. 안병범은 사나이답지 못하고 꾸짖었고 결국 결투를 하게 됐다. 덩치로 보면 다윗과 골리앗의 대결 같았다. 상대가 옷깃을 잡아 내던지려고 했으나 민첩하게 피하다가 양발차기로 가슴을 가격해 단번에 거꾸러뜨렸다.

그렇게 적응해 살아남은 안병범은 육사와 견습사관 과정을 마치고 1914년 6월 5일 소위로 임관했다. 배치된 부대는 큐슈(九州) 구마모토(熊本)에 있는 보병6사단 13연대였다.

시베리아 출병, 만주 출병, 그리고 전사(戰史) 집필

1918년, 안병범이 속한 보병 6사단은 시베리아 내전을 간섭하기 위한 국제간섭군으로 러시아 연해주에 출병했다. 중위였던 그는 보병 소대장으로 출정했다. 당시 연해주는 15만 명의 한인 동포들이 살고 있었고 항일 독립투쟁을 활발하게 전개하고 있었다. 한인 독립투사들은 혁명군인 적군(赤軍) 편에 섰다. 일본군은 다시 차르 황제 시대로 돌아가고자 하는 백군(白軍) 편에 섰으며 때로는 한인 독립군 부대를 공격했다.

안병범과 같이 연해주에 출병한 후배 이종혁이 동포 투사를 총살한 일로 자괴감에 빠졌다가 독립전쟁 진영으로 탈출해 가서 장렬하게 투쟁한 것은 이 책의 맨 앞에 다룬 바 있다. 안병범이 출정기간에 어떤 일을 겪고 어떤 활동을 했는지는 알려지지 않았다.

1923년 시베리아 출병에서 돌아왔고 5년 뒤인 1928년에는 6사단을 떠나 영친왕 이은(李垠) 소좌의 시종무관 보직을 받았다. 도쿄 아카사카(赤坂)에 있는 관사에 머물며 예전(禮典)에 신경 쓰고 영친왕을 모시는 편한 자리였다.

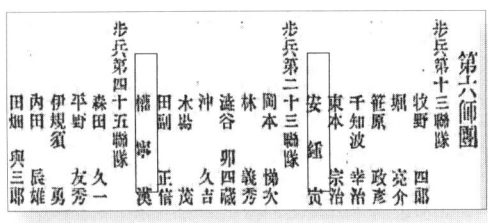

안병범(당시 이름 안종인)의 소위 임관과 부대배치를 명령한 1914년 5월 《일본국 관보》.
옆의 23연대에 동기생 권영한 소위가 보인다.

동아시아 근대사에 관심 있는 분은 '일본군 6사단'을 추악한 부대로 기억할 것이다. 구마모토에서 중국으로 출정해 1937년 양민 20만 명을 죽이는 난징(南京)대학살을 자행한 부대이며, 종군위안부 할머니들의 증언에 빈번하게 나오는 부대이기 때문이다. 안병범은 6사단의 그런 악행과 무관하다. 그는 난징학살 때 그 부대 소속이 아니었다.

1933년 시종무관 임무가 끝났지만 6사단으로 돌아가지 않고 19사단 보병 제73연대에 배속되었다. 이때 계급은 대위였다. 이 제73연대는 일제가 한반도 통치를 위해 1916년에 창설한 부대로서 함경북도 나남에 주둔했다. 1919년 두만강 건너 평우둥(鳳梧洞 봉오동)전투에서 홍범도 부대에게 박살나고 창산리(靑山里 청산리)전투에서 김좌진 부대에 참패했다.

다음해는 이에 대한 보복으로 간도의 조선인 3,500명을 학살했다. 이것을 경신참변이라고 한다. 1931년 9월에는 연대 주력이 다시 만주에 출병하여 만주사변을 저질렀다. 안병범도 소속부대가 있는 만주로 갔다.

이 시기 안병범과 관련하여 특별한 기록이 하나 보인다. 2017년 봄 일본 고서점 인터넷 사이트에 1935년 발간《보병73연대만주사변사(滿洲事變史)》가 경매상품으로 나와 1만 엔에 팔렸는데 편자(編者)를 안병범으로 달았다.

그때 안병범의 계급은 소좌였다. 연대

안병범이 전속된 나남 주둔 보병73연대 정문.

의 장교들 중에 육군대학 출신의 학구파도 있었을 텐데 조선 출신 장교인 그가 소속연대의 전사(戰史)를 집필한 이유는 무엇일까? 만주사변을 고스란히, 가장 생생하게 겪어 상황을 가장 잘 알기 때문이었을 것이다. 동기생과 후배 들의 증언을 보면 안병범은 딱 부러지는 강인한 성품, 그게 개성이었는데 많은 일본군 출신 장교들을 제치고 연대의 전사를 집필할 능력도 가졌던 듯하다.

73연대는 만주사변에서도 많은 양민을 학살하고 조선인 항일부대도 타격했다. 그가 전사를 어떻게 썼는지 책을 보지 못해 아쉽다. 이 책은 일본 국회도서관과 홋카이도(北海道)대학 도서관에 희귀본으로 지정되어 있다.

책이 나온 1935년, 만주사변은 일본의 만주 점령으로 대강 정리되었고 73연대는 나남으로 귀환해 있었다.

안병범은 논공행상에서 욱일장(旭日章) 훈4등(勳四等)이라는 격 높은 훈장과 특별하사금을 받았다. 만주에 출병해 만주 땅을 평정하는 데 공훈을 세운 때문일 것이다. 그렇게 훈장과 하사금을 받고 두만강 변경으로 돌아와 일본군 장교로 복무하던 그는 무슨 생각을 하며 지냈을까? 일본에 짓밟혀 신음하는 조국현실에 얼마나 고뇌했을까. 객관적 기록은 보이지 않는다.

1936년부터 함경도의 일본군은 만주 항일 파르티잔 부대의 국내진공에 시달렸다. 김일성이 지휘한 보천보전투가 그 시작이었다. 1937년 함흥 주둔 74연대 소속이던 후배 김인욱 소좌는 김일성 최현 부대 토벌에 나섰다가 부상당했다. 안병범이 김일성 최현 부대와 조우한 기록은 보이지 않는다.

위에서 말한 가문 기록 〈안병범 장군의 순의〉에 이런 일화들이 들어 있다. 그 무렵, 옛 대한제국 무관학교 시절 교관을 지낸 은사 장헌근(張憲根)이 찾아왔다. 자신이 '국경지대인 함경도 경흥과 명천 지역 독립운동 단체인 조국광복회의 국내 지하조직을 결성하고 그 지도를 담당하고 있다'고 말해 '봉급의 일부를 활동자금으로 주기도 했고, 일본군의 동향에 관한 정보를 제공하기도 했다'는 것이다.

문제는 장헌근의 행적이다. 독립운동사 자료들은 그를 철저히 친일 행각을 한 사람으로 기록하고 있다. 장헌근은 도쿄에 유학 가서 육군사관학교 예비학교 구실을 하던 세이죠학교를 나왔다. 형 장인근이 앞장서 유학 떠나 세이죠를 거쳐 육사를 나왔는데 그는 육사까지는 가지 못했다. 귀국해서는 1905년 육군유년학교 교관, 1907년부터 무관학교 교관을 지냈다. 안병범 등이 재학한 시기와 같다.

그러나 장헌근은 같은 시기 유년학교 교관이었던 이갑, 무관학교 교장이었던 노백린처럼 독립운동에 투신하지 않았다. 강제합방 직전인 1910년 총독부 경찰의 경시(警視)로 특채되었다. 이후 강원도의 춘천, 원주, 통천의 군수를 지냈다. 그리고 승승장구하여, 안병범이 73연대에 근무하던 1930년대 중반에는 함경북도 참여관이 되어 있었다. 광복 직전에는 총독부 중추원참의를 지냈다.

그는 한성 출신인데 패전 후 서울로 오지 않고 북한에 남았다. 북한 정권 수립에 참여해 북조선인민위원회 사법부장을 지냈다. 1960년대에 숙청된 것으로 알려져 있다.

대한제국 유년학교-무관학교의 교관과 생도였던 장헌근과 안병범, 일본이 주는 봉록을 받아먹으며 살고 있었지만 어찌 조국에 대한 걱정을 하지 않았겠는가? 장헌근과 안병범이 그렇게 작게나마 독립운동을 했다면 지금은 대명천지 밝은 시대이므로 작은 조각 하나라도 밝혀지고 있다. 그러나 그게 보이지 않는다.

또 다른 일화, 원산역의 부역장으로 있는 외가 쪽의 형 김주현(金周鉉)이 찾아 왔다. '사상범으로 일본 경찰의 수배를 받고 있으니 탈출하게 해 달라 하여 만주까지 갈 수 있는 도지사의 증명서를 얻고 여비를 주선하여 10일 만에 만주로 도피시켰다'는 이야기도 실려 있다.

결론은 이렇다. 안병범은 민족과 조국을 걱정하는 마음은 어느 정도 갖고 있었으나 일본에 충성을 다한 장교였다.

광복 후 국군 대령으로, 그리고 인왕산에서 순절

안병범의 대좌 진급은 1943년 8월 2일이었다. 만주철도의 전략적 요충인 쑨우역(孫吳驛)의 기차정거장 사령관을 마지막 보직으로 갖고 있다가 패전 후 귀국했다.

"해방이 이렇게 빨리 올 줄은 몰랐어."

조국에 등 돌리고 일본군 고급장교를 지낸 사람들이 회한 속에 중얼

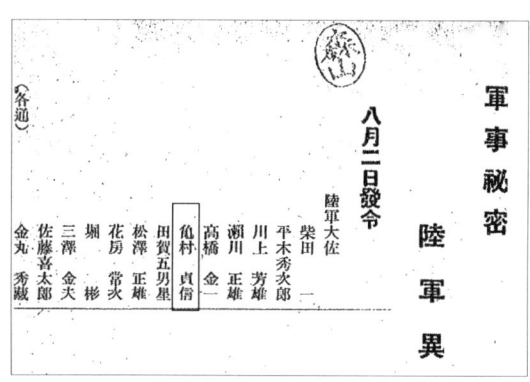

안병범의 대좌 승진을 명령한
1943년 8월 2일자 일본 육군성 문서.
창씨명인 '카메무라 사다노부(龜村貞信)'로 실려 있다.

거린 말이었다. 대부분 근신하며 지냈지만 일부는 뻔뻔히 고개를 들고 미군정의 신임을 얻어 군대창설에 나섰다.

안병범은, 이응준이 미군정의 고문으로서 국방경비대 창설을 준비하고 한참 후배인 채병덕과 더불어 군사영어학교를 세워 장교요원들을 짧은 기간 미군 편제에 맞게 재교육시키는 것에 동참하지 않았다. '내가 몇 달 전까지 일본군 고급장교였는데 어떻게 나서는가.' 하는 근신하는 마음이었다.

그러다 정부수립 후인 1948년 12월 일주일간 특별교육을 받고 다음해 1월 1일 대령 계급을 받았다. 그를 포함한 특별 교육 간부들을 '육사 특임 8기'라고 한다. 그가 받은 보직은 일종의 예비군인 호국군 제103여단 여단장이었다. 다른 일본군 출신 동기생이나 후배 들에 비교하면 한직이나 다름없었다.

막 창설된 군대의 주도권을 잡으려고, 그리고 높은 계급과 보직을 받으려고 군사경력자들이 암투했는데 그는 조금도 불만을 갖지 않았다. '내 나라 군대의 장교가 된 것만해도 고맙지. 내 나이 육십이 아닌가.' 그런 마음으로 더 젊고 박력 있는 사람이 일선부대를 맡아야 한다고 생각했다.

그가 맡은 103여단 예하에는 온양 113연대와 부산 105연대, 대구 106연대가 있었다. 예하부대들을 순회하며 기간병들을 소집해 호국정신과 38선의 동향에 대해서 설명하고 철저히 훈련시켰다.

동기생인 총참모장(오늘의 참모총장과 같다) 이응준 장군이 그를 불렀다.

"곧 6개 여단이 사단으로 승격되네. 사단장 나갈 준비하게."

그는 고개를 저었다.

"고맙지만 사양하네. 사단장 나가면 장군 진급도 되겠지. 국군의 빠른 발전을 위해서는 늙은 사람보다 젊은 후배들이 지휘관으로 나가야 하네."

"자네 혼자만 늙었나? 나도 마찬가지네."

이용준이 설득했으나 고집을 꺾지 못했다.

그해 11월 호국군이 해체되고 그는 부산병사구사령관 자리로 갔다. 총참모장 자리는 또 다른 동기생 신태영 소장이 맡고 있었다. 신태영도 그를 불러 "이보게, 나 좀 도와주게." 하며 중책을 맡기려 했다. 그는 사양했다.

"육군참모학교에 가서 공부나 좀하고 싶으니 보내 주게."

신태영 소장은 아쉬운 표정을 하고 머리를 끄덕였다.

안병범은 1950년 1월 육군참모학교에 입교해 교육을 받고 6월 초 수도방위군 고문을 맡았다. 그리고 한 달이 채 안되어 6·25 동란이 발발했다.

아래는 안병범이 개전 초기 북한군 포탄에 부상당한 몸으로 유격전을 계획하며 때를 기다리다가 인왕산에서 자결하기까지의 이야기이다. 〈안병범 장군의 순의〉를 요약한 것이다.

1950년 6월 25일 일요일 새벽 인민군이 남침을 감행했을 때 안 대령은 육군본부로 달려가 상황을 파악했다. 그는 전투 병력이 없는 방위대의 고문이지만 앉아 있을 수만은 없다는 생각에서 운전병 겸 연락병인 이종구 중사를 재촉해 의정부 쪽으로 나갔다.

창동 북방에 이르러 7사단장 유재흥 준장을 만났다. 유재흥은 그의 동기생 유승렬의 아들이다.

"낙오병을 수습해주세요. 그래야 반격전을 할 수가 있습니다."

유재흥의 부탁대로 그는 낙오병 수습에 나섰다.

이틀째인 27일 그는 북한군의 포탄 파편을 맞고 부상당했다. 운전병이 급히 그를 싣고 서울대병원으로 달렸다. 병원은 부상병들로 초만원이었다. 외과과장이 먼저 수술 받으라고 권했으나 중상 입은 병사들부터 수술하게 하고 저녁에야 수술대에 누웠다.

가족들이 세검정에 있는 장남 광호의 처가로 갔다는 소식이 왔다. 그는 붕대를 감은 몸으로 돈암동을 향해 걸었다. 아군 장병들이 분산되어 후퇴하고 있는 것을 보았다. 아군부대를 찾아가 합류하라고 호통쳤다.

서울에 들어섰을 때 이미 인민군 전차가 시가지를 질주하고 있었다. 어둠 속에 세검정 근처 사돈집을 찾아들었다. 아내 장옥식을 비롯해서 며느리와 손주들이 다 와 있었다.

서울은 인공치하가 되고 안병범 대령은 집 뒤쪽 광에서 숨어 지냈다. 아들 광호의 손위 동서인 경기도 경찰국장 이하영이 합류했다.

이하영의 피난 권유에 그는 고개를 저었다.

"이제 상처도 아물어가니 곧 산으로 올라가 유격대를 조직해 싸울 생각이오."

"저도 사돈어른을 따르겠습니다."

7월 1일 밤, 안병범은 아내와 자식들을 이별하고 인왕산으로 올라갔다.

인왕산 승가사 서쪽 계곡의 작은 동굴에 은신했다. 운전병 이 중사가 내려가 접선한 사람이 규합한 대원들을 이끌고 찾아오기를 고대하면서 나날을 보냈다.

사돈집에 있던 넷째아들 광진이가 찾아왔다.

"아버지가 은신한 걸 놈들이 알고 있어요. 인민군 방송을 통해서 아버지의 귀순을 권고하는 방송도 했다고 합니다."

안병범 대령은 사돈 이히영과 이 중사기 탈출을 권했으나 그는 머리를 저었다. 그리고 결심했다.

'늙은 몸이나마 건군의 초석이 되겠다고 국군 대열에 뛰어든 내가 아닌가. 유격대라도 조직하여 군인답게 싸우다 죽으려 했는데, 그게 어려우니 스스로 죽음을 택해 온 국민에게 사죄할 수밖에 없지 않은가?'

그는 비장한 각오로 승가사를 찾아 지필묵을 빌렸다. 그리고 유서를 썼다.

부인.
남하하라는 당신 말도 거역하고 이 길을 택하는 졸부를 원망하지 말고 혼이나마 이 강산을 지키게 해주기 바라오. 부디 무사하게 있다가 광호를 만나서 무인의 가문으로 훌륭하게 이어 주길 부탁할 뿐이오.

아들들아.
구원(久遠)한 의(義)에 살기를 원하는 자의 죽음을 슬퍼하지 말아라. 의를 좇는 자는 영원히 살 것이며 불의를 따르는 자는 영원히 멸망할 것이다. 적과 싸워 국토를 지키지 못하는 자는 죽어 마땅할 것이니 너희의 의무는 다하여라.

7월 29일 이하영과 이 중사가 식량을 구해 오겠다고 내려갔다. 이 중사에게 유서를 주며 아내에게 전하라고 했다.

두 사람이 떠난 뒤 안병범 대령은 비수를 꺼내 가슴에 꽂았다. 이때 나이 61세였다.

장군 추서와 순의비 건립

자결한 안병범 대령의 사체는 식량을 구해 돌아온 운전병과 사돈 이하영에 의해 발견되었다. 두 사람과 유족들은 그의 유서를 서울이 수복된 뒤 국군 수뇌부에 있던 이응준·신태영 등에게 전달했다.

패전하는 날까지 일본군 군복을 입어 떳떳하지 못했던 그의 동기생과 후배 장군들은 6·25 전쟁 후 호국의 영웅으로 변신해 위상이 하늘을 찌를 듯 높아졌다. 그들은 안병범의 죽음을 순절로 확정하고 최고의 명예로 추앙하는 일에 나섰다. 국군이 반격할 것이니 서울시민은 동요하지 말라고 방송하고 몰래 서울을 떠난 대통령과 정부요인들이 지탄받고 있었다.

그런 분위기 속에 끝까지 서울을 지키려 했던 그의 죽음을 거룩한 자결로 판명하고 준장으로 추서할 수 있었다. 당시 신문을 보자.

이 유지 받들자

안병범 대령 자결 판명

한청방위대 고문 육군대령 안(安秉範=60)씨는 괴뢰군 남침을 통탄 격분한 나머지 깨끗이 대한민국 군인으로서의 절조를 지키고자 지난 7월 중순 세검정 뒷산에서 자결하였다 한다. 안 대령은 일본 육군 대좌로 8·15 이후에는 대한민국 육군대령으로 활약한 노장군이라 한다.

(《동아일보》1950년 11월 2일자)

고 안병범 준장
명일 환영식 집행

공비의 불법 남침으로 서울이 점령당한 후 봉소 산류하여 결사투쟁하다가 최후에 자결한 안(安秉範) 준장의 죽음은 귀감이 아니될 수 없거니와 동 준장의 영령환영식이 오는 16일 시내 태고사(太古寺)에서 집행된다고 한다. 그런데 안 준장의 약력은 다음과 같다. 4260년 3월 일본 육군대위 왕공후무관(王公候侍從武官) 이은 씨 시종무관 74년 7월 육군대좌 78년 8·15 대한군사위원회 육해군동지회 부회장 81년 10월 대한민국 육군대령 83년 자결

(《동아일보》 1950년 11월 15일자).

육군의 수뇌부에 있던 일본 육사 동기생과 후배 들은 안병범이 자결한 자리를 찾아 확인하고 1955년 인왕산 세검정 고개 탄궁대 산턱에 '안병범 장군 순의비'를 세웠다. 이것은 뒷날 국립묘지(현 국립현충원)로 옮겨졌다.

안병범이 나라를 지킨 '호국의 혼'이라는 것에는 이의가 없는 것 같다. 고은 시인은 《만인보》(제18권, 2004년, 창비)에 썼고,

안병범 대령의 죽음이 자결로 판명되었다고 보도한 《동아일보》 기사.

뒷날 국립현충원으로 옮겨진 안병범 장군 순의비.

진보진영의 대표적 사학자인 한홍구 교수는 '지금의 수구세력이 돈만 있고 양심도 염치도 능력도 없어서 그렇지, 지금 친일파 소리를 듣는 인사들이 전부 다 몰염치한 사람은 아니었다. (중략)

안병범은 당시 한국군의 최고령 대령이었는데 이승만이 다리를 끊고 도망간 뒤 패잔병들을 모아 유격전을 꾀하다가 실패하자, 적과 싸워 국토를 지키지 못하는 자는 죽어 마땅하다는 유서를 남기고 인왕산에서 자결했다.'고 썼다(〈역사는 책임지는 사람의 것이다〉, 《한겨레신문》, 2014년 5월 30일자).

아내와 아들들, 노블레스 오블리주의 길

안병범 장군의 부인 장옥식(張玉植) 여사는 경성여고보를 막 졸업한 18세에 결혼했다. 1932년 7월 19일 《동아일보》 기사를 보면 유아교육의 선구자였음을 알 수 있다. 안 장군 사망 후 대한군경미망인협회장을 맡아 일했다.

안병범 장옥식 부부는 아들을 여럿 두었다. 장남 광호(光鎬) 씨는 육군사관학교를 졸업하고 준장으로 예편, 주영대사와 주일대사 등을 역임하고 미국에 가서 살았다.

둘째 광수(光銖) 씨는 1945년 6월 일본 육사를 58기로 졸업했다. 1945년 군사영어학교를 나왔으나 임관하지 않고 1948년 육사 특임 7기로 임관, 이후 육본 작전과장, 육군대학 교관 등을 지냈다. 1961년 대령으로 예편, 외교관의 길을 걸었다.

셋째 광석(光錫) 씨는 육사 2기로 입학한지 얼마 되지 않아 6·25 동란이 발발하자 육사 동쪽에 있는 93고지에서 교전하다 전사했다. 이와 같이 안병범 장군의 가문은 4부자가 다 국군의 간성으로서 국방임무에 헌신했다.

안병범의 이름은 크게 빛나지는 않는다. 일본군에서 탈출해 독립전쟁 전선에 서서 싸우다가 최후의 순간에 자결했다면 그의 이름은 지청천·조철호·이종혁·이동훈처럼 민족의 긍지가 되었을 것이다.

그러나 안병범 장군 같은 무관도 우리 현대사에는 드물다. 비록 상대가 민족의 반쪽 북한의 군대였지만 나라가 위기에 처하자 자신을 희생하고 아들들도 참전해 희생했다. 그래서 무관 가문의 노블레스 오블리주로 일컬어진다. 물론 아들들이 제대로 공부하고 일본 육사와 한국 육사로 간 것은 일본군 고급장교인 아버지의 광휘 때문이었다. 그러나 그들도 광복 후 아버지처럼 애국의 길, 험난한 국가 수호의 길을 걸었고 일부는 전사했다.

한번 생각해보자. 6·25 전쟁 당시 대통령을 포함하여 얼마나 많은 고관들이 서울을 탈출하기에 급급했는가를, 그리고 그 후 아들을 군대에 보내지 않기 위해 어떤 편법을 저질렀는가를. 지금도 신임 장관 청문회가 열렸다 하면 본인과 아들들이 병역의무를 외면한 사실이 드러나지 않는가?

　안병범의 삶, 이 정도라면 친일의 과오는 씻어질 만하다.

관산 조철호의 거룩한 생애

줄기차게 항쟁, 보이스카우트 창설 민족운동 전개

조철호(趙喆鎬 1890~1941)는 한국 보이스카우트 창설자로 알려진 인물이다. 관산(冠山)이라는 호를 썼다. 대한제국 마지막 무관생도 45명 중 하나로 일본 육군유년학교와 육사를 나왔다.

중국 상하이(上海)로 망명하다 체포당했고, 오산(五山)학교 제자들의 3·1만세 시위 유도, 독립군 군자금을 모집하는 투사들에게 권총 제공, 중앙고보 제자들의 6·10만세항쟁 독려, 북간도의 신간회 지부 창설 주도와 동흥중학에서의 독립군 양성 등 줄기차게 저항한 독립투사였다는 사실은 덜 알려져 있다.

대한제국 무관생도들은 일본 육군유년학교 재학 중 강제합병 소식을 듣고 도쿄의 아오야마(青山) 묘지로 가서 대성통곡하며 결의했다. 조국이 부를 때 독립전쟁에 한몸을 던지자고 맹세했다. 그러나 실천한 사람은 조철호와 동기생 지청천, 후배인 이종혁·이동훈 등 네 사람이다.

나는 팩션《마지막 무관생도들》을 쓸 때 관산을 상세하게 그리고 싶은 욕구가 컸음에도 그러지 못했다. 서사구조를 지청천·홍사익·이응준 3인 중심으로 만들어 가고 있었고, 책의 부피가 500쪽을 넘었기 때문이다.

여기서는 부족했던 나의 책을 확장할 겸 내가 가진 '조철호 파일'을 풀어놓으면서 관산의 생애를 이야기하려 한다.

대한제국 유년학교 — 무관학교 — 일본 유년학교 — 육사의 길 걸어

관산 조철호는 1890년 2월 15일 경기도 시흥군 동면 난곡리(현재의 서울 관악구 난곡동)에서 가난한 선비인 조중린(趙重麟)의 장남으로 출생했다. 모친은 류(柳)씨였다. 부친은 입성이 깨끗한 내성적인 선비, 모친은 성품이 굳세고 강한 여장부였다. 형제는 5남매로 위에 누나 정순(貞順)이 있고 손아래 누이 후순(後順), 그리고 명호(明鎬), 선호(善鎬)라는 이름을 가진 아우들이 있었다. 이상은 인천교대 조찬석 교수가 1977년 〈관산 조철호에 관한 연구〉를 쓰면서 그의 아내 이윤돌(李允㐘) 여사의 구술을 채록한 내용이다.

관산은 14세까지 집에서 한학(漢學)을 공부했다고 하는데 일본어와 신학문도 독학했을 것이다. 한문만으로는 경쟁이 치열한 육군유년학교 입시에 응시할 수 없었기 때문이다.

1905년 7월 20일자《구한국 관보》에

조선소년군 총사령 복장을 한 관산 조철호.

〈육군유년학교 학도모집〉 광고가 있다. 바로 관산이 읽고 응시한 모집요강이다. 수업연한이 3년인 이 학교는 일본 유년학교를 모방해 만든, 무관학교의 예비학교였다.

> 본 학교 학도를 모집할 터이니 입학하기 원하는 자는 내(來) 9월 15일(음력 8월 17일) 내로 품청증(稟請証)을 본교로 내정(來呈)하고 9월 20일(음력 8월 22일) 본교에 내(來)하여 입학시험에 응할 사(事).
> 육군유년학교 입학 응시과목
> 1. 한문 독법작문
> 1. 산술 역사 지지(地誌)
> 1. 외국어학
> 1. 입학자 연령은 15세부터 18세까지.

응시과목의 외국어학은 일본어였다. 을사늑약(1905)이 체결되기 몇 달 전이지만 청일전쟁, 러일전쟁에 승리한 일본에 조선반도의 지배권이 넘어가고 있었다.

그 해 관산은 15세였고 홍사익·안병범 등과 함께 입시에 합격했다. 함께 육군연성학교를 거쳐 무관학교로 올라갔고 1909년에는 무관학교마저 폐교되고 일본 유학길에 올랐다.

관산은 당시 대한제국 정부가 작성한 '전 육군무관학교 유학생 연명부'에 42명 중 4번으로 들어 있다(실제 유학 44명 중 2명은 신체검사에 문제 있어 추후에 출국했다). 일본측 성적순 명부에는 '서열 10번, 연령 19년 4월, 2학년, 일어-갑(甲), 기타학과-갑, 교련-중(中), 체조-우(優), 성질-박직(朴直), 궁행-정(正), 체격-강장(强壯)으로 실려 있다.

일본어와 학과성적이 우수하고 체력도 강해 일본의 군사교육에 무난히 적응할 자질을 가졌던 것이다.

관산을 비롯한 무관학교 생도단은 1909년 9월 3일 오전 9시 경성 남대문역에서 경부선 열차에 탔다. 다음날 오전 부산에 도착해 일본 시모노세키(下關)로 가는 정기 연락선 이키마루(壹岐丸)를 타고 떠났다.

9월 6일 오후 11시 30분 도쿄의 신바시 역(新橋驛)에 도착했고 다음날인 9월 7일 오전 10시 육군중앙유년학교에 입교했다. 위의 노정은 생도단을 인솔한 일본군 오구라 유사브로(小倉祐三郞) 대위의 보고서로 남아 있다.

관산과 홍사익·이응준·지청천을 비롯한 상급반은 일본 육군중앙유년학교 예과 3학년에, 김석원·이종혁·윤상필 등 하급반은 2학년에 편입하였다. 관산과 동기생들은 1912년 6월 1일 유년학교를 졸업하고 현지부대 실무를 익히는 대부(隊附)근무에 들어갔다.

관산은 센다이(仙台) 주둔 보병29연대에 배치되었다. 거기서 반년간 적응훈련을 마친 뒤 동년 12월 1일 육군사관학교에 26기로 입학했다. 재학시에는 제3생도중대 제3구대의 일원이었다. 최근에 코베이에서 경매된 '제3구대원 기념사진'에 관산 외에 지석규·유승렬·이호영의 모습이 보인다. 조선인 생도 넷이 이따금 아오야마 묘지에서의 맹세를 되새겼

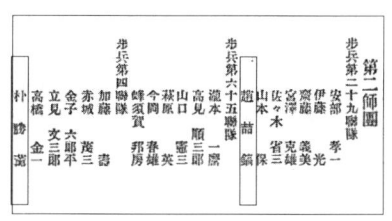

조철호의 육사 졸업과 견습사관
부대 배치를 명령한
《일본국 관보》. 오른쪽 표시가 조철호.
왼쪽 끝 4연대에 박승훈 이름이 있다.

을 것이다.

이들 4인을 포함한 대한제국 무관생도 상급반 출신 13명은 1914년 5월 28일 1년 반 과정의 일본 육사를 졸업했다. 다시 소속연대로 가서 반년간 견습사관으로 복무하고 그해 12월 28일 소위 계급장을 달았다. 이상은 모두《일본국 관보》에 실린 공식기록이다.

보병29연대는 1904년부터 1906년까지 러일전쟁에 참전하고 1910년부터 잠시 조선주차군으로서 용산에 주둔했으나 관산의 배속 시기에는 센다이에 귀환해 있었다.

소위 때 휴직, 만주로 탈출 그러나 자료 불명확

관산 조철호는 1919년 이전 독립운동에 투신했다는 것이 정설로 되어 있다. 아래는 한국학중앙연구원의《민족문화대백과사전》과 국가보훈처의《독립유공자 공훈록》웹사이트에 실린 설명을 합한 것이다.

> 대한제국 무관학교를 졸업하고 일본 육군중앙유년학교와 사관학교에 유학, 1917년에 졸업하였다. 유학 중에 동기생인 지청천과 조국 독립을 위하여 헌신할 것을 맹약했다. 1917년 조선군 제20사단의 용산 부대에 배속된 것을 기회로 독립운동 대열에 참가하기 위해 군사기밀을 빼내어 상해 방면으로 망명하려 하였으나 신의주에 이르러 일본경찰에 잡혔다. 군법회의에서 총살형을 당할 뻔했으나 일본 육사 시절 교관이었던 우에다(植田)의 변호로 악형을 면하고 1년 옥고를 치르다가 출옥하였다.

위의 두 설명은 최근에 발굴된 중요한 자료들을 담지 않은, 작성된 지 오래된 것이다. 관산의 6·10 만세항쟁 관련 1926년 6월 19일자 《동아일보》 기사(이 글 뒤에서 인용)를 참고한 듯하고 오류가 보인다. 관산은 대한제국 무관학교를 졸업하지 않았다. 폐교가 되어 일본으로 갔다. 육사 졸업일은 일본 정부 관보에 1914년 5월 28일로 실려 있다.

그밖에도 고쳐야 할 부분이 있다. 3·1운동과 관련한 고다마 헌병사령관의 보고서(이 글 뒤에서 인용)는 '센다이 보병 29연대 휴직장교 보병소위'라고 했는데 위의 사전 설명은 '용산 부대 배속'이라고 썼다.

고다마 보고서는 1919년 3월 평안북도 정주의 헌병분견대가 관산을 직접 심문하고 작성했으니 정확할 것이다. 1917년에 용산 조선군사령부로 배속되었다면 고다마 보고서에 '조선군사령부 보병중위'라고 했을 것이다. 지청천·홍사익·이응준 등 그의 일본 육사 26기 동기생들은 임관 만 1년이 된 1915년 12월 중위로 진급했다. 관산은 그보다 앞서 센다이 부대에서 휴직원을 내고 국내로 들어와 있었으므로 여전히 소위였던 것이다.

'용산 부대'도 그렇다. 같은 시기 관산의 일본 육사 3년 선배인 독립투사 김경천(본명 김광서, 중위)은 휴직하고 경성에 머물다가 만주로 탈출했다. 그의 일기에 일주일에 한 번쯤 용산 조선군사령부로 출석한 기록이 있다. 관산도 출석 점호 의무가 있어 용산에 자주 갔고 그걸 주변에서 배속으로 잘못 알았을 가능성이 크다.

'총살형당할 뻔했음'은 과장된 것으로 보인다. 아무리 일본의 군형법이 엄격했다 해도 군법회의가 그 정도 죄로 총살형을 선고하지는 않았다. 그렇다면 이후에 감행한 일들로 그는 여러 번 죽었을 것이다.

우에다도 불분명하다. 우에다는 일본 육군에 2명이 등장했다. 하나는 윤봉길 의사의 상하이 의거 때 중상 입은 우에다 겐키치(植田謙吉, 대장까지 올라감)와 그의 형인 우에다 요시요시(植田暸吉, 대좌까지 올라감)이다.

우에다 형제는 둘 다 육사 교수를 지내지 않았다. 관산과 어떤 인연이 있었는지는 알 수 없다. 겐키치일 가능성이 큰데 이 무렵 중좌 계급으로 블라디보스토크 주둔 국제간섭군사령부 참모 자리에 있었다.

우에다 겐키치가 그랬다면 참으로 흥미롭다. 조선인 휴직장교 조철호를 구명한 그가 십여 년 뒤 윤봉길 의사의 폭탄에 중상을 입었으니 말이다.

이런 불확실성 때문에 관산의 본격적인 독립투쟁이 3·1운동 이전이 아닌 이후였던 게 아닌가 하는 의아심을 갖게 된다. 나는《민족문화대백과사전》등에 보이는 오류나 불명확함이 30여 년 전 한정된 사료 안에서 작성한 때문이고 장차 증보판에서 수정될 것으로 생각한다.

독립전쟁 군자금 모집요원에게 권총을 빌려준 일 등 또 다른 자료들도 발굴돼 있다. 상하이로의 탈출, 신의주 피체, 군사재판과 은사의 구명은 물론 그 후의 투쟁 등을 일본 관헌문서 등을 바탕으로 명확하게 설명해 줄 것이라 믿는다. 관산의 독립투쟁, 그리고 생애 정리는 민족사의 긍지를 밝히는 중요한 일이다.

나는 일단 초기 투쟁 부분을 이렇게 정리하여 내 노트를 만들었다.

관산은 몸담았던 대한제국 무관학교가 폐교되자 동기생들과 더불어 일본에 유학, 1914년 5월 일본 육사를 졸업했다. 독립투쟁에 투신

한다는 맹세를 실천하기 위해 소위시절이던 1915년에 센다이 연대에 휴직원을 내고 국내에 들어왔다.

1916년 또는 1917년에 군사기밀을 갖고 중국 상하이로 탈출하다가 신의주 국경역에서 체포당했다. 휴직장교 신분이라 군사재판에 넘겨졌으나 운 좋게 육사시절 인연을 맺은 장군의 도움을 받아 중형을 면했다.

임관 직후 휴직 오산학교 교사, 제자들 3·1운동 유도

관산은 출옥한 뒤 원대복귀하지 않고 여전히 휴직장교 신분으로, 애국지사 남강 이승훈이 평안북도 정주에 세운 오산학교로 가서 체조(체육)교사로 일했다. 늘 민족정기, 독립정신을 학생들에게 불어넣으려 했다. 3·1만세 때는 경성으로 가서 만세시위에 참여했다. 며칠 뒤 제자들에게 만세시위를 선동한 혐의로 쫓기게 되자 압록강을 건너 탈출했다.

1919년 3월 9일 평안북도 도장관(道長官 도지사와 같음)이 조선총독부 정무총감에게 보낸 각 지역별 동향 보고서에는 '오산학교 교사 조철호(예비소위)는 행방불명임(평양에서 체포했다고 함)'이라는 기록이 보인다.

3월 31일 조선군 헌병사령관 고마다 소지로(兒島惣次郞)가 다나

1907년 이승훈(사진)이 세운 오산학교.

카 기이치(田中義一) 육군대신에게 올린 보고서 〈휴직장교 검찰처분 종료의 건 보고〉는 국경을 넘어 만주로 탈출한 그를 체포했다고 기록했다. 3월 1일에 경성 파고다공원의 독립선언과 만세시위에 참여했다는 혐의도 기록했다. 내가 앞에서 주목한 것이 바로 이 자료이다.

　사립 오산학교 교사 센다이 보병제29연대 제3중대 휴직장교 육군 보병 소위 조철호.
　이 사람의 보안법 위반에 대하여 관할 정주헌병분대에서 검찰처분 중 아래와 같이 범죄 사실이 판명되어 3월 20일 조선군사령관에게 보고하였습니다.
　범죄사실 : 피고는 늘 배일사상을 갖고 기회 있을 때마다 매번 재학 생도들에 대하여 고취한 것으로 의심되며, 금년 1월 26일 조선 전도(全道)에 걸쳐 주모자 이인환 및 조만식, 그리고 사립 오산학교 교직원 등과도 통모하여 독립운동을 계획하였습니다.
　2월 하순 경 오산학교 중학부 3년 학생들에게 프랑스 파리에서 강화회의가 개최 중인데 세계 약소국은 모든 일에 있어서 민족자결주의에 의해 독립함을 지지하므로 우리 조선도 독립할 것이 확실하므로 시기가 도래하고 있다고 운운하면서 불온한 언동을 내뱉고 배일사상 및 독립운동을 선동하였습니다.
　본인은 부인하지만 3월 1일 경성에서 독립선언 운동을 하고 또한 만주에서 이주 한인들을 규합하기 위해 사마탕역(下馬塘驛 하마당역)에 하차한 것이 인정됩니다.

관산은 다시 군사재판을 받고 몇 달간 옥고를 치렀다고 알려져 있다. 군법회의 기록은 발굴되지 않았다.

독립전쟁 군자금 모집요원에게 권총 제공

관산이 1919년 가을 석방되어 나온 뒤 더 큰일을 감행한 기록이 있다. 일제의 고등경찰 기록 '고경(高警) 28169호' 문서를 보면 이시우·김영순·홍순갑·이증노 등은 군자금 모집에 나섰다. 독립운동 지도자 유동열 선생의 이름으로 '군자금 모집' 문서를 만들고 경상도와 전라도의 부호들을 찾아가 모금했다.

조선 땅의 부자들은 독립전쟁 자금을 제공하고 싶어도 발각되면 일본 경찰에 끌려가 혹독한 고문을 당하므로 차라리 독립군이 총 들고 와서 빼앗아 가기를 원했다. 권총이 필요했는데 관산이 내주었다. 이 고등경찰 기록에 조철호 이름이 나온다.

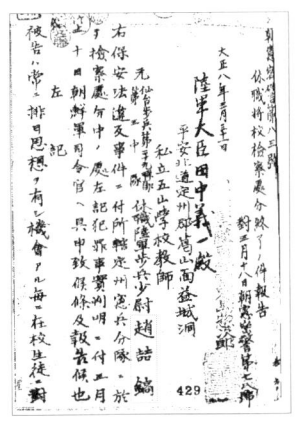

오산학교의 3·1만세 시위를 선동한 교사 조철호가 센다이 연대 휴직장교라고 기록한 조선군 헌병사령관의 기밀보고서.

… 홍순갑 이시우 이증노 등은 분명히 그런 사정을 알았다. 단총(短銃) 2정을 입수하려고 기도하여 김영순의 지인인 예비육군소위 조철호로부터 2정의 권총을 차입해 가지고 그들과 불온 인쇄물을 만들기 위해 부내(府內) 황금정 2정목 신문관인쇄소 ….

독립운동자금 모집원들에게 조철호가 권총을 제공했다고 기록한 고등경찰 보고서.

그런데 이시우 등의 법원판결문은 조철호 이름을 빼고 '권총을 타인으로부터 입수하여'라고만 기록했다. 휴직중인 장교가 독립운동 자금 모집책에게 권총을 내준 일은 중형을 받을 일이었다. 관산은 다시 군사재판을 받았을 터인데 그 기록도 발굴되지 않았다. 조철호 제공이 아닌데 이시우 등이 고문당해 시키는 대로 자백했을 개연성은 적다. 그보다는 일본 군부가 조철호 관련사항을 덮어버렸을 가능성이 크다.

비슷한 일이 그의 동기생 이응준에게도 있었다. 1919년 의병(依炳) 휴직으로 고국에 온 이응준은 평양에서 임시정부 군자금 모집원 최성수에게 권총을 넘겨줘 평양헌병분견대에 체포되었다. 중형을 받을 죄였으나 조선군사령관 우쓰노미야 타로(宇都宮太郞) 육군대장의 특별 배려로 풀려났다. 조선인 장교가 독립운동 자금모집책에게 권총을 제공한 일을 그냥 덮으려 한 것이다. 관산이 관련된 사건도 그랬을 가능성이 있다. 소설장이의 엉뚱한 상상력이라고 할지 모르지만 우에다 또는 다른 장군이 관산을 구명했다면 3·1운동 이전 탈출사건이 아니라 이 권총사건일 것이라고 나는 생각한다.

소년군 창설로 민족정기 키워

관산은 1919년 또는 1920년 초에 감옥에서 나온 뒤에 인촌(仁村) 김성수(金性洙)의 배려로 중앙고등보통학교 교사로 갔다. 학생들에게 대한제국 유년학교-무관학교에서 배운 병식체조를 가르치며 독립사상을 고취했다. 그러면서 1921년 5월 조선기독교청년연합회의가 창립될 때 서울지구 대표로 참여했다.

1922년 10월 5일에는 8명의 대원으로 한국보이스카우트연맹의 전신인 조선소년군을 창설했다.《동아일보》는 그해 10월 7일 이렇게 보도했다.

조선초유의 소년군

됴철호 씨 등 유지들의 발긔(발기)로

5일 오후에 발회식을 거행

남자다운 용감한 긔운(기운)을 기르는 동시에 남을 위하야 자기를 희생에 밧치는(바치는) 고상한 인격을 만들고자 함이라. 이럼으로 그 운동이 생기운지 겨우 십여 년 동안에 전 세계에 퍼지여 구미 각국 같은 문명국은 물론 인도 중국 일본 등 동양 각국에까지 소년군이 생기었으나 조선에는 아직 이 계획이 업섯더니 시내 중앙고등보통학교에서 교편을 잡고 있는 됴철호(趙喆鎬) 씨 외 여러 유지들의 발긔로 조선에서 처음

1922년 8명의 조선소년군 창설대원들과 조철호 총사령 (《동아일보》사진).

으로 소년척후군을 조직하얏는데 먼저 푸른 모자에 누른 빗을 띤 연회색 군복을 입고 분홍빗 의상을 달고 홍백의 척후기를 든 소년 여달(여덟) 명이 용장하게 중앙학교 후원에 모이여 ….

그리고 다음날인 10월 8일 '조선소년군의 조직 건강한 정신과 건장한 체력'이라는 제목의 사설을 실었다.

관산은 〈조선소년군 단가(團歌)〉도 직접 작사하는 열정을 보였다. 다음해에는 소파 방정환과 조선소년운동협의회를 조직하고 5월 1일을 어린이날로 정하는 운동 기반을 구축했다. 그 뒤 조선소년군총본부를 만들고 총사령에 올랐다.

그는 독립투사에서 청년운동가로 변신해 있었다. 앞의 사건들로 골머리를 앓았던 헌병대와 경찰로서는 일단 안심은 했으나 경계를 늦춘 건 아니었다.

그의 소년군 운동이 장차 청소년들을 독립전쟁의 씩씩한 전사가 될 수 있는 민족간부로 육성하기 위한 결심에서 나온 것임을 알기 때문이었다. 그런 상황 속에서 관산은 1924년 중국 베이징에서 열린 극동소년군대회에 조선대표로 참석했다.

이 무렵 그는 매우 엄격하면서도 제자들의 존경을 한몸에 받는 스승이었다. 월간 《개벽》 1925년 4월호에 〈천태만상의 경성 교육계 인물〉이라는 재미있는 기사가 있다. 당대 경성 장안 교육자들의 풍모를 그린 글인데 관산은 가장 인상적이다.

조철호 씨는 엇지 검고도 산아운지(사나운지) 학생들이 〈타이거〉(虎)

혹은 〈숫장사〉라고 지칭한다. 또 소년군의 누런 복장에 가죽챗즉(채찍)을 가지고 계동(桂洞)으로 다니는 것을 보면 위생마차부와도 갓다(같다). 그리고 군인 출신으로 모험성이 많어 그러한지 학생이 조곰만(조금만) 잘못하면 닥치는 대로 막 때리고 엄동성서(嚴冬盛暑)에도 상내의(上內衣)를 벗겨 놋코(놓고) 체조를 식히며 눈이 길길이 오는 차가운 날이라도 예사로 발을 벳김으로(벗기므로) 학생들이 아주 질색을 한다.

관산의 가까운 지인이었던 양묵당(梁默堂)은 1956년 3월 그의 15주기를 맞아 《경향신문》에 〈소년군 창시자 조철호 형〉이라는 추도사를 썼다. 관산의 당시의 풍모와 정신을 잘 드러낸 글이다.

> 관산의 거무스레한 얼굴이 머리에 가물거리며 관산의 카이젤 수염이 거센 파도가 가물거리 듯이 눈에 거물거린다. 더우기 고소(苦笑 쓴웃음)하는 그 입매는 창공선 밖에서 부르는 듯하다. 호랑이 같은 군인! 극단의 민족주의자! 묘령의 처녀 같은 눈물겨운 인간미, 이것이 관산의 전면모(全面貌)일 것이다.
> … 그래서 중앙학교 뒷동산을 수십 번 뛰어올라 내리게 하고 또는 그 운동장을 수십 번씩 달음질하는 등 언실(言實)로 훈련을 시켰다. 혹 어떤 젊은이가 불평을 하면 "쓸데없는 소리 말어, 그렇게 하여야 돼." 하는 일언으로 그 불평을 막았다.
> 이 '돼'하는 말은 의미심장한 말이다. 무엇이 된다는 말인가 하면 이렇게 하여야 바로 조국의 독립을 얻을 수 있다는 말이다. 그 포악한 일정(日政) 하에서 '돼'하는 이 말은 아무리 나이 어린 젊은이라 할

지라도 이심전심하여 눈물지었다고 한다. 그러니 그 불평은 사라지고 관산의 조국 광복의 정신을 본받았던 것이다.

관산은 어린 나이 때부터 대한제국 유년학교―무관학교―일본 유년학교―사관학교를 다녔으니 상무(尙武)정신을 그대로 가르쳐 제자들을 민족독립의 투사가 될 강인한 청년으로 만들려 했던 것이다.
그걸 이심전심으로 느낀 학생들이 존경하며 따랐다 하니 가슴 뭉클한 이야기가 아닌가?

6·10만세로 구속, 석방 뒤 북간도로

1926년 순종황제의 인산을 맞아 6·10만세항쟁이 일어났다. 관산에게서 민족혼 교육을 받은 중앙고보 학생들은 가장 격렬한 저항을 했다. 관산은 다시 학생들을 선동한 혐의로 구속되었다.
뒷날 제자인 김형련(합천농고 교장)은 중앙고보 재학시절의 6·10만세항쟁을 회고하면서 은사인 관산에 대해 이렇게 썼다.

… 선생님들은 일제의 박해가 자심한 가운데서도 특히 학교 내에 있어서도 몇몇 일인(日人) 교사들의 감시의 눈을 피하면서 우리 한국의 민족관을 넣어주기에 여념이 없었다. 특히 조철호 선생 같은 분은 이 방면에 철저하였다.
그리하여 밖으로는 소년단을 창건하여 청소년에게 민족정신과 독립정신을 고취하고 안으로는 학생들의 독립정신을 고무하기 위하여 온갖 노력을 다하였다. 지금 다 기억이 나지 않지만.

신성한 배달민족 건남아(健男兒)야. 열세 길로 모이인 총준(聰俊)이로다. 마음 닦고 몸 닦음이 우리의 본분, 이루세 후일 성공!
　또 보아라 불란서 奈巴侖(나파륜, 나폴레옹)은 지중해 물결치는 코르시카에 약소한 지아비로 태어난 남아(男兒) 천군만마의 장군이 되어서.
　하는 노래를 자기가 손수 지어서 군가의 곡에 맞추어 가르치고 익히게 하였던 것이다.
　… 순종황제의 인산 행렬이 단성사 앞을 지날 때 중앙고보 학생들은 태극기를 흔들며 격렬하게 대한독립만세를 외쳤다. 왜경의 기마대와 헌병들이 달려와 닥치는 대로 구타하고 연행했다.
　… 조철호 선생은 사건의 배후 조종자로 지목되어 무수한 고문을 당하였던 것이다. 그 뒤 총독부의 지탄을 받아 끝내 퇴임하고 가족들을 서울에 남겨두신 채 만주로 떠났다.

《동아일보》 1965년 6월 8일).

1926년 당시 잡지와 신문 기사를 보자.

　이 사건에 관계된 학생은 일시 200여 명을 검속하얏스나 취조의 진행을 따라 방환(放還)될 사람은 방환되고 14일로부터 종로서(鍾路署)로부터 검사국에 넘기기 시작하야 중앙고보생을 최후로 19일까지 검사국으로 넘기여 전부 74명 수감 35명 불구속으로 일단락을 고하얏다. 이제 검사국으로 넘기운 학생을 학교별로 보면 연희전문생 36명, 중앙고보생 60명(중에 불구속이 35명), 경성제대생 1명, 중동학교

생 6명, 기타가 6명, 이 외에 중앙학교 학생 사건에는 별로 체조선생 조철호 씨까지 수감되엿다.

《개벽》 1926년 7월호 〈국장(國葬) 전후에 드러난 사건들〉).

역시 종로서에서 취조를 받던 시내 중앙고등보통학교 교사 됴철호(趙喆鎬) 씨도 십구 일에는 아마 검사국으로 넘어갈 노양이라는데 씨는 십여 년 전에 동경 륙군사관학교를 졸업하고 즉시 룡산병대(龍山兵隊)에 입영하야 일본 륙군소위로 잇다가 이전 삼일운동이 잇슬 때에 군용긔밀품(軍用機密品)을 가지고 상해방면(上海方面)으로 도망하다가 국경에서 검거되야 룡산군법회의(龍山軍法會議)에서 고생을 하다 나온 후 즉시 전긔 중앙학교에서 교편을 잡던 중 이번에도 관계가 잇는 듯하다 하야 그가치(그같이) 된 것이라더라.

《동아일보》 1926년 6월 19일).

관산은 증거 불충분으로 석방되었으나 총독부의 탄압으로 중앙고보 교사직을 잃었다. 그가 찾아간 곳은 북간도 룽징(龍井 용정)에 있는 동흥중학교였다. 1921년 개교한 천도교 계통의 학교로 민족정신이 강했다. 그는 학생들에게 병식체조를 가르치며 민족정기를 북돋고 1927년 봄 창립된 신간회 간도지회 간사를 맡아 독립운동을 펼쳤다.

1928년 12월, 그의 아내가 검거되어 취조 받는다는 기사가 신문에 떴다. 북간도 룽징에 가서 남편을 만나고 온 뒤 경성의 부호 백모(白某) 등으로부터 자금을 받았는데 그것이 독립운동 활동자금이라고 판단하여 취조한다는 것이었다. 이것은 신문보도로 세상에 알려진 사실일 뿐, 이 무렵 그의 부친은 경찰에 끌려가 고문당해 머리를 다쳐 빈사상태에 있었다는 관산 부인의 증언이 조찬석 교수의 글에 있다.

다음해인 1929년 10월 15일 하순부터 한 달 동안, 관산은 북간도에서 룽징의 간도총영사관 경찰에 체포되고 석방됐다가 다시 체포당하는 일이 일어났다. 신문에는 며칠 간격으로 그의 이름이 오르내렸다.

그는 이번에도 증거 불충분으로 석방되었고 1931년에 경성으로 돌아왔다.

일본 소년군과 통합하느니 차라리 해산을

1931년 관산은 조선소년군 총사령에 다시 추대되었다. 이때부터 1937년 조선소년군이 해산할 때까지 소년군을 지휘했다. 그는 일본 경찰의 눈엣가시였지만 줄타기하듯 아슬아슬하게 체포를 면하며 소년들에게 민족정기를 북돋는 일을 했다. 이제 조선 땅에서 도산 안창호처럼 관산은 존경 받는 민족지도자가 되었다.

그는 조선소년군 단원들에게 "너희는 민족의 화랑이다. 민족을 구하는 선봉이 되어라."하고 가르쳤다. 그리고 "어린이에게 자립적 훈련을 주는 데에는 용감한 활동과 의용스러운 기개를 길러 줘야 하며, 이를 위해서는 군대식 야영생활을 통한 단련이 필요하다."고 하며 군대식 조직체를 추구했다

흥미로운 자료가 있다. 잡지《동광》제30호(1932년 1월)에 전라도의

한 야학교사가 학생들을 통솔하는 우리말 구령에 대해 질문하자 관산이 답한 내용이 실려 있다.

대한제국 유년학교-무관학교-일본 육군유년학교-육사를 나온 그는 체육시간에 일본군 체조가 아니라 대한제국 군대의 병식체조를 복원해 가르쳤다. 구령도 그랬을 것이다.

'차렷' 부동자세는 '기-착(氣着)', 대열을 바로 잡으려면 '좌(우)로 나루-웃', 정돈을 마치고 원자세를 취하게 하려면 '바루-ㅅ' 등 20여 개의 구령을 설명했다. 소설을 쓰거나 다큐멘타리 제작을 하며 구한말 구령의 원형을 찾고 싶은 분이 있다면 이 자료를 권하고 싶다.

그리고 그는 어린이날 기념 준비위원으로 활동하고 과학좌담회 행사에도 출석하며 사회의 명사로 이름이 빛났다.

인촌 김성수가 다시 그를 챙겨 동아일보사 수위 자리를 주었다. 이후 그는 발송부장에 올랐다. 1936년 손기정 선수의 일장기 말소사건으로 《동아일보》가 무기정간을 당하자 일자리가 없어졌다.

마지막 무관생도 후배인 김석원, 일본군 군복 입고 가장 용맹하게 중국전선에서 싸워 일본의 칭송을 받던 그는 독립투쟁을 하는 관산에게 늘 미안한 마음을 갖고 있었다. 가까운 지인이자 성남중학 공동설립자인 원유수에게 소개했다. 원유수는 관산을 자기 소유의 황해도 곡산 소재 중석광산 전무로 보냈다.

1937년 조선소년군에 위기가 찾아왔다. 일제가 일본의 보이스카우트 조직인 건아단(健兒團)에 흡수 통합되기를 강요했던 것이다. 일제는 관산과 조선소년군 총간사장 오봉환(吳鳳煥 1905~?)을 각기 다른 방에 가두고 핍박했다. 아무 상의도 하지 못한 두 사람의 대답은 편입 거부, 해단(解團)이었다.

오봉환은 협성(協成)학교에 재학 중이던 1922년 조선소년군 창설 대원 8명 중 하나로 입단했고 관산의 분신과 같았다. 6·10만세 때 소년군을 이끌고 항쟁하다가 중국에 망명, 약산 김원봉을 찾아가 의열단원이 되고 황푸(黃埔 황포)군관학교와 종샨(中山 중산)대학을 다녔다.

이후 국내에 잠입했다가 피체, 옥고를 치르고 소년군에 복귀해 있었다.

조선소년군 해단을 결정한 날 저녁, 관산은 양묵당의 집에 찾아가 위로주를 받아 마시며 말했다.

"소년군 해산은 섭섭한 일이나 오봉환과 서로 약속 없이 해산이라는 결론은 얻은 건 유쾌한 일입니다."

한번 생각해 보자. 그 무렵 교육자, 언론인, 문화예술인, 심지어 종교인까지 얼마나 많은 사람들이 조직을 지킨다는 명분으로 일제에 타협했는가를. 차라리 해산한다, 그것은 관산다운 결정이었고 한국 보이스카우트는 순결을 지킨 채 죽었다가 광복 후 부활했다.

1939년 모든 전문학교가 군사교련을 시작하게 되자 김성수는 그를 자신이 교주인 보성전문학교 교관으로 보냈다. 은근히 민족정기를 지켜주기를 바라는 마음도 컸을 것이다.

친일과 항일의 경계선을 걸어간 인촌 김성수, 지금 세상은 그를 친일파로 몰아붙이지만 많은 고초를 겪으면서도 관산을 지킨 인물이었다.

1941년 3월, 50세의 관산은 갑자기 쓰러졌다. 그날 아침에도 냉수

마찰을 했고 평생 드러눕는 일이 없었는데 여러 차례 당한 고문과 감옥생활로 병이 깊어지고 있었던 것이다. 당시 명성을 떨치던 이의식(李義植) 내과에 입원했는데 병을 이기지 못하고 8일 만에 세상을 떠났다.

"나는 일을 다 하지 못하였는데……

나는 일을 다 하지 못하였는데…….”

이것이 그의 마지막 말이었다.

조선총독부는 오랫동안 앓던 이가 빠진 듯 홀가분했을 것이다. 장례는 보성전문학교장(葬)으로 진행되었다. 그의 부고를 신문에서 읽은 많은 이들이 깃대처럼 꼿꼿하게 민족정신을 지킨 그의 갑작스런 죽음을 슬퍼하여 빈소를 찾아 조문객이 넘쳤다.

나는 졸저《마지막 무관생도들》에서 관산과 젊은 날을 함께 한 대한제국 마지막 무관생도 출신들을 빈소에 집합시켰다. 그들은 거의 모두 국내에 들어와 일제 통치에 순응하며 살고 있었다. 조선군사령부 소속 현역 고급장교, 혹은 퇴역하여 총독부의 배려를 받아 높은 직책을 갖고 있었다.

도쿄 아오야마 묘지에서의 맹세는 잊은 지 오래였다. 총독부가 바야흐로 지원병제도를 만들어 식민지 조선의 청년들까지 전선으로 끌어가고 있는데 지원을 독려하는 강연에 앞장서고 있었다. 그래서 자괴감은 컸을 것이다.

나는 무관생도 하급반 출신으로 관산처럼 일찌감치 군복을 벗고 체육발전에 전념해 조선체육회장을 지낸 박창하(朴昌夏)의 대사를 넣었다. 그는 연희전문 교련 교관인데 1년 전인 1940년 5월 월간잡지 삼천리사에 불려가 군사교관회의 좌담을 한 일이 있었다.

박창하와 일본 육사 출신 인물들의 대사를 이렇게 책에 썼다.

"한마디 한마디가 기록되어 잡지에 실리는 좌담이었어요. 뻔한 거 아닙니까. 지원병 제도는 좋은 거니 청년들에게 지원해 나가라 말해야 하는 거지요. 조 선배님은 과거 일도 있고 해서 여차하면 다시 잡혀갈 판인데 지원병 나가라는 말은 끝내 하지 않았어요. '일본이 앞세우는 야마도(大和)정신이 조선 청년들에게 필요하다. 야마도는 집단의 단결, 개성보다 협동, 부분보다 전체를 강조하는 정신이다. 그게 조선 청년에게도 필요하다'라고만 말했어요. 조선 땅 전부가, 조선인 전체가 일본에 예속되는 걸 운명으로 받아들이는데 조선배님은 안 그랬어요."

박창하의 말을 듣고 그들은 술 한 잔씩 기울이며 중얼거렸다.

"참으로 부끄럽네. 조철호 형은 우리들 양심의 보루였어."

"그래, 대나무처럼 꼿꼿한 사람이었지. 휘청거리며 안 꺾이다가 이번에 툭 꺾이듯 떠났어."

대한민국 정부는 평생 거룩한 항쟁의 길을 걸어간 관산의 공훈을 기려 1977년에 건국포장을 추서하고 1990년에는 건국훈장 애국장으로 격을 높였다.

그의 묘지는 대전국립현충원 애국지사 묘역에 있다.

유족의 삶은 조찬석 교수가 채록하여 쓴 내용 외에는 알려져 있지 않다. 아들 명석(明錫)과 원석(源錫)과 따님을 두었는데 명석은 6·25

전쟁 때 해병대에 자원 참전해 부상을 입고 제대했다. 그리고 부상 후유증으로 27세에 죽었다.

부인 이윤돌 여사는 1977년 조찬석 교수에게 구술할 당시 차남 원석의 부양을 받으며 서울 화곡동 339-21번지에 살았다. 최근 내가 어렵게 유족을 수소문해본 결과 1936년생인 따님이 생존해 계시다고 하여 간곡하게 뵙기를 청했으나 고령으로 인해 인터뷰가 불가능하고 외손자님도 만날 수 없다는 답을 들었다. 다섯 번째 평전으로 관산을 쓰려 하던 터라 무척 아쉽다.

관산은 하늘을 우러러 한 점 부끄러움이 없는 삶을 살았는데 왜 그럴까? 혹시 후손들의 사회적 위상이 미미하여 그게 드러남을 걱정하는 게 아닌가 하는 생각이 든다.

위대한 독립투사들의 후손이 핍박과 가난으로 인해 제대로 교육받지 못해 한미한 생애를 사는 것을 많이 보았기 때문이다. 관산을 깊이 존경하는 나로서는 그렇지 않기를 바랄 뿐이다.

만주국 고관이 된 우등생 윤상필

홍사익처럼 비범했던 인물

윤상필(尹相弼 1887~?)은 대한제국 육군무관학교의 마지막 생도들 중 홍사익과 더불어 가장 비범한 인재였다. 홍사익·지청천·이응준보다 한 해 아래 학년이어서 상대적으로 주목을 덜 받은 터이지만 일본인 생도들과 경쟁해 늘 우등상을 차지했다. 탁월한 두뇌와 열정을 일본에 충성하는 일에, 그리고 일본의 괴뢰국인 만주국 건설과 재만 조선인들을 통제하는 데 쏟았는데 그걸 독립운동에 썼으면 얼마나 좋았을까 하는 아쉬움을 갖게 한다.

그는 일본 패전 후 만주에서 소련군에 체포당해 가족이 있는 서울로 돌아오지 못했다. 포로수용소에서 사망한 것으로 추정된다. 조국과 민족의 고통을 외면하고 충성스럽게 일본에 복무한 죄는 그렇

용산 주둔 기병제28연대 시절의 윤상필 대위.

게 씻어졌다.

윤상필은 1887년 함경남도 함주군 천서면에서 출생했다. 1908년 12월 삼청동에 있던 대한제국 무관학교에 들어갔는데 입시경쟁이 상당히 심했고 필기시험에 일본어가 들어 있어서 그가 향리 함주에서 한문만 공부하고 한성에 왔다고 보기는 어렵다. 유능한 그의 선배 3인방, 홍사익은 안성소학교와 육군유년학교를 거쳤고 이응준은 보성학교를 다녔으며 지석규는 배재학당을 다니고 무관학교 입시에 응했다. 윤상필이 어떤 과정을 밟았는지는 알려져 있지 않다.

입학 10개월이 지난 1909년 9월 무관학교가 폐교되고 그는 동기생인 1학년 23명, 선배인 2학년 21명과 함께 일본 유학길에 올랐다. 그때 일본 측이 작성한 명부에 실린 그의 기록은 이렇다.

> 서열 20위 연령 19년 일어 을(乙) 기타학과 을(乙) 교련 열(劣) 체조 열 성질 질박(質朴) 궁행 방정(方正) 체격 강장(强壯)

이 기록이 실린 일본 방위성 보존자료는 '일본어 갑(甲)은 통역 없이 수업가능, 을(乙)은 일상회화 가능, 병(丙)은 일상회화 곤란, 기타학과 갑은 중학 1년 수료 상당, 을은 중학 입학 상당, 병은 그 이하로, 연령은 호적법 미비로 개인구술을 따랐다'는 내용을 부기했다.

윤상필의 서열 20위는 1,2학년 구별하지 않고 통틀어 평정한 성적이다. 그는 겨우 일상회화가 가능한 정도의 일본어 실력을 가졌으나 1학년으로서는 최고의 서열순위에 올랐다고 볼 수 있다.

일본에 도착하자마자 육군중앙유년학교에 편입학했다. 이 학교는 도쿄의 우시코메구 이치가야혼무라쵸(市谷本村町) 42번지에 육사와 나란히 붙어 있었다. 현재는 신주쿠구(新宿區)이며 일본 방위성이 자리 잡고 있다. 선배인 홍사익·지청천·이응준 등 선배들은 예과 3학년에, 그와 김석원·이종혁 등 동기생들은 예과 2학년에 편입했다.

1911년 예과를 모두 마치고 2년 과정의 본과로 올라갈 때의 성적자료가 친일신문인《매일신보》에 실려 전하는데 윤상필은 전체 수석을 차지해 일본 황태자가 하사하는 은시계를 상품으로 받았다.

> 일본 중앙유년학교 재학 조선인 학생은 예과 제3학년 수료 윤상필, 원용국, 백홍석, 박창하, 장석륜, 서정필, 김종식, 김석원, 이강우, 민병은, 이응섭, 남우현, 이희겸, 이종혁, 정훈, 김중규, 류관희, 장유근, 장기형, 이교석, 이동훈, 김인욱, 강우영 23명, 성적순, 9월1일 본과 제1학년 편입 윤상필은 한일인(韓日人) 학생 중 최수석으로 일본 황태자상 은시계 1개를 받았다.
>
> (《매일신보》 1911년 8월 20일자).

전국 5개 도시에 예과 과정 3년만 가르치는 입학 정원 50명의 지방유년학교가 더 있었다. 본과 2년 과정은 도쿄의 육군중앙유년학교로 불러들여 가르쳤다. 그러니까 윤상필은 도쿄지방유년학교라고도 부르는 중앙유년학교의 예과과정 50(본래 정원)+23명(조선인 편입 생도들)의 수석이었다.

윤상필과 조선인 동기생들은 유년학교 예과와 본과 과정을 모두 마치고 적성에 맞는 병과를 받아 현지부대 적응과정인 반년 간의 대부

(隊附)근무에 들어갔다. 본과도 우등생으로 졸업한 윤상필은 우수한 자들만 가는 도쿄 주둔 제1사단 예하 기병15연대에 배속되었다. 그곳에서 '육사 입학에 문제없음'이라는 진단을 받고 1913년 12월 1일 육사에 입학했다.

육군사관학교의 교육은 1년 반으로 짧지만 본격적인 군사교육이었다. 이미 밟았던 유년학교 과정은 육사를 위한 준비에 불과했다. 전술학, 병기학, 축성학, 교통학 등의 군사학과, 교련, 진중근무, 검술, 사격, 마술(馬術) 등의 술과(術科)와, 조전(操典), 교범(敎範), 야외요무령(野外要務令), 내무(內務), 예식 그리고 외국어 등을 배웠다. 내무생활은 빠듯하고 고되었다.

육사 졸업은 1915년 5월 25일이었다. 그는 다시 기병15연대로 가서 반년 간 견습사관 과정을 끝내고 그해 12월 1일 육군소위로 임관했다. 임관 직전인 1915년 11월 일본 정부에서 다이쇼(大正)천황 즉위 기념 대례장을 받았는데 특별히 우수한 장교라 혼자 받은 것은 아니었다.

그는 1918년 조선군사령부로 전속되었다. 경성의 용산 소재 제20사단 보병 제40여단 예하 기병 제28연대에서 근무했다.

윤상필이 근무한 용산 주둔 기병 제28연대 정문.

1919년 4월에는 중위로 진급, 연대의 경리 책임을 맡기도 했다. 1925년에는 대위로 진급, 기병중대장을 지냈다.

1929년 7월에는 훈6등 서보장(瑞寶章)이라는 훈장을 받았다. 이 시절의 군복 사진이 남아 있는데 일본군 기병장교들이 대개 호리호리하고 체구가 작은 데 비해 그는 미남형에 상당히 크고 당당해 보인다.

만주 펑톈에서 발굴된 조상의 석비

23여 명의 조선인 동기생들과는 달리 윤상필 자료는 경력의 중심이 군대보다 만주국 고급관료였던 때문인지 발굴 정리가 잘되어 있다. 민족문제연구소의 《친일인명사전》이나 정운현의 《친일파는 살아 있다》(책으로 보는 세상. 2011년 발간) 등이 그러하다.

2009년 친일반민족행위진상규명위원회가 발간한 《친일반민족행위 관계사료집 제11권 – 일제의 조선인 통제와 친일협력(1931-1945)》에는 1백여 장에 달하는 〈윤상필 개인앨범〉도 포함되어 있다. 사료적 가치가 매우 크다.

1931년 9월 만주사변이 발발했다. 윤상필은 펑톈(奉天 봉천) 소재의 일본 관동군(關東軍)사령부로 전속되었고 만주 군벌 장쉐량(張學良 장학량) 부대와의 교전을 겪었다.

〈윤상필 개인앨범〉에는 '열하(熱河) 토벌전' 등 격전지 사진들이 많다. 연암 박지원이 《열하일기》로 기록한 그곳이 그가 남긴 수십 장 사진에 담겨 있다.

그러나 그는 군마를 타고 탄우 속을 질풍처럼 내달리는 기병대 지휘관보다는 인문학적 분석과 논리가 강해 만주에서 발간되는 신문과 라디오 방송을 검열하는 보직을 받았다. 그는 만주에 떠돌아와 사는

만주국 정부 청사.

한인 유민들의 참상을 파악하고 현장에 나가 확인했다. 만주 동포들은 지주의 가혹한 착취와 마적과 군벌로부터 시달리고 있었다.

1932년 2월, 그는 조국 경성에 와서 만주사변 이후 만몽재주동포(滿蒙在住同胞)의 어려운 처지를 설명하고 이들을 도와달라고 호소했으며 일본어 잡지《조선 급 만주(朝鮮 及 滿洲)》에〈在滿鮮人の 救齊に 就(재만선인의 구제에 대하여)〉를 기고했다.

곧 일본의 괴뢰국가인 만주국이 세워졌다. 그는 아직 현역인 채로 만주 통치전문가로 변신했다.

그해 7월에 왕도주의의 보급과 '민족협화(民族協和)의 낙토건설(樂土建設)'이라는 국시(國是)를 내걸고 만주국협화회(滿洲國協和會)가 창립될 때 42명의 협화회 이사를 선임했는데 조선인으로는 유일하게 이사가 되었다.

이 단체는 일본 관동군의 지도 아래 '민족협화'의 이데올로기를 내걸었던 실천단체였다. 그는 만주국 지배체제 안으로 인민을 끌어당기고 항일투쟁에 대한 내부교란과 파괴공작, 선전선무공작을 수행했다.

1933년 1월 관동군에 조선반(朝鮮班)이 설치되었다. 재만 조선인의 보호와 구제를 명분으로 내걸었으나 실제로는 통제하는 기구였다. 윤상필은 관동군 참모부 제3과 소속으로 조선반 연락원 보직을 받고 임무를 수행했다.

이 무렵 윤상필의 조상에 관련된 사건 하나가《매일신보》에 실려 조상님과 그의 이름이 고국의 수도 경성 장안에 회자되었다. 윤상필은 병자호란 때 청나라로 끌려가 지조를 지키고 죽은 삼학사 윤집(尹鏶)의 직계 후손이다. 그가 만주 펑텐에 있을 때 고성(古城) 밑에서 오래된 석비가 발굴되었는데 비문에 직계 선조 윤집의 이름이 있었던 것이다. 기사를 인용한다.

병자호란의 삼충사(三忠士) 호국 정충비(精忠碑)
청태종이 감동하여 세웠던 것

(봉천발(奉天發) 지금으로부터 약 3백년 된 이조시대 삼충사(李朝時代 三忠士)의 석비(石碑)가 뜻밖에 봉천(奉天)에서 발견되앗는데 청사(淸史)를 뒤져본 바 봉천총영사관오부영사(奉天總領事館吳副領事) 관동군 윤대위(關東軍 尹大尉)의 조상인 것이 판명되얏다. 지난 5일 십간방(十間房) 중일어강습소 황윤덕(中日語講習所

윤집을 포함한 병자호란 삼학사의 비석 발견을 보도한《매일신보》기사.

黃潤德(황윤덕) 씨가 북시장보령(北市場保靈)의 일각에 삼한산두(三韓山頭)라 쓰인 풍우에 닳은 약 3백 년 전 석비를 발견하고 청조유사(淸朝遺事) 청사통독연의(淸史通讀演義) 배도잡기(陪都雜記)를 조사한 결과 다음과 같은 사실이 판명되엇다.

지금으로부터 298년 전 당시의 한국 황제 이조 인조(李朝仁祖)의 시대에 정태송(太宗)이 조선을 공격하야 경성을 함락하얏을 때에 제 왕상(往相)을 필두로 대관은 모다(모두) 피난하얏었다. 그러나 오달제(吳達齊) 윤집(尹鏶) 홍익한(洪翼漢) 등 삼학사는 완강히 부동하여 고성(孤城)을 지키고 농성하얏었다. 그러나 다른 군사는 중과부적으로 청국에게 항복하지 아니치 못하게 되얏던 바 청조는 이때 이 3명을 인질로하야서 봉천으로 호송하야 3명에게 항복하기를 재촉하얏으나 죽엄(죽음)으로 결심한 3명은 이를 섬기지 않고 결국 사형에 처하얏었다.

청의 태종은 이 소문을 듯고(듣고) 적이지마는 일군(一君)을 섬기는 애국심에 깊이 감복하야 청사(淸史)에 긔(記)하고 봉천성 서(奉天省 西)의 작은 절에 세워 그 영(靈)을 제사한 것이엇었다.

《매일신보》 1933년 5월 12일자).

윤상필이 펑텐의 땅속에서 갑자기 발굴된 석비를 보게 된 건 침략 행위를 그만하고 조국을 구하라는 조상 윤집의 계시였는지도 모른다. 그러나 그는 매우 충성스런 일본군 장교 그 이하도 이상도 아니었다. 윤상필이 남긴 수많은 신문 잡지 기고문이나 논문, 그리고 사진들에는 일본에 충성하는 장교로서의 긍지만 보인다.

그는 그해(1933년) 8월 소좌로 진급했으며 1934년 7월에는 만주지역의 항일세력을 파괴하고 민간인을 통제하기 위한 단체인 간도협조회 창설 기획을 담당했다.

사변 후 만주통치 고급관료로

그가 기안한 간도협조회 창설안은 탁월하여 성과가 좋았고 그는 신생 만주국 정부로부터 건국공로훈장을 받았다. 만주국은 탁월한 관리가 필요했다. 그는 결국 만주국 민정부 촉탁에 발탁되고 군복을 벗어 퇴역했다.

1935년 11월에는 민정 이사관으로 임명되어 척정사(拓政司) 제2과장을 맡아 조선인 이주민의 정착과 농업 개척 사업을 담당했다.

1939년 1월에는 개척총국(開拓總局) 이사관으로 승진했고 초간처(招墾處) 제2지도과장을 맡았다. 그리고 만주 조선이주민 개척사업과 관련해 자신의 논리를 펼쳤다. 조선인들도 일본의 만주개척과 '신동아건설' 정책에 매진하자는 것이었다.

"만주 개척민이라는 것은 반도인 개척민도 내지인 개척민과 함께 일본제국의 신동아건설거점의 배양·확립이라는 중요한 목적을 갖고 있는 것입니다. 바꿔 말하면 개척민이란것은 전지(嘁地)로 싸우는 전사(戰士) 다음으로 가는 사업전사입니다. 국가를 위해, 신동아건설을 위해 만주에 가서 싸우는 용사라는 긍지를 여러분이 가짐과 동시에, 조선 내의 전반적 분위기를 그런 식으로 만들어 주시리라

윤상필 기병소좌에게
훈장 서위(敍位)를
결정 통보한
일본 정부 공문.

생각합니다."

《재만 조선인 통신》 1939년 11월호).

그는 1940년 2월에는 개척총국 참사관에 임명되면서 총무처로 파견되었다. 7월에는 훈3위 주국장(柱國章)이라는 훈장을 받았다. 그리고 만주국협화회 신징(新京 신경) 거주 조선인 조직인 수노계림분회(首都鷄林分會) 고문을 맡았다. 이 조직은 이범익·최남선·박석운 등을 고문으로 두고 만주국 국무원에 재직하고 있는 중견 관료와 조선인 유지들로 구성되었으며 국방헌금 헌납, 직업보도(職業輔導), 이민 안내 등의 사업을 벌였다. 재만 조선인 동포들을 돕는다는 명분 아래 결국 일본의 만주 통치를 확고하게 하는 작업이었다.

이 해(1940년) 10월 윤상필은 더 크게 조국에 반역하는 행위를 했다. 그 무렵 김일성·최현 등이 지휘하는 조선인 항일유격대가 최후의 항전을 하고 있었다.

일본 관동군사령부와 만주국은 그들을 귀순 투항시키려 특별공작부대를 만들었고 친일 민간인들은 특별공작부대들을 돕는 후원회를 조직했다. 고문에는 최남선·유홍순이 추대되었고, 윤상필은 박석운과 함께 총무를 맡았다.

윤상필은 직접 잉키우(營口 영구), 푸순(撫順 무순) 펑톈 등을 순회하며 공작 요령을 지도하고 성금 모금을 독려했으며 자신도 100원을 헌금했다. 그렇게 15만 원의 거금을 모아 간도특설대로 불리던 소노베(園部)부대에 전달했다. 그 돈은 병사들의 월급이 아니라 조선인 유격대원들을 포섭하고 밀정들을 부리는 공작 자금으로 사용되었다.

그는 한 걸음 더 나아가 김일성 등 지도자들을 극도로 분노하게 하는 선전물을 만들어 뿌렸다. 동남지구 특별공작후원회 명의로 작성한 〈김일성(金日成) 등 반국가자에게 권고문, 재만동포 150만의 총의〉라는 전단이었다.

황량한 산야를 정처 없이 회배(徊徘)하며 풍찬노숙하는 제군! 밀림의 원시경(原始境)에서 현대문화의 광명을 보지 못하고 불행한 맹신 때문에 귀중한 생명을 초개같이 도(賭)하고 있는 가엾은 제군! 제군의 저주된 운명을 깨끗이 청산하여야 될 최후의 날이 왔다!

생(生)하느냐! 사(死)하느냐? 150만 백의동포의 총의를 합하야 구성된 본위원회는 금동(今冬 이 겨울)의 전개될 경군(警軍)에 최종적인 대참멸전(大殲滅戰)의 준엄한 현실 앞에 직면한 제군들에게 마즈막(마지막)으로 반성귀순할 길을 여러(열어)주기 위하야 이에 궐기한 것이다.

제군의 무의의(無意義)한 낭사(浪死)를 저지하고 제군을 신생의 길로 구출하는 것은 아등(我等 우리) 150만에 부여된 동포애의 지상명령으로 사유(思惟)하야 전만(全滿) 방방곡곡에 산재한 조선동포 150을 대표한 각지위원은 10월 30일 국도(國都) 신경(新京)에 회합하야 엄숙하게 제군의 귀순하기를 권고하기로 선언하고……. (중략)

이 권고문을 보고 즉시 최후의 단안을 내려 갱생의 길로 뛰어 나오라! 부끄러움을 부끄러움으로 알고 참회할 것도 참회하고 이제까지의 군등(君等)의 세계에 유례없는 불안정한 생활에서 즉각으로 탈리(脫離)하야 동포애의 따뜻한 온정 속으로 돌아오라. 그리하야 군등의 무용(武勇)과 의기를 신동아 건설의 성업(聖業)으로 전환봉사하라! 때는 늦지 않다!

월간《삼천리》에 게재된 투항 권유문의 앞뒤를 인용한 것인데 뒤에 최남선과 윤상필 등의 이름이 들어 있다.

이 전단은 비행기로 김일성 등의 동북항일연군 투쟁지역에 살포했다 한다. 한번 상상해 보자. 굶주리며 조국광복을 위해 투쟁하고 있던 유격대원들이 얼마나 이를 갈며 복수를 다짐했을까를.

윤상필은 1941년 1월 하순 관동군 참모 등 만주통치 요원들로 구성된 조선교육시찰단을 이끌고 고국에 와서 지원병 훈련소와 경기중학교 등을 방문시찰하고 그 소감을《만선일보》에 기고했다.

그는 그렇게 일본의 만주 통치와 조선 지배를 확고하게 하는 활동을 1945년 8월 패전 직전까지 전개했다. 그리고 결국 패전과 동시에 조선인 동포들에게 체포당해 소련군에 넘겨졌다.

이형석 장군의 글

전 11권의 논픽션《한국전쟁사》를 쓴 일본 육사 35기 출신인 이형석 장군은 1971년 2월《경향신문》에〈창군 전후〉라는 글을 연재했다. 이응준·신태영 등 일본 육사 출신 선배들이 창군을 주도한 일을 다행이라고 썼다. 30여 년 뒤에 부끄러운 친일 역사의 청산이라는 큰 문제에 부닥칠 일임을 인식하지 못했던 것이다.

구한말의 무관학교 후예 중에 우리 건군에 참여한 이가 많은 것은 다행스런 일이다. 이응준(예비역 중장)은 초대 육군 총참모장(현 참모총장)을, 신태영(예비역 중장·신응균의 부친)은 4대 국방장관을 역임했고 유승렬(예비역 소장·유재흥의 부친), 박승훈(예비역 소장), 백홍석(예비역 소장·채병덕의 장인), 김석원(예비역 소장), 김준원(예비역 준장·김정렬의 부친), 안병범(예비역 회장 6·25 때 자결·안광호의 부친), 이대영(예비역 준장), 장석륜·유관희·김종식 (이상 예비역 대령) 등이 군의 초창기를 빛냈다.

나는 이형석 장군의 글을 좋아하는 편인데 이 글을 읽으면 일본군 출신 장교들이 창군을 주도한 사실을 묵인하던 1971년 당시와 큰 격세지감을 느낀다. 이 장군이 글에서 거명한 분들은 안병범 장군만 빼고 모두 정부지정 친일반민족행위자로 이름이 올랐다. 그리고 전원이 민족문제연구소의 《친일인명사전》에 올랐다.

이형석 장군의 글에는 일본 패전 후 고국에 돌아오지 못한 김인욱·윤상필 두 선배에 대한 인연을 이야기한 부분도 있다.

> 세상에 별로 알려지지 않았으나 내가 잊을 수 없는 무인 중에 김인욱과 윤상필이 있다. 두 사람 모두 일본 육사 27기생인데 공교롭게도 소련에 납치되는 운명을 같이했다.
> 김은 영친왕 부무관을 지냈으나 해방 직전 평양에 있다가 전후 소련에 납치됐다. 그는 6척 장신에 위풍이 당당했을 뿐 아니라 모든 면에서 일본 사람에게 지지 않으려는 결의를 지녀 영친왕의 두터운 신임을 받았다.
> 윤상필은 내가 35년 만주 돈화에 있던 독립수비 8대대로 전출됐을 때 안 선배였다. 그는 당시 신경의 척정사를 책임 맡고 있었는데 한번은 나에게 "만주국의 어떤 대신이 일본군 장교에게 일본 사람들이

만주에 많이 와서 개척해 달라는 말을 했다는데 이것은 마치 자기 아내를 강간한 사람에게 얼마나 재미 많았소, 언제라도 제공하오리다 는 격"이라고 말하면서 민족의식을 고쳐시킨 일이 있다.

두 분은 해방 후 귀국하지 못하고 소련에 끌려갔다 하니 애석한 일이다.

나는 윤상필의 인식에 기가 막힌다. 왜 역지사지하지 못했을까? 조선 땅 식민통치에 앞장선 일본인들에게 협조한 그는 '마치 자기 아내를 강간한 사람에게 얼마나 재미 많았소, 언제라도 제공하오리다 하는 격이다'라고 말한 것이나 다름없지 않은가?

하바롭스크 포로수용소에서 사망

나는 장편 팩션《마지막 무관생도들》을 쓸 때 김인욱·윤상필 두 분의 말년에 대한 자료를 흥미롭게 추적했다.

김인욱은 1937년 뒷날의 북한 지도자 김일성이 동북항일연군 유격대를 이끌고 국내진공을 감행해 함경북도 갑산군의 보천보를 습격하자 토벌대를 이끌고 나갔다가 간삼봉 전투에서 부상당한 일이 있었다. 그때 그는 적장 김일성을 자신이 존경했던 육사 선배 김경천(본명 김광서)으로 잘못 알았고 김일성·최현 등 유격대 지도자들은 자기들 정보망에 포착된 '일본군 대대장 김 소좌'를 김인욱이 아닌

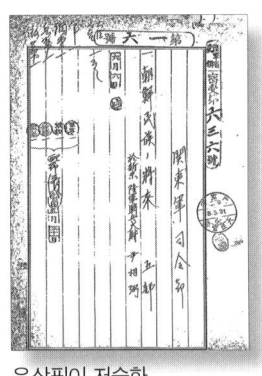

윤상필이 저술한
《조선민족의 장래》표지.

그의 동기생 김석원으로 잘못 알았다. 이것은 내가 앞의 김석원 장군에 쓴 바 있다.

김인욱은 1945년 2월 중좌로 퇴역해 평양에 머물렀다. 다음해 1월 체포되었으나 김일성과 북한 지도자들이 그가 간삼봉 전투 지휘관이었음을 알지 못해 그냥 소련군에 넘겨졌다.

장창종 선생이 쓴 《나의 소련 유형기》(중앙교육출판공사, 1987)에 선생이 목격한 그의 이야기가 실려 있다.

김인욱은 하바롭스크 수용소에 갇혔다가 중앙아시아 우즈베키스탄으로 끌려가 타슈켄트 제1감옥에 수용되었다. 노령임에도 군대에서 익힌 습관대로 열심히 목검체조를 하는 등 체력을 유지했으나 형편없는 급식 때문에 장대했던 기골이 쪼그라져 자리에 누웠다.

그 후의 일은 《동아일보》 1949년 12월 19일자에 실린 〈소련에 억류 중인 동포 생존자〉 기사를 보면 알 수 있다. 평안남도 분류에 김인욱 이름이 있는 것이다.

그리고 《국민일보》는 2007년 6월 6일자 〈조선 출신 만주군 장성 첫 확인〉 기사에서 소련으로 끌려간 한인 포로들에 대한 기록을 국가기록원이 러시아에서 발굴했다고 보도했는데 김인욱의 '평양 체포와 소련 억류, 일본 송환'이 들어 있다. 김인욱은 끝까지 살아남아 일본으로 가서 살다가 사망한 것으로 보인다.

윤상필은 《나의 소련 유형기》와 1949년 《동아일보》, 2007년 《국민일보》 기사에 이름이 없다. 그것으로 미루어 1차 수용소인 하바롭스크에서 사망한 것으로 추측할 수 있다. 가족들도 그렇게 알고 있었다고 한다.

그의 유족은 두 아들이 알려져 있다. 장남은 수원농림학교를 나와 서울의 명문대학 농학교수를 지냈으며 육종학의 개척자로 평가받는다.

차남은 아버지가 만주국 관리로 일할 때 신징(新京)제1중학과 신징 법정대학을 졸업했다. 충남대 박물관장을 지내면서 한국 고고학계의 백제 고분 관련 분야에서 빛나는 업적을 쌓고 신안 해저 유물 발굴에 성공해 명성을 날렸다.

고고학계 학자들은 그를 뚝심 있는 큰 인물로 기억한다. 체구가 장대했으며 밀어붙이는 추진력이 강해 고분발굴에 큰 업적을 쌓았다고 한다. 발굴 작업을 할 때에 지역의 조폭들이 돈을 뜯으러 올 때도 있었는데 윤 교수가 떡 버티고 서서 대갈일성으로 꾸짖어 쫓았다고 한다.

나라가 망하기 직전 일본에 실려가 육사를 나온 대한제국의 마지막 무관생도들, 지청천·조철호·이동훈 외에 대부분이 일본군 장교로 충성을 다했으나 죗값을 치른 것은 김인욱과 윤상필 두 사람뿐이다.

불운한 두 사람 외에 나머지 인사들은 국군 창설의 주도권을 잡고, 6·25 전쟁에서 장군이 되고 명성을 날렸다.

동기생들 중 가장 비범했던 윤상필, 그가 선배 이응준이나 동기생 김석원처럼 소련군에 체포되지 않고 무사히 서울로 왔다면 그런 '굴절된 영광의 길'을 걸었을 것이다.

윤상필은 2008년 대통령 직속 반민족행위특별조사위원회가 작성한 친일반민족행위자 명단에 이름이 올랐다. 그리고 다음해 민족문제연구소가 발행한 《친일인명사전》에도 친일행적이 동기생 누구보다도 상세하게 실렸다.

친일 흠결에도
참모총장 국방장관 지낸 신태영
— 아들 신응균, 일본 육사 나온 포병 권위자

광복 후 활짝 열린 관운, 그러나 친일로 지목

신태영(申泰英 1891~1959)은 44명의 대한제국 마지막 무관학교 생도들 중 8·15 광복 후 최고의 관운을 누린 인물이었다. 함께 일본 육사를 26기로 졸업한 홍사익이 일본군 중장까지, 이응준·안병범과 후배 김석원이 대좌까지 진급한 데 비해 그는 중좌로 퇴역해 조선인 청년들을 지원병, 학병으로 뽑아 보내는 일을 하다가 패전을 맞았다.

그러나 광복 후 국군에서는 승승장구하여 참모총장 대리와 국방부장관을 지냈다. 동기생들 중 홍사익 다음으로 비범하여 주목받은 사람이 이응준이다. 패전

육군참모총장 대리 시절의
신태영 장군.

순간까지 일본군에 충성을 다하고도 근신하지 않고 창군에 앞장선 일로 인해 '친일군인이 뻔뻔하게 국군을 창설했다'고 비난을 받고 있는 분인데 신태영은 그가 못한 국방부장관 자리에까지 올랐다. 이응준 장군도 장관을 했지만 체신부였다.

신태영은 6·25 전쟁 때 국군수뇌부에 올랐다. 동족상잔이 그를 출셋길에 올린 셈이다. 그의 장남은 '육군 포병의 아버지'로 불리는 일본 육사 53기 신응균 중장인데 일본군 시절이나 국군에서나 빠른 진급을 했다.

일본군 출신 장교들의 고속승진은 광복 직후 국군 창설이 그들의 주도로 이뤄진데다가 때마침 6·25 전쟁이 일어나고 국군이 60만 대군으로 급히 확대된 때문이었다. 국군 창설도 빠른 진급도 광복군 출신이 받았어야 할 일이었다. 돌이키려 해도 돌이킬 수 없는 한국근대사의 아쉬움인데 그 중심에 신태영 장군이 있었다.

신태영은 향년 70세로 타계할 때 나라를 위난으로부터 구한 위대한 장군이라는 명예를 안고 떠났다. 그가 광복 직후 근신하고 있다가 1948년 정부 수립 후 군문에 들어 간 일, 그리고 장남 신응균이 일본군 장교 경력을 부끄러워하며 이등병으로 입대했던 일, 다섯째 아들 신박균이 6·25 전쟁 중 아버지와 형이 장군인데도 특혜를 거부하고 사병으로 입대해 최전선에서 전사한 일로 인해 한국판 노블레스 오블리주로 일컬어진다.

그러나 역사적 평가는 엄정해서 뒷날 친일의 지탄을 피하지 못했다. 2008년 아들 신응균 장군과 함께 대통령 직속 반민족행위특별조사위원회가 작성한 친일반민족행위자 명단에 오르고, 다음해 민족문제연구소가 발행한《친일인명사전》에도 올랐다.

그는 물론 아들 신응균 장군도 서울국립현충원에 묻혀 있는데 편안히 잠들지 못할 사정이 있다. 2018년 6월 18일자《한겨레신문》을 보면 이 신문사가 국가보훈처에 요구해서 제공받은 '친일반민족행위자 국립묘지 안장자 현황'이 실려 있다. 거기에 부자(父子) 장군이 나란히 이름이 올라 있다. 진보계열이 정권을 잡고 있다 해서 '이장해 가라'고 냉정하게 명령하지 않겠지만 어디 무덤 속에서 편하겠는가?

조국 현실 외면 일본에 충성

신태영은 한성에서 태어났다. 대한제국 무관학교와 일본 육사 후배인 김석원 장군은 회고록에 계동에 자신의 집이 있었고 이웃에 신태영이 살았다고 썼다. 계동 출생으로, 그리고 김석원처럼 재동소학교를 다닌 것으로 추정할 수 있다.

1905년에는 육군유년학교에 들어갔다. 홍사익·안병범·조철호 등 동

신태영이 청년장교 시절 복무한 나고야 제3사단사령부.

기생들과 함께 유년학교-연성학교-무관학교 코스를 밟고 1909년 여름 일본 유학길에 올랐다.

신태영은 이때 일본 측이 작성한 성적순 명부에 이렇게 실려 있다.

> 서열 6번, 연령 18년 2월.
>
> 일어: 갑(甲), 기타학과: 갑(甲), 교련: 중(中), 제조: 우(優).
>
> 성질: 민첩(敏捷), 궁행: 방정(方正), 체격: 강(強).

일본어와 학과 실력이 좋아 무난히 일본 유학을 견뎌낼 만한 능력이 있었던 것이다.

그 해 9월 7일 도쿄육군중앙유년학교 예과 3학년에 편입학하고, 1912년 5월 31일, 중앙유년학교를 제11기로 졸업했다. 《일본국 관보》 1912년 6월 6일자에 실린 조선인 생도들 졸업 석차는 홍사익,

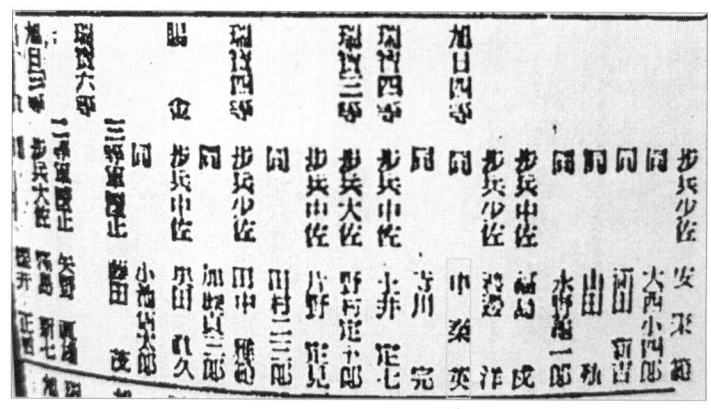

만주사변 공로자들에 대한 논공행상을 보도한 《경성일보》 기사(1935년 7월 30일). 신태영 소좌에게 훈장과 하사금을 내린 내용이 있다. 오른쪽 끝에 동기생 안병범의 이름도 보인다.

이응준, 안종인(뒷날 안병범으로 개명), 유승렬, 염창섭, 신태영, 지석규(지청천), 권영한, 이호영(뒷날 이대영으로 개명), 조철호, 박승훈, 김준원, 민덕호 순이었다.

그리고 1914년 5월 일본 육사 보병과를 26기로 졸업했다. 그의 동기생과 후배들 모두 합해 44명은 일본인 생도들 속에서 살아남기 위해 분투했고 유년학교와 육사 과정에서 11명이 낙오했다. 내가 장편 논픽션《마지막 무관생도들》을 쓸 때 정리해 본 바에 의하면 1910년 강제합병 후 거부하고 자퇴한 사람들도 여럿 있고 일부는 성적불량이나 질병으로 퇴학당했다.

신태영의 첫 근무부대는 나고야(名古屋) 주둔 제3사단 33보병연대였다. 거기서 육사 입학 전 반년간 대부근무(일선 부대 실습), 그리고 졸업 후 반년간 견습사관으로 근무하고 1914년 12월 보병소위로 임관했다.

1918년 일본은 시베리아 내전에 국제간섭군으로 대규모 병력을 파병했다. 소속부대인 3사단이 파견명령을 받자 그도 부대를 따라 참전했다.

동기생 이응준의 회고록《회고 90년》에는 시베리아 출병 후 병가(病暇)를 내고 경성에 머물렀던 자신이 1920년 2월 신혼의 아내와 함께 도쿄 주둔 부대로 귀대하기 위해 경성을 떠날 때 신태영 부부가 동행했다는 기록이 있다. 신태영도 시베리아에서 돌아와 휴가 받아 결혼하고 귀대하던 길이었고 두 동기생 부부는 동래온천을 거쳐 일본 나고야로 갔다.

1919년 3·1운동 직후 일본군 배속 조선인 장교들은 조국을 되찾기 위한 독립전쟁에 나서야 하나 갈등에 빠졌다. 그들은 도쿄 육군 유년학교에 재학 중이던 1910년 여름 강제합병 소식을 듣고 뒷날 독립전쟁에 투신하자고 결의한 바 있었다.

이 무렵 결의를 실천한 사람들이 있었다. 신태영의 동기생인 조철호, 이동훈, 그리고 선배인 지청천과 김경천이다. 그들을 따르지 못한 신태영이 깊이 갈등했는지, 두 눈 꾹 감고 일본에 끝까지 충성하기로 결심했는지는 알 수 없다.

1920년 이후 많은 조선인 장교들이 조선반도 주둔 부대로 전속명령을 받았다. 신태영은 대위로 진급한 직후인 1926년 제19사단에 배속되었다. 이 부대는 러일전쟁에서 승리한 뒤 조선반도를 지배하기 위해 신설한 사단으로 압록강과 두만강 변경을 장악하고 있었다. 함경북도 나남에 사단지휘부를 두고 예하에 73, 74, 75, 76연대를 두었다.

신태영은 함흥 주둔 보병74연대에 배속되었다. 1931년 9월 만주사변이 발발하자 연대는 만주로 출병했고 신태영도 출전하여 중대장으로서 병력을 지휘했다. 그 결과 1935년 7월 시행된 만주사변 논공행상에서 욱일장(旭日章) 4등이라는 격 높은 훈장과 특별 하사금을 받았다. 하사금을 받는 장교는 드물다. 일본군이 만주를 점령하는 데 큰 몫을 했음을 알 수 있다.

함흥 74연대는 몇 해 뒤인 1937년 남만주에 있던 김일성의 항일유격대가 국내진공을 감행해 보천보를 습격하자 토벌대로 출동했다. 그러나 신태영은 항일유격대 타격과 무관하다. 그는 1934년 경성 용산에 지휘부가 있는 20사단으로 다시 소속이 바뀌어 그 당시

대구 주둔 보병 제80연대에 배속되어 있었다.

이 부대에는 동기생 박승훈 소좌와 남우현 소좌도 있었다. 연암 박지원의 후손인 박승훈은 저명한 양반 가문 출신으로서 일본군 장교로 있는 것에 갈등을 갖고 있었다. 그래서 술에 취했다 하면 냅다 대한제국 무관학교 시절의 군가를 크게 불러 신태영을 난처하게 만들었다.

그 무렵, 일제가 조선반도 내의 중등학교와 전문학교 학생들을 대상으로 군사교육을 실시하면서 신태영은 80연대 소속인 채로 대전공립중학교로 가서 교련을 가르치고 정신교육을 시켰다.

1937년 일본은 중일전쟁을 일으켰다. 많은 동기생들이 중국전선으로 떠났으나 그는 그렇게 학생들을 가르치면서 1938년 중좌로 진급했다.

그 무렵 80연대 부연대장을 맡고 있던 동기생 박승훈 중좌가 큰 사고를 쳤다. 용산 지휘부에서 대구 연대를 순시하려고 온 20사단장이 회식 자리에서 조선인을 모욕하는 발언을 하자 턱을 주먹으로 때렸던 것이다. 그 때문에 박승훈이 퇴역하고 만주군 장교 자리를 얻으러 홍사익을 찾아 떠난 뒤에도 신태영은 열심히 학생들을 가르치며 일본에 충성했다.

1941년 12월 일본이 진주만 미군기지를 공습하면서 태평양전쟁이 발발했다. 그가 새로이 받은 보직은 용산 정거장 사령관, 인천의 부평조병창에서 만든 무기와 탄약, 조선 땅 곳곳에서 징발한 전쟁물자들을 중국전선으로 혹은 남방전선으로 수송하는 것이 임무였다.

이 무렵 조선총독부는 황민화 정책을 강행하면서 신사참배와 '황국신민의 서사(誓詞)'의 제창을 강요하며 민족말살 정책을 펴 나가고 있었다. 국민정신총동원운동을 전개하고 지원병제도를 만들어 청년들을 전쟁터에 끌어가기 시작했다.《조선일보》와《동아일보》를 폐간하고 창씨개명을 강행했다.

신태영은 히라야마 타스쿠에이(平山輔英)로 창씨했다.

후방의 병참업부를 맡고 있는 그에게 또 다른 임무가 있었나. 시원병과 학병 지원을 독려하는 일이었다. 1943년에 들어 그는 임시특별지원병제도 종로 익찬위원회에 참여하여 청년 학생들을 전쟁터로 보내는 일에 열중했다.

그해 11월 17일 총독부 기관지《경성일보》에 생애의 결정적 흠결이 될 글을 발표했다. 〈잡아라 철의 신념, 첫 출진의 목표는 야스쿠니신사〉(把握せよ鈦の信念初陣の目標わ靖國神社)라는 제목의 수기였다.

일본 육사 유학시절과 장교로 지내온 군 생활을 회고하고, 조선인들이 한시 바삐 일본 제국의 신민(臣民)이 되어 야마토(大和) 민족과 혼연일체가 되어 일본인을 중심으로 동아시아를 개척할 것을 주장했다.

그리고 자신의 첫 출진의 목표가 죽어서 야스쿠니 신사에 봉안되는 것이었다면서 조선인 청년들이 전쟁터에 나가 일본제국을 위해 싸울 것을 독려하였다.

그는 1944년 퇴역하면서 용산 정거장 사령관 자리를 동기생 이응준 대좌에게 넘겨주었다. 그리고 예비역 장교로서 해주 병사구사령부에 근무하면서 전시체제 아래서 조선인 청년들을 징집하고 군사훈련을 실시하는 실무를 관장했다. 이때 아들 신응균 대위는 오키나와(中繩) 전선에 출정해 있었다.

광복 후 빠른 승진

8·15 광복 후 신태영은 근신하려는 뜻을 갖고 조용히 살았다고 한다. 동기생 이응준 등이 군사영어학교 개교 운영과 국방경비대 창설을 주도하며 떠올랐을 때 움직이지 않았다. 1948년 정부가 수립되고 10월에 여순반란사건이 터진 뒤에야 앞서 군문에 들어가 있던 동기생들의 권유로 군복을 입었다. 그때 대령 계급을 받아 육군본부 초대 행정참모부장 겸 국방부 제1국장을 맡았다.

다음해 5월에는 준장으로 승진하며 호국군 참모부장이 되었으며 10월에는 소장으로 승진하면서 제3대 육군참모총장 대리 자리에 올랐다.

1950년 4월 자진 퇴역했다. 국방부 최고위층과 의견이 맞지 않은데다가 38선을 둘러싼 남북 대립 상황에서 그는 북한군의 남침 위기를 예단한 것에 비해 육군에 파견된 미 군사고문관들은 안전하다고 주장, 서로 상충된 판단을 하여 껄끄러웠기 때문이었다고 전해진다.

그가 예견한 대로 6월에 전쟁이 터지자 그는 다시 육군에 복귀했다. 신성모 국방부장관과 갈등이 있었으나 1952년 1월 중장으로 승진 예편하고 그해 3월 국방부장관 자리에 올랐다.

그리고 1952년 9월부터 1953년 7월까지 3,4대 재향군인회 회장을 지냈다. 1954년에 예편했다가 현역으로 복귀해 민병대 총사령관을 맡았으며 1956년 6월 예비역에 최종 편입되었다. 그리고 1959년 4월 8일 사망했다. 장례는 육군장으로 치러져 국립현충원 장군묘역에 안장

되었다.

1948년 10월부터 1952년 3월까지 3년 15개월 만에 일본군 예비역 중좌 신분에서 대한민국 육군의 대령, 준장, 소장, 중장을 거쳐 장관까지 올라갔다. 끝까지 일본에 충성한 일본군 고급장교가 해방조국에서 전 세계에 유례가 없는 초고속 승진의 길을 달린 사실, 이것은 우리 근현대사의 부끄러운 그늘이다.

8·15 광복 후 군사관련 인력 풀이 워낙 좁고 경험을 갖춘 고급장교는 일본군 출신밖에 없어서 그랬다고 말하는 이들도 있으나 중국 정규 군관학교를 나온 인물들을 발탁했어야 할 일이었다.

아들 신응균도 일본 육사 졸업

아들 신응균(申應均 1921~1996) 이야기를 해야겠다. 그는 아버지 신태영이 나고야 주둔 보병33연대 근무시절인 1921년에 장남으로 태어났다. 아버지가 대전공립중학교 군사교관으로 있을 때 그 학교를 수석으로 졸업했다.

그리고 1937년 4월 일본 육사 예과에 입학해 다음해 5월 졸업하고 6개월간 대부근무를 마치고 12월에 육사 본과에 입학 1940년 53기로 졸업하고 다시 반년 간 견습사관 과정을 거쳐 포병병과 소위로 임관했다.

육사 동기생들은 곧장 일선 부대로 배치되었는데 육군과학학교에 입학해 고급 포

오키나와 전투에서 생존해 국군 포병 최고 권위자가 된 신응균 장군.

병기술을 습득, 그 후 육군중포병학교에서 교관으로 일했다. 200밀리 이상 구경(口徑)이 큰 중포병 분야 최고전문가가 되었고 1943년 임관 3년 만에 대위로 진급했다. 매우 빠른 진급이었다.

1944년 6월, 일본 육군은 태평양 전쟁의 전황이 불리해지자 중포병학교 출신자들로 독립중포병 제100대대를 급히 편성해 오키나와로 보냈다. 미군이 오키나와 상륙작전을 벌이면 파괴력이 크고 사거리가 긴 중포(重砲) 포격으로 맞서려는 것이었다. 전쟁영화 〈나바론 요새〉에 나오는 독일군의 큰 구경 대포를 상상하면 될 것 같다. 2차대전에서 일본은 독일과 동맹이었으니 독일로부터 중포 제작 기술을 배워 왔을 것이다. 영화처럼 기차 레일 위에 놓인 형상이었을지도 모른다.

아무튼 우리의 조선 청년 신응균은 어른 머리통이 들어갈 만큼 구경이 큰 중포 40여 문(門)을 지휘했다. 일본 방위성 보존문서에 1944년 8월 8일에 그가 올린 상황보고서가 남아 있다.

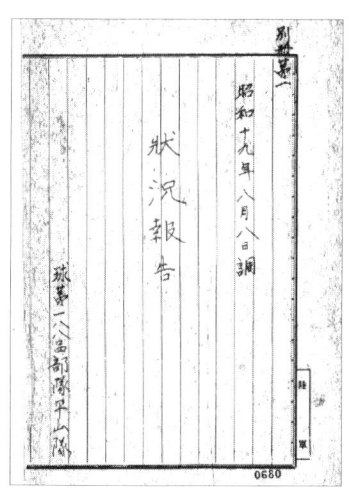

오키나와 출정 중 신응균(히라야마 쇼빈平山勝敏) 대위가 육군성에 올린 상황보고.

그의 이름은 히라야마 쇼빈(平山勝敏)이라는 창씨 명으로 되어 있다. 자신의 부대를 '쇼빈부대'라고 기록했다. 이 보고서를 보면 신응균이 미군의 기습적인 상륙작전에 어떻게 철저히 대비했는지 알 수 있다.

1945년 4월 1일 미군 4개 사단이 상륙할 때 그의 중포들은 작전명령에 따라 침묵했다. 그 후 미군이 이동할 때 정밀 포격을 감행했다.

6월에 들어 최후의 저항을 할 때에는 정밀 조준에 의한 집중포격을 퍼부었다. 낙하지점에 테니스코트 크기 웅덩이가 파이는 중포 포격에 미군은 무수한 희생자를 냈다. 미군 사령관 버크너(Simon B, Buckner Jr) 중장이 일본군 포격으로 전사했는데 신응균 부대의 포격일 가능성이 크다. 신응균은 이때 만 24세로 계급이 소좌였으니 얼마나 충성스럽고 비범한 장교였는지 짐작이 간다.

그러나 포탄이 바닥나 더 이상 공격하지 못했다.

6월 19일 오키나와는 일본군 11만 명, 일본 민간인 10만 명 등 20만 명의 희생 속에 함락되었다. 일본군 사령관 우시지마(牛島滿) 중장과 참모장이 할복자결하고 많은 장병들이 자결했다. 민간인들도 자결했다.

신응균은 자결하지 않았다. 부하들을 이끌고 밀림에 잠입해 유격전을 벌였다. 미군 수색대에 공격당해 부하들을 모두 잃고 부상당한 채 혼자 야생인간처럼 밀림에 숨어 한 달을 버티었다. 그러다가 일본인 여인에게 발견되어 그녀의 집에 은신했다.

그때 미군이 살포한 전단에 '조선인 장병은 처벌하지 않고 고국으로 보내준다'는 내용이 있었다. 그는 미군에 귀순했고 미군 군사재판을 받은 뒤 석방되어 1946년 봄에 귀국했다.

그의 첫 아내 노명자(盧明子)의 회고록을 보면 신혼 초기 도쿄와 가까운 시즈오카(靜岡)의 고텐바(御殿場) 중포병학교 장교 관사촌에 살았는데 전쟁 막바지에 30여 명의 장교들이 처자를 두고 출정, 살아 돌아온 사람은 신응균 1인이었다고 한다. 신응균은 귀국 직후 서울 진명여고에서 수학교사로 일했다.

그러다가 자신이 '일본군 장교를 지낸 죄인'이라고 하며 항공 이등병으로 입대했다고 한다. 그러나 그게 어디 통할 일인가. 일본군 고급장교 출신 무관들이 거침없이 군대창설을 하는 이 나라에 포병전술 관련 최고의 실력자인 그를 그냥 놔둘 리가 없지 않은가. 그는 통위부에 불려가 국방법 국군조직법 등을 기초하는 작업에 참여했다. 통위부란 미군정 산하의 남한 군사기구로 정부수립 후 국방부가 기능을 계승했다. 결국 그는 장교로 임관했고 특기를 살려 포병전술 개척에 나섰다.

그는 1951년 미국유학길에 올라 육군포병학교를 졸업하고 1957년에는 미국 육군참모학교를 졸업하였다.

그 후 육군에 포병사령부를 설치하는 등 성과를 올려 '한국 포병의 아버지'로도 불리게 되었다. 포병사령관을 맡았을 때 박정희의 상관이기도 했다.

1959년에 중장으로 예편하고 터키 대사에 임명되었다. 1960년 4·19 학생혁명이 일어난 뒤 대사직을 사임하였으나 그해 11월 30일, 국방부차관보에 임명되었다.

다음해 5·16 군사정변이 성공한 뒤 정변 세력에 동참하여 1961년에 국방부차관, 7월에 주 서독대사에 임명되었다.

1963년 7월, 신응균은 대사직을 떠나 하버드 대학으로 유학을 떠났다. 그 후 외교안보연구원 원장, 과학기술연구소 부소장을 지냈으며 1970년 국방과학연구소를 설립해 초대 소장을 맡았고, 1976년에는 한국경영과학회의 전신인 운영과학회를 창설하고 초대 회장이 되었다.

며느리와의 어긋난 인연

신응균에게는 슬픈 이혼 경력이 있다. 오키나와 전투에서 생사의 고비를 넘기고 살아 돌아온 그가 안아야 했던 고통과 슬픔이었다. 망국의 역사에 던져진 무관들이 어떻게 저항하고 어떻게 타협하며 살았는가 파헤치는 글에서 대상인물 신태영의 생애가 아니라 그의 아들과 며느리의 이혼을 이야기하는 것은 그 책임의 일부가 가장인 시아버지 신태영에게 있다고 보기 때문이다. 그리고 그의 며느리가 신태영과 남편 신응균만큼 저명한 인물이 되었기 때문이다. 이혼으로 떠나보낸 며느리 노명자는 '노라노'라는 예명으로 알려진, 한국 패션계의 선구자 바로 그 사람이다.

신응균 자신이 이혼에 대해 발언한 자료는 없다. 첫 아내에 대한 예의이거나, 이혼의 과실이 자기 쪽에 있다고 느낀 때문이었을 것이다. 그런가 하면 노명자의 회고록 《노라노, 열정을 디자인하다》(황금나침판, 2007)는 거침없이 이혼의 경위에 대해 말하고 있다.

노명자는 일제강점기 경성방송국 간부였던 노창성과 첫 여성 아나운서였던 이옥경의 딸이었다. 경기여고 졸업 직후, 정신대로 끌려갈지 몰라 딸을 둔 부모들이 전전긍긍하던 시절이었다. 그때 중매가 들어

왔다. 상대는 일본 육사를 나와 도쿄 근방 중포병학교에서 교관으로 있는 신응균 대위였다. 이때 시아버지 신태영은 소좌였다.

급히 결혼하여 일본으로 건너갔다. 전쟁은 패전으로 기울고 많은 장교 부인들이 전사통지서를 받았다. 노명자는 황해도 해주에 있는 시댁에서 혹독한 시집살이를 하고 병을 얻어 친정집으로 갔다. 소통 부족으로 양쪽 집안의 오해가 쌓이고 시댁에서 이혼을 요구하기에 이르렀다. 당시 신응균은 소좌로 진급해 있었는데 전사가 당연시되었다.

일본군은 포로가 되는 것을 죽음보다 더 큰 수치로 여기고 있었고 오키나와 주둔군의 옥쇄(玉碎)가 예상되고 있었다. 그런데도 구태여 이혼을 요구한 것은 전사자 보상금이 괘씸한 며느리에게 가는 걸 원하지 않아서였다. 나는 이것이 가장인 신태영의 결정이었다고 본다.

노명자 여사가 2003년 5월호 《월간조선》과 인터뷰한 내용을 보면 이혼 권유 편지는 시아버지 신태영이 보낸 것이었고 노명자는 '내가 왔다 갔다 하는 핸드백인가요'하며 거부했다.

신응균이 구사일생으로 생존해 돌아왔으나 부부는 이혼을 선택했다. 원망하지 않고 쿨하게 헤어진 듯하다. 노명자는 빈털터리인 신응균에게 냉면을 사주고 헤어지며, "군인이 되지 말라."하고 당부했다. 그래서인지 신응균은 일본군 장교 출신들이 들어간 군사영어학교에 가지 않고 수학교사로 일했다. 그러다가 이등병으로 입대했고 상관들에게 발견되어 요직으로 옮겨가고 결국 고급장교가 되었다. 그리고 곧 6·25 전쟁이 발발했으니 국내 최고의 포병전문가였던 그는 나라의 운명을 양 어깨에 지게 되었다.

노명자는 미국 유학을 떠나 의상디자인을 전공하고 돌아와 '노라노'라는 이름으로 대성했다. 어느 신문 인터뷰 기사에 인생에서 가장 잘한 일이 무엇이냐는 질문에 '이혼한 일'이라고 답했다.

내친 김에 흥미로운 일화를 추가해 본다. 신응균은 후처가 죽은 뒤 노라노와 우정을 나누다가 그녀보다 먼저 세상을 떠났다. 아래는《월간조선》인터뷰 기사 중 일부이다.

> (신응균 씨는) 상배(喪配)를 하고 혼자 지내다가 5년 전에 돌아가셨죠. 별세 2년 전부터 친구로 한 달에 한 번씩 만나 제일 좋아하는 걸로 점심을 사 드렸죠. 그이는 〈한평생 멀리서나 가까이서나 지켜보았는데 당신은 내 마음의 고향이다〉는 거예요. 사실, 나도 평생 친구처럼 보살펴 주려는 그분을 의식했기 때문에 필요 이상으로 조심하고 살아왔죠.
>
> 그이가 별세하기 직전에 〈지금 내 모습을 노라에게 보이기 싫다〉고 했지만, 내가 굳이 병문안하러 갔어요. 그때 그이가 〈저 세상에 가서 다시 합치자〉고 해요. 나는 〈이승에서 평행선을 그어온 우리가 저승에 가서 다시 만나면 그때 곰곰이 생각해 보겠다〉고 대답했어요. 군인, 대사(大使) 시절 그이의 부하들을 만나 보면 〈맺고 끊는 것이 분명한 분〉이라고 하는데 내가 보기에는 참 마음이 여리고 착하기만 한 분이었어요.

신박균 하사의 전사, 노블레스 오블라주

1998년 6월 이재태(李載泰) 예비역 육군소장이 6·25 전쟁 전몰용사 20여 명의 육필수기를《흘린 피 거름되어 무궁화로 피어나리》라는 제목으로 발간했다. 6·25 전쟁이 발발하자 자원참전하여 1951년 1월 2일 가평지구 전투에서 18세 나이로 전사한 포병병과 사병 고(故) 신박균(申博均) 하사의 편지도 있다.

신 하사는 당시 전북편성관구 사령관이던 신태영 장군의 다섯째 아들, 신응균 제1야전포병사령관의 아우였다. 중학교 3학년 때 전쟁이 터지자 육군 포병하사로 자원입대했고 포병학교장의 만류를 물리치고 최일선 전투부대를 지원했다.

신박균 하사의 편지들 중 1950년 10월 13일 어머니에게 보낸 첫 편지는 가슴을 뭉클하게 한다.

너는 나의 훌륭한 아들이며 대한의 운명을 지닌 많은 생명(生命)의 아들이라고 하신 어머니. 비록 몸은 멀리 떨어져 있지만 지금 너무나 가까이 제게 와 계시옵니다. 다만 몇 달 동안 달라진 것이 있다면 그것은 굉장히 달라진 제 육체와 밥상을 달리한 환경뿐입니다. (중략)

어머니 저는 요즘 훈련생 분대장 노릇을 하고 있습니다. 솔직히 말해서 저는 다른 친구들보다 몇 배의 노력을 더해 왔습니다. 졸업을 앞두고 학교장 심흥수 대령님이 희망 배속 부대를 제게 물으셨습니다. 제가 원한다면 언니가 지휘하는 포병사령부로 보내 주겠답니다.

어머니, 제가 거기에 찬성해야 옳았겠어요? 남이 보더라도 부친이나 형님의 세력을 빽으로 삼고 편하고 위험하지 않은 곳으로 찾아갔다는 불유쾌한 불평이 없다고 누가 장담하겠어요?

저는 최전방을 지망한 이상 살아서 돌아가리라 믿지도 않고 바라지도 않습니다.

신박균 하사는 이런 편지를 보내고 최전방 부대로 가서 전사했다.

그의 전사는 옷깃을 여미게 한다. 생각해 보자. 6·25 전쟁 때 얼마나 많은 고관들이 아들을 군대에 보내지 않기 위해 어떤 편법을 저질렀는가를. 지금도 신임 총리, 장관, 대법관 등 청문회가 열렸다 하면 본인과 아들들이 병역의무를 외면한 사실이 드러나지 않는가?

신태영의 삶을 들여다보면 어딘지 냉정하고 팍팍한 느낌이 든다. 그는 냉철한 성품이었던 것 같다. 독립전쟁에 투신하지 않고 끝까지 일본에 충성한 것이 아마도 그런 냉철함 때문이었을지도 모른다. 독립운동, 독립전쟁이란 얼음처럼 냉철한 이성적 판단보다는 뜨거운 가슴이 이끌어야 하는 일이었던 것이다.

제자 증언으로 밝혀진 친일 이희겸, 항일 이동훈

친일의 길 항일의 길

이희겸(李喜謙 1887~?)과 이동훈(李東勛 1890~1920) 두 사람은 대한제국 육군무관학교의 마지막 생도들로서 경술국치 후 일본으로 건너가서 육군유년학교와 육사를 나왔다. 한성 삼청동의 무관학교에서는 이희겸이 2학년, 이동훈이 1학년이었는데 이희겸이 일본 유년학교 재학 중 유급하여 유년학교 12기, 육사 27기로 함께 졸업했다.

이희겸은 친일반민족행위자로 지목된 인물, 이동훈은 애국지사 반열에 오른 인물이다. 그렇게 상반된 삶을 살았는데도 함께 묶어 설명하는 것은 공통점이 있기 때문이다. 일본 육사 27기 졸업 동기생이고, 둘 다 소위나 중위 시절에 퇴역해 체조(체육과 같음) 교원으로 일했다. 평양 광성고보에서도 앞서거니 뒤서거니 교원으로 일했는데 이들의 상반된 행적과 풍모가 제자들의 회고기록으로 확인되었다.

인물 탐구에 있어서 흐릿한 한 장의 단체사진, 한 줄짜리 작은 기록도 소중하다. 탐구자들은 그것을 출발점으로 삼고 또 다른 자료를 찾아 나선다. 영욕으로 가득찼던 한국 근·현대사의 중요인물들 중 여럿이 자신의 행적을 잘못 기억해 기록하거나, 혹은 난처한 일의 경우 숨기거나 왜곡하기도 했는데 사필귀정으로 드러나곤 한다.

지금은 일본의 국립공문서관이나 국회도서관 자료도 검색할 수 있는 정보 개방의 시대이기 때문이다. 십여 년 전 어떤 유력한 정치가가, 자신의 조부가 독립투사라고 했는데 일본의 밀정이었음이 드러나지 않았는가. 인물사 탐구자들은 기존자료들 외에 자신이 수집한 작은 정보의 조각들을 모아 인물의 생애사를 구성한다.

이희겸의 경우는 뒷날 발굴된 제자들의 증언 자료들 때문에 평가가 나빠진 경우이다.

이동훈의 경우는 그 반대인데 자칫하면 큰일날 뻔했다. 일본 육사를 나와 일본군에 복무했다는 사실만 파악한 대통령 직속 반민족행위특별조사위원회가 친일반민행위자로 지목했었다. 그러나 2008년 작업을 매듭짓는 단계에서 제자 박지봉 선생의 글이 발견됨으로써 친일의 누명을 벗고 애국지사가 되었다. 그 기록이 발견되지 않았다면 다음해 민족문제연구소가 발행한 《친일인명사전》에도 올랐을 것이다.

무관학교 성적을 안고 일본으로

이희겸은 경기도 김포군 통진 출신이다. 21세인 1907년 12월 한성 삼청동에 있던 내한세국 무관학교에 들어갔다. 이동훈은 평안북도 태천군 출신으로 19세이던 1908년 12월에 입학했다.

이들이 2학년과 1학년이던 1909년 여름방학에 대한제국 무관학교는 융희황제(순종)의 칙령으로 폐교되었다.

9월 초, 그들을 포함한 2학년 21명, 1학년 23명, 모두 합해 생도 44명이 일본으로 떠났고 9월 7일, 도쿄 육군중앙유년학교에 입교. 1학년 생들은 예과 2학년에, 2학년생들은 예과 3학년에 편입학했다.

일본 유학길에 오르기 전 일본인 교관이 작성하여 일본 육군성으로 보낸 성적순 명부에 두 사람은 이렇게 실려 있다.

이희겸 | 서열:17, 학년: 2학년, 연령: 20년 8월, 일어: 중(中), 기타학과: 중, 교련: 중, 체조: 중, 성질: 우직(愚直), 궁행: 정(正), 체격: 조약(稠弱).

이동훈 | 서열: 32, 학년: 1학년, 연령: 19년 4월, 일어: 병(丙), 기타학과: 을, 교련: 열, 체조: 열, 성질: 우직, 궁행: 정(正), 체격: 강장(强壯).

이희겸부터 들여다보자. 일본어 '조약'은 빼빼 마르고 허약하다는 뜻이다. 그는 체구가 작았던 것으로 보인다. 성적서열이나 성취도는 1,2학년 구별 없이 매긴 것이다. 서열 17위의 성적은 2학년으로서는 하위에 속한 것이다. 2학년으로서 그보다 성적이 나빴던 사람들도 몇 있었다. 서열 18의 장성환(張星煥), 26의 강우영(姜友永), 27의 장기형(張璣衡), 28의 이강우(李絳宇) 등이다.

이동훈의 서열 32위는 1학년으로서는 중간에 속했다고 볼 수 있다. 체격이 '강장'하다는 것이 눈에 띈다.

이희겸을 친일부역자로 규정한 친일반민족행위진상규명위원회의 《친일반민족행위진상규명보고서》나 민족문제연구소의 《친일인명사전》은 그가 일본 육군중앙유년학교 2학년에 편입학한 것으로 실려 있으나 자료를 더 찾아보지 않아 생긴 오류이다. 그는 동기생들과 더불어 3학년에 편입했으나 성적불량으로 유급되었다.

위의 짧은 성적순 명부는 꽤 정확했던 것 같다. 2학년의 낮은 서열들 중 이희겸뿐만 아니라 다른 4명도 유급당했다. 위 명부에는 2학년으로 표기됐으나 1학년 표기 후배들과 함께 육군중앙유년학교를 졸업했다. 특히 이희겸의 유급은 시기가 한일강제합병 전인 1910년 7월이라 외교문서 자료로 남아 있다.

1910년(메이지明治 43년) 7월 13일 작성된 일본 육군성 보존문서에 〈한국 육군학생 이희겸 연기수학의 건(韓國 陸軍學生 李喜謙 延期修學の件)〉이라는 서류가 있다. 성적불량이라 교칙 18조에 의해 2학년으로 강등시킨다는 내용이다.

이때까지는 한국학생반 구대(區隊)와 학급으로 편성되어 별도 교육을 받았지만 한 달 뒤인 8월 29일 강제합병이 공포되고 조선인 생도들은 일본인 생도들 학급과 내무생활 구대로 1~2명씩 섞여 들어갔다. 일본의 신민(臣民)이 되었으니 한국학생반 시절에는 하지 않던 궁성요배와 일본 천황에 충성을 맹세하는 군인칙유를 낭독해야 했다.

합병 공포가 있던 주말에 조선인 생도들이 아오야마(青山)묘지라는 곳에 은밀히 모여 패망한 조국을 생각하며 대성통곡하고 토론을 한 것은 알려진 사실이다.

"나라가 없어졌는데 군사교육은 받아서 뭐해? 일본의 군사교육을 계속 받으면 순치되고 말 거야."

그렇게 반발하며 생도복을 벗어던지고 귀국길에 오른 사람들도 있었으나 대부분 은인자중하자고 했다. 그리하여 그들은 계속 공부했고 홍사익·이응준·지석규(이청천) 등 상급반은 1912년 5월에, 이희겸·이동훈·김석원·이종혁 등 하급반은 1913년 5월에 육군중앙유년학교를 졸업했다.

《일본국 관보》 1913년 6월 2일자를 보면 육군중앙유년학교 졸업생 289명에 대해 5월 31일 대부(隊附)근무 부대를 명령한 내용이 실려 있다. 이희겸은 5사단 71연대, 이동훈은 14사단 59연대로 실습부대가 지정되었다.

6월 4일 관보에는 5월 29일 육군중앙유년학교를 졸업해서 졸업증서를 받았다는 기록과 함께 성적서열이 실려 있다.

이희겸은 명단 끝에 별도로 모아 작성한 조선인 생도 23명 중 16번, 이동훈은 9번이었다.

이희겸의 친일 행적

이희겸이 유년학교를 졸업하고 배치된 보병59연대는 히로시마(廣島)에 있었다. 거기서 반년 간 대부근무를 거치고 1913년 12월 육군사관학교에 27기로 입학했다. 육사는 1년 반 과정이었다.

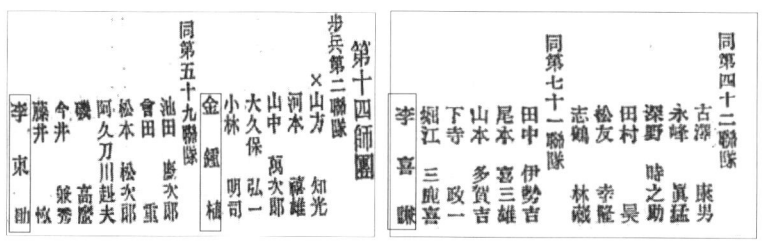

이동훈과 조선인 동기생 김종식 이름도 보인다.

일본 육사 27기의 졸업을 명령한 《일본국 관보》의 이희겸.

1915년 5월 육사를 졸업하고 반 년 간 다시 보병 59연대로 가서 견습사관 복무를 하고 그해 12월 신임 소위 760명의 일원으로 임관했다.

1920년 중위로 진급했고 1924년 퇴역하여 예비역에 편입되었다. 조선의 중등학교는 일본 육사 출신 예비역 장교들을 체조(체육)교사로 선호했는데 그는 함흥 영생학교 교원으로 갔다.

이 학교는 1907년에 문을 연 기독교계 학교로 1919년 3·1운동 때 재학생과 졸업생들이 격렬하게 만세시위를 벌이고 함흥지역 만세운동을 이끌어간 학교였다.

영생학교의 당시 직원명부를 볼 수는 없지만 1924년 10월 27일 이희겸이 재직교사였음이 신문기사에 드러난다.

함흥. 영생교원 원정

북선(北鮮) 축구계의 패왕인 함흥 영생학교에서는 내(來) 30일에 경성에서 개최되는 전조선축구대회에 참가할 차(次)로 선생 이희겸(李喜謙)씨 인솔 하에 선수 13명이 오늘 27일 오전 6시 발 열차로 경성을 향하야 출발하겠다고.

《동아일보》 1924년 10월 27일자).

그는 보이스카웃 지도자로도 나섰다. 1924년 12월 3일《동아일보》에는 지난달 11일 그가 몇 사람의 지도자들과 함흥소년척후대를 소식하기로 결의했다는 소식이 실려 있다. 그리고 1926년 7월 26자일에는 함흥척후대가 1925년 1월 조직되었고 현재 이희겸이 대장을 맡고 있다는 내용이 실려 있다.

이희겸은 대한제국 무관학교 동기생(일본 육사는 1년 선배)으로 경성중앙학교에서 교편을 잡고 있던 조철호와 교유했을 것이다.

조철호는 1922년 10월 5일, 8명의 대원으로 한국보이스카우트연맹의 전신인 조선소년군을 창설했다.

이희겸은 영생학교에 많은 정성을 기울인 듯하다. 1925년 1월 학교 건물 신축을 위한 기부금으로 30원이나 되는 많은 돈을 낸 기록이 있다.

그러나 어떤 이유에서인지 그는 1927년쯤 평양 광성고보로 옮겼다. 소위로 퇴역한 직후 이 학교로 부임했던 이동훈이 제자들에게 3·1운동을 선동한 혐의로 체포되어 혹독한 고초를 당하고 그 후유증으로 죽은 10년쯤 뒤였으니 인계인수한 후임자는 아니다.

널리 알려져 있다시피 평양 광성고보는 1894년에 설립한 전통 깊은 기독교 사학이다. 3·1운동 때의 격렬한 만세시위를 비롯해 일제에 저항한 학교였고 서울의 광성중고가 역사와 전통를 이어가고 있다.

이희겸은 학교재단이 초빙했기보다는 일제가 재단 측에 채용을 강요했을 것 같다. 1928년 4월 12일자 《동아일보》를 보면 그는 동맹휴학 중인 광성고보 학생들을 군도로 구타하며 윽박질렀다.

뒷날 소설가가 된 김이석(金利錫 1914~1924)이 그 무렵에 재학했다. 그는 1964년 〈교련과 나〉라는 자전적 소설을 발표했는데 중학교 시절 일본 군대의 훈련을 받는 교련 과목을 제일 싫어했다고 썼다. 체질적 이유도 있었지만 다소나마 민족주의 사상이 배양되어 있었기 때문이었다고 썼다.

많은 투사를 배출한 민족사상의 근원지인 평양의 S소학교를 다닌 주인공 소년은 친일파인 교련 선생과의 대립과 반항으로 민족주의 감정을 표출했다.

김이석의 소설 앞부분을 보자.

교련 선생은 일본 육군 중위였지만 이희근(李喜根)이란 이름을 갖고 있는 한국인이었다. 그러나 그는 좀처럼 한국말을 쓰는 일이 없었다. 언제나 일본말로 지껄였다. 그것도 투박스러운 규슈(九州) 사투리로 지껄었다. 그것을 보면 자기가 한국사람인 것이 무슨 수치나 되는 것처럼 생각하는 모양이었다.

내가 무엇보다도 그에 호감을 가질 수 없는 것은 이 점이었다. 어째서 그렇게도 자기 나라 말을 싫어할 수 있을까.

하긴 그 당시엔 그런 인간이 비단 그뿐이 아니었다. 저라고 우쭐대는 자들이란 대개가 한국말을 입에 담기도 싫다고 통역을 내세우는 판국이었다.

그는 아내가 일본인이요, 아이들이 모두 일본 학교에 다니고 집에 돌아오면 〈유까다〉를 걸치게 되고 또한 자가 자신이 일본 군인이고 보면 자기가 한국인이라는 것을 잊을 법도 한 일이다. 우리들도 그의 심경을 알아줘 이름 대신 게사니라고 부르지 않는가. … 게사니는 거위의 평안도 사투리다.

다음으로 내가 게사니에게 호의를 가질 수 없는 일은 그가 일본육군사관학교를 나온 것을 자랑하는 일이었다. 이건 사사건건 기회 있을 때마다 "내가 육사 있을 때─"가 아

이희겸이 친일 악질교관이었다고 회고한 김이석의 자전적 소설 〈교련과 나〉(월간 《신세계》, 1964년 4월호).

니면, "육사 학생들은―" 하고 떠벌렸다. 요컨대 육사학생들은 모두가 훌륭하다 하고 우리들은 모두가 바보라는 뜻이었지만 나는 그 말이 비위에 거슬려 견딜 수가 없었다. 우리들도 그가 생각하는 것처럼 그렇게 바보는 아니라고 생각했기 때문이다.

그의 지론에 의하면 육사 학생은 모두가 수재라는 것이었다.

(김이석 단편소설 〈교련과 나〉, 월간 《신세계》, 1964년 3월호).

여기서의 이희근 선생은 당연히 이희겸이다. 김이석 작가와 동기생 혹은 한 해 후배로서 광성고보를 나온 전 서울대 총장 한심석(1913~1984) 박사가 《광성 100년사》에 기고한 글에서, 그리고 자서전 《관악을 바라보며》에서 스승들을 열거하면서 '교련은 일본 육사 출신이며 예비역 중위인 이희겸(李熙謙) 선생이 맡아'라고 썼기 때문이다.

한 총장도 '熹'를 '熙'로 잘못 썼지만 일본 육사 27기 이희겸이 분명하다. 한 총장은 이희겸 선생에게 험담은 하지 않았다.

나는 김이석의 소설을 읽으면서 혼자 피식 웃곤 하는데, 이희겸이 일본 육군유년학교 편입 직후 성적 불량으로 유급당한 터에 제 자랑을 했다는 것 때문이다.

누명 벗은 이동훈

이동훈이 배속된 보병 59연대는 지바현(千葉縣)의 나라시노(習志野)에 있었다. 유년학교를 나와 거기서 대부근무를 하고 육사로 갔으며 육사를 졸업하고 다시 돌아가 견습사관 과정을 보내고 그곳에서 소위로 임관했다.

1917년에 퇴역하고 평양 광성학교 체조 강사로 갔다. 평양청년회 운동부장 자리에 있으면서 각종 구기를 가르치는 일도 했다.

1919년 제자들의 3·1만세시위를 유도한 일로 헌병대에 구속되고 교원 자리를 잃었다.

그리고 임시정부가 있는 상하이로 망명 탈출하려다가 체포당해 고초를 겪고 1920년 4월 29일 사망했다.

이동훈(李東勛)씨 서거(逝去)

평양청년회 운동부장 이동훈 씨는 지난 29일 오후 10시 평양부(平壤府) 신양리(新陽里)자택에서 영면하얏는데 씨는 명치(明治) 44년에 일본육군사관학교를 졸업하고 일본 육군보병소위의 직(職)으로 재(在)하던 바 대정(大正) 6년 그 직(職)을 사(辭)하고 평양광성고등보통학교 강사로 피임되어 열심 육영하며 평양청년회에도 열심하던 바 금번 신병으로 불행함에 대하야 일반이 애석불사(哀惜不己)하더라.

(평양) (《동아일보》, 1920년 5월 4일자).

이동훈의 사망을 보도한 《동아일보》 1920년 5월 4일자 기사.

이 기사로는 그가 애국운동을 했는지 친일행위를 했는지 알 수 없다. 그래서 대통령 직속 친일반민족행위진상규명위원회가 《친일반민족행위진상규명보고서》에 대상인물로 넣으려 하다가 불확실성 때문에 보류했다고 전해진다.

그리고 민족문제연구소는 《친일인명사전》에 넣기로 결정했었다. 그러던 중 그의 죽음에 대한 추도사가 상하이판 《독립신문》에서 발견됨으로써 아슬아슬하게 대상에서 빠졌다.

인터넷 매체 《오마이 뉴스》는 2009년 11월 8일 기사에서 《친일인명사전》 수록인물에 대해 기술하면서 '(민족문제연구소 측은) 이동훈 씨는 일본 육사 27기로 소위 출신이지만 3·1운동 때 일경에 끌려가 고초를 겪고 상해 망명을 준비하다 사망한 사실이 확인돼 제외됐다고 밝혔다.'고 보도했다.

《폴리뉴스》는 2009년 12월 14일자 기사에서 박수현 당시 민족문제연구소 책임연구원과의 문답식 인터뷰 기사를 실었다.

> 문 : 이동훈 씨는 일본 육사 소위인데 이분은 왜 제외된 건가?
> 답 : 이 분은 10년대 말에 일본 육군 소위로 지내다가 예편해서 3·1운동에 관여해서 많은 고초를 당했다. 그리고 상해임시정부로 망명하려다가 결국은 발각됐다. 그러다가 결국 병으로 사망하신 분이다.
>
> 임시정부에서도 그 사실을 알고 당시 임시정부의 기관지인 독립신문에 조사를 냈다. 그래서 이 정도면 분명히 이분은 직접적으로 상해에 가서 독립운동을 안 했지만 그 정황상 분명히 독립에 대한 의지가 있다고 봐서 친일 대상자로 수록할 수 없는 이유가 된다 해서 우리가 제외했다.

광성고보 스승 이동훈의 서거를 애도한 박지붕의 추도사. (상하이 발간 《독립신문》).

《독립신문》의 조사(弔辭)는 그의 제자 박지붕이 썼다.

박지붕은 1898년 평남 강서군 출생으로 평양 광성고보 재학 중 3·1 만세시위를 주도하고 일경에 쫓기게 되자 상하이로 탈출, 대한민국임시정부에서 일한 애국지사이다. 인문학적 소양이 많아 사료편찬이나 발간물 편집, 그리고 국무원 서기로 일했다.

도산 안창호의 일기 1920년 2월에 그가 숙소를 방문해 흥사단에 관해 질문했고 며칠 뒤 입단했다는 기록이 보인다.

박지붕이 쓴 스승에 대한 추도사, 어려운 의고체 문장을 조금 쉽게 풀어서 옮겨 본다.

애도(哀悼) 이동훈(李東勛) 선생

문인(門人) 박지붕(朴址朋)

대한민국 2년 4월 29일 오후 10시에 한국 희생적 애국자인 이동훈 선생은 자기 일평생의 목적이고 누천만년토록 자기의 생명으로 인정한 대한의 독립을 완성하기 전에 불행히 한국 평양부(平壤府) 신양리(新陽里) 일간 초옥(草屋) 내에서 애석히 별세하시다.

선생의 고령(高齡)은 34세이시라. 한국 태천(泰川)에서 생장하엿고 중년에는 구한국 시대 국립무관학교를 졸업하시고 후에 또한 적경(敵京)에 입(入)하야 정국 육군사관학교를 우등으로졸업하시고 전술묘략을 더 연구실습키 위하여 추호(秋毫) 무의미한 적국 육군 소위로 몇해 동안 지내시다가 본지(本志)를 기달(起達)하실 목적으로 해직(該職)을 탈기(脫棄)하고 도한(渡韓)하셔서 미 감리교회 기관인 평양 광성고보에 오셔서 수년 동안 모든 학생으로하야금 조국광복의 심(心)을 크게 발아(發芽)시키시고 또한 일반군사상 지식에 관한 서적및 그 실천담으로써 수시로 가라치시다.

객년(客年 지난해) 3월 1일 한국독립운동이 시작하자 목적을 이룰 시기가 적래(適來)하엿다고 도지무지(跳之舞之 뛰고 춤을 춤)하시며 쾌연(快然)히 전반 학생을 지도하시기에 주소진력(晝宵盡力 낮이나 저녁이나 애씀)하셧도다.

그러한 까닭에 적의 계엄(戒嚴)과 질시(嫉視)가 우심(尤甚)한 결과 미구(未久)에 즉시 체포되어 적옥(敵獄)에 3일간 구류(拘留)를 당하셧고 천고만행으로 출옥하셔서 금일에 지(至)하기까지 무명유실하게 갈충역행(竭忠力行)하시며 청년모험대의 수령으로 이면(裏面)에서 제반 대활동을 시행하셧고 또한 일반 동포로 하야곰 애국적 정신을 널리 고취키 위하여 청년구락부를 친히 조직하셧도다.

또한 몇 달 전 내호(來滬 상하이로 오다)하신 윤종식(尹宗植) 선생과 장래 실행할 일을 호상결의(互相決議)하시고 이전 교원(敎員) 시무(視務)를 사면(辭免)하시고 내호하셔서 본능인 무사(武事)에 큰 도움을 끼치려 하셧으나 적의 계찰(戒察)이 태심(泰甚 크게 심함)하야 불능추신(不能抽身 몸을 빼기 불가능함) 고(故)로 재사(裁事)를 불천이행(不踐履行)하셧고 다만 엇더한 추신출호(抽身來滬 몸을 빼어 상하이로 탈출)하실 기회만 규시(窺視 남이 모르게 가만히 살핌)하시던 숭이셨다.

이하 생략. (상하이 발행 《독립신문》, 1920년 5월 18일자).

진실은 언제고 드러난다

둘 다 제자가 쓴 글인데 판이하다. 아무리 소설이지만 이희겸은 스승임에도 경멸감과 함께 최고의 악한으로 그려졌다. 이동훈은 한없는 존경과 감사의 대상으로 그려졌다.

비슷한 길을 걸은 일본 육사 27기 이강우도 제자의 글이 평가를 좌우했다. 그는 광복 직전 중좌 계급을 갖고 경기중학교와 보성전문학교의 배속장교로 일했다. 제자 두 사람이 그를 각각 회고했다.

서울대 총장을 지낸 권이혁 박사는 회고록(《또 하나의 언덕》, 신원문화사, 1993)에서 "경기중 졸업반 때 배속장교 이강우 중좌가 훈시 중 '경성에서 가장 좋은 곳은 남산 아래 양지쪽이었는데 일본인들에 밀려났다. 졸업도 가까워지고 했으니 이런 정도는 알아야 하며 비극으로 생각해야 한다'고 말했으며, 일본군 장교지만 한민족의 정기는 살아 있구나 느꼈고 해방 후에 가책을 받고 사라졌다는 후문을 들었다"고 회고했다.

그런가 하면 고려대 총장서리를 지낸 김진웅 교수는 1944년 1월 배속장교 이강우 중좌가 별안간 교단에 올라가더니, "너희 왜 학병 지원 안하느냐? 지원이라고 하지만 형식만 지원이지 강제야. 너희들이 지원 안 하면 보성전문 없어져. 폐교해. 알았어? 가!" 하고 말하며 학병 지원을 설득했다고 증언했다. (김진웅, 〈1943년 보성전문 법과에 입학했다〉, 인촌기념회 홈페이지(www.inchonmemorial.co.kr).

이강우는 8·15 광복 후 자신의 삶을 부끄러워하며 숨어살았다고 하니 양심의 갈등이 컸던 것이다.

나는 문득 이강우에 관한 자료들을 읽으면서 끝까지 일본에 충성한 사람들도 가끔은 민족적 양심에 고뇌하며 살았을 것이라고 상상했다. 그러면서 문득 이희겸 중위도 고뇌했을까 하고 생각하다가 그는 아니었을 것이라고 단정하며 고개를 저었다. 소설가 김이석의 글이 그것을 용납하지 않고 있기 때문이다. 《논어》에 있는 '후생가외(後生可畏)'가 생각난다. 의미의 방향은 좀 다르지만 젊은 제자는 두려워할 만하다는 뜻인데 누구나 후세 사람들의 평가가 늘 두렵다.

이희겸과 이동훈의 삶은 '어떻게 살아야 할 것인가' 하는 화두를 우리에게 안겨 준다.

백마 탄 김 장군의 전설, 김경천

'원조 김일성'으로 불리는 불멸의 항일 투사

김경천(金擎天 1888~1942)은 1920년대 만주와 러시아 연해주에서 항일무장투쟁으로 명성을 날린 독립투사이다. '백마 탄 김 장군의 전설'의 주인공으로, 흔히 '진짜 김일성', '원조 김일성'으로 불리는 인물이다.

그가 만주와 러시아 연해주에서 일본군, 그리고 일본군의 사주를 받아 한인 마을에 쳐들어와서 강간, 살육, 방화, 약탈을 하던 마적단을 소탕하며 질풍처럼 백마를 타고 달릴 때 온 민족이 그에게 희망을 걸었다. 한때 그는 김좌진과 홍범도처럼 명성이 높았다.

내가 대한제국 마지막 무관생도

일본 육군사관학교 기병생도 시절의 김경천.

1904년 김경천과 황실 유학생단이 타고 현해탄을 건넌 일본 연락선 기슈마루(義州丸).

44명의 삶을 파헤치는 책을 쓰면서 김경천을 덧붙이는 것은 그가 일본 육사 선배로서 그들 44명의 정신적 지주이자 멘토였기 때문이며, 지석규(지청천)·홍사익·이응준과 더불어 요코하마에서 무명지 피를 섞어 마시는 맹세를 주도한 인물이기 때문이다.

그리고 독립투사로서 누구보다도 비극적으로 죽었기 때문이다.

나는 지난 십여 년 《약산 김원봉》,《김산 평전》,《조봉암 평전》,《김경천 평전》을 썼다. 네 분 모두 일제강점기 질곡의 시대에 한 몸을 던져 조국과 민족을 구하려고 분투하고도 한을 안고 억울하게 죽은 분들이다. 영원한 국부(國父)가 되고 싶은 이승만에 맞서 대통령에 출마한 죄로 국가변란과 간첩죄 누명을 쓰고 법살당한 죽산 조봉암보다 김경천은 더 비극적으로 최후를 마쳤다.

김경천의 유골은 우랄산맥 너머 구소련의 유형지 공동 매장지에 지금도 이름 모를 유골들과 섞여 묻혀 있다. 그는 우리 근현대사의 가장 아픈 손가락이다. 그의 생애에는 영욕에 가득 찬 한국 근현대사, 고난 속에 전개된 항일무장투쟁사가 고스란히 담겨 있다.

무관 가문에서 출생해 황실유학생으로 뽑혀

20년 전까지만 해도 김경천의 출생과 성장, 그리고 말년과 죽음에 대한 기록이 적어서 온갖 억측이 많았다. 그는 북한 시도사 김일성하고 전혀 무관한데도 그럴 것이라는 그릇된 인식 때문에 오랫동안 외면당했다.

십여 년 전부터 연구자들의 연구가 활발해지고 그의 육필회고록 《경천아일록》이 국내로 들어오고 출간되었다.

1904년에 떠난 일본 유학 관련기록, 무장투쟁 기록도 우리나라 국사편찬위원회 데이터베이스와 일본 국립공문서관이 보관하고 있는 육군성 문서철에서 찾을 수 있다. 러시아 국립공문서관 자료도 적지 않게 국내에 소개되었다.

김경천은 함경남도 북청읍에서 출생했고 소년시절을 북청과 경기도 광주군 초월면, 그리고 한성 순동(巡洞 현 중구 순화동)에서 보냈다.

소년시절 이름은 영은(英殷)이었다. 그는 이성계의 역성혁명을 도운 김인찬(金仁贊)의 직계 후손이다. 수백 년을 무명 향반으로 살다가 김경천의 부 김정우(金鼎愚 1857-1908)가 입신에 성공했다.

남병사(남도병마절도사)로 북청에 부임한 윤웅렬에 발탁되어 충성을 다함으로써 39세 나이에 일본 유학길에 올랐고 귀국 후 육군 군기창 감 자리에 올랐다. 장남인 성은(成殷)은 일본 육사를 나와 대한제국 공병대장을 지냈다.

김경천은 아버지와 형이 일본에 유학가 있는 사이 모친이 죽어 광주 학현리에서 어린 상주로서 모친상을 치렀다. 아버지와 형이 금의환향하여 입신 출셋길에 올랐고 가족은 한성으로 이사했다.

김경천은 일본계 중학교인 경성학당을 졸업하고 1904년 마지막 황실 유학생단 50명에 끼여 도일했다. 육당 최남선, 3·1운동을 주도한 최린, 임시정부 요인으로 활동한 조용은(조소앙으로 개명) 등과 함께였다.

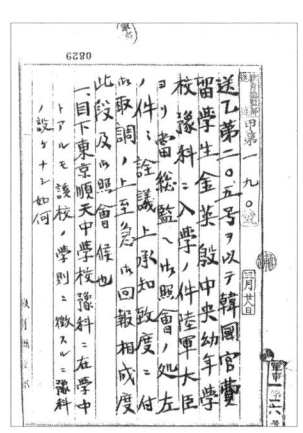

김경천(당시 이름 김영은)의 육군중앙유년학교 편입학 관련 일본 육군성에 남아 있는 서류.

최린은 뒷날 이렇게 회고했다.

그 때가 갑진년(甲辰年) 내 나이 스물일곱 살 때라. 마침 우리나라에 와 있던 이토 히로부미(伊藤博文)가 돌아가신 고종황제에게 건백(建白)하기를 "한국의 급무가 인재양성에 있는 터인즉 폐하께서 신임하시는 귀족 자제 50인을 선발하야 일본으로 유학을 보내면 일본 정부에서는 그들을 잘 맡아 가르칠 터이라. 그러하면 폐하의 팔다리가 되는 동시에 사회의 중심인물이 된다."고 하였다.

이에 고종께서는 그리하시기로 작정하시고 학부대신 이재극(李載克)에게 그 선발을 명령하셨는데 그때 선발의 표준은 칙·주임관 이상의 아들, 사위, 아우, 조카로서 정하였다. (중략)

희망자는 4,500명이 넘었는데 시험이라 함은 체격검사와 순한문의 논문 제출이었다. 그 제목은 '유학은 반드시 충과 효로 근본을 삼아야 한다'라 한 것을 지금까지 잊혀지지 않는데 나는 다행히 둘째 번으로 합격이 되었다.

〈〈자화상, 파란중첩 오십년간〉, 《삼천리》 제2호, 1929년 9월호).

일부 연구자들의 글에 김경천이 최남선·최린·조소앙 등 전체 유학생단과 함께 도쿄부립제일중학교에 입학한 것으로 기술했으나 그렇지 않다.

44명이 그 학교 '특설 한국위탁생반'으로 갔고 나머지 6명은 3개 학교의 정규과정으로 들어갔다. 김영은(김경천)은 현구(玄榘), 박용희(朴容喜)와 함께 준텐(順天)중학교로 갔다. 이 학교는 김경천의 부친 김정우의 모교였다.

그는 1년쯤 준텐중학을 다닌 뒤, 1905년 9월 육군중앙유년학교 예과 2학년에 편입했다.

부립일중의 황실유학생 동기들도 그렇게 육군중앙유년학교로 가기를 희망했지만 모두 좌절됐다. 예과 3학년까지 다니고 본과 2년을 다닐 무렵 그는 형이 26세로 요절하고 아버지가 급서하는 비운을 맞는다.

한편 그는 많은 재산을 상속 받았다. 아마 부동산 사기가 극성을 부린 듯 그는 1908년 7월 《대한매일신보》에 이런 광고를 실었다. 얼마 전 그는 이름을 김현충(金顯忠)으로 바꾼 터였다.

본인(本人)이 일본(日本)에 유학(留學)하오므로

본인이 일본에 유학하오므로 왼쪽에 공개하는 전답 가옥 산판(山

坂) 문권(文券)을 소지하고 일본에 가오니 혹시 방매의 건이 있다 하와도 내외국인은 절대로 속지 마시압.

　영등포 구로리 소재 전답 산판 사가(舍家: 집), 수원 대황교의 논 수용(水舂:물방아) 침, 과천 오목평의 논, 남대문 밖 순동에 있는 가옥과 채전, 서문 밖 채전, 광주 초월면 정자동 전답.

　남대문 밖 순동에 살면서 일본 도쿄에 머물고 있는 군인 고(故) 부령 김정우의 아들 현충(顯忠) 알림

　나는 《김경천 평전》을 쓸 때, 이 흥미로운 광고기사를 발견하고 재산 가치를 대략 계산해 보았다. 1천억 원에 달하는 대단한 재산이었다. 그가 유학 떠날 때 유정화(柳貞和)라는 소녀와 약혼했는데 피아노를 선물로 사주고 떠났다는 기록도 있다.

　김경천은 항일투쟁을 함으로써 결국 이 많은 재산을 지키지 못했다. 삼한갑족으로서 6형제의 전 재산을 신흥무관학교 세우는 일에 바친 이회영, 이시영, 이목영 형제, 그의 땅을 밟지 않고는 인접한 서산, 당진으로 갈 수 없을 정도로 큰 재산가였으나 모두 조국독립에 바친 김좌진, 그들에 비견할 만한 노블리스 오블라즈였다.

일본 육군성에 있는 신상 기록

　일본 육군성에는 김현충으로 이름을 바꾼 그가 육사로 가기 직전 작성한 〈신원조서〉가 남아 있다. 중요 사항만 옮겨본다.

한국학생 신원조서

메이지(明治) 42년(1909) 5월 중앙유년학교 조(調)

육군중앙유년학교 본과 제3학년 재학 김현충(金顯忠) 21년 11월

한국 경성부(京城府) 귀족

실부(實父) 김정우(金鼎禹) 52세에 사망 일본에 7년 체재하며 도쿄고등공입학교 졸업 한국 문관 육군 포공(砲工)국장

실모 윤정순(尹貞淳) 39세에 사망

실형 김성은(金成殷) 26세에 병사 메이지(明治) 30년 일본 육군사관학교 졸업

척상조부(戚上祖父) 윤웅렬(尹雄烈) 70세 전 군부대신

백부 윤치호(尹致昊) 43세 독·불·영·미·청어 능통 3회 일본에 입국

군부대신을 지낸 윤웅렬과 그의 아들 윤치호를 가까운 친척으로 쓴 것이 주목된다. 윤치호는 평생 동안 영문(英文) 일기를 쓴 것으로 유명하다. 일기 중에 그의 부친 윤웅렬과 김경천의 부친 김정우가 얼마나 가까운 관계인가 알게 하는 내용이 있다.

그리고 (어머니는) 이춘식과 이병휘 씨의 불성실한 점을, 김정우 씨의 개인적이고 변함없는 충성심을 말씀하셨다. 김정우 씨는 나의 아버님의 좋은 세월이나 어두운 세월에나 변함없이 곁을 지킨 사람이다.

그리고 잔인한 동학군이 아버지를 해치는 정도가 아니라 살해하려고 했을 때, 동학군에게 눈물로 살려달라고 간청한 사람이다.

《윤치호 일기》 1895년 2월 14일자.

소년기에 일본 유학을 떠나 청국과 미국에서까지 공부한 윤치호는 이 일기를 쓰기 바로 전날 귀국했고 어머니에게서 그간의 일을 찬찬히 들었다.

부연하자면 이렇다. 윤웅렬은 개화당을 대표하는 무관으로서 혁명을 꿈꾸었고 군대가 필요했다. 남병사로 북청에 부임하자마자 날랜 군사 500명을 뽑아 신식 군대를 양성했다.

김정우는 윤웅렬이 다음해 중앙으로 진출할 때 따라갔다. 윤웅렬이 별기군 창설을 주도했고 김정우는 열심히 병서를 읽고 무예도 닦아 무과시험에도 입격해 이름을 올렸다.

그러나 시련이 다가왔다. 윤웅렬은 1884년 개화파가 갑신정변을 일으키자 거기 가담해 자신이 조직한 북청군을 한성으로 이동시켰다. 김정우는 북청군 소속 병졸들을 지휘했고 그것이 독이 되어 결국 갑신정변 실패 후 함께 전라도 능주(稜州, 현재의 전남 화순) 유배 길에 오르게 되었다.

1894년에 '갑오농민혁명'이 일어났다. 윤웅렬은 유배가 풀려 별기군 영병관(領兵官) 직책을 갖고 동학군을 토벌하다가 생포되었다. 동학군이 윤웅렬을 총살하려고 하자 김정우는 동학군의 총구를 자신의 가슴으로 막으면서 눈물로써 호소해 상전을 살려 냈다.

"이분은 자나깨나 나라 일만 걱정하는 분입니다. 나라 앞날을 위해 목숨만은 살려주십시오. 죽어야 한다면 저를 쏘십시오."

동학군 지휘자는 총을 내렸다.

"영병관은 참으로 충성스런 부하를 두었구려."

그렇게 구사일생으로 목숨을 건진 윤웅렬이 감격하여 말했다.

"이제부터 너는 내 아들이나 다름없다."

윤웅렬은 김정우의 장남 성은을 관비유학생으로 넣은 것을 넘어서 39세 김정우도 거기 끼워 넣어 출셋길을 달리는 발판을 마련하게 했다.

김정우 김성은 부자는 초고속 승진의 길을 달렸지만 비운의 죽음을 맞았나. 김성은이 알 수 없는 급환으로 요절하고 그 아버지 김정우도 1년 뒤 급서했다.

아직 명확한 증거를 찾지는 못했지만 순종 황제가 강제합병을 막으려고 분투하는 가운데 일본 정객에게 보낸 밀서를 둘러싼 커넥션 때문에 부자가 독살당한 것으로 나는 믿는다. 이것은 전 한국학연구원장 이기동 교수님의 견해이기도 하다.

아무튼 형과 아버지가 그렇게 세상을 떠났는데도 김경천은 꿋꿋이 일본인 생도들의 차별을 이겨내며 유년학교를 졸업했다.

이 무렵에 그는 한시를 한 편 썼다.

⟨述懷(술회)⟩
丈夫應取萬古名　　（장부응취만고명）
豈了碌碌仗櫪駒　　（기료록록복력구）
風雲未霽雪紛紜　　（풍운미제설분운）
安得勇士建義旗　　（안득용사건의기）

장부는 마땅히 만고에 이름을 남겨야 하리
어찌 하잘것없는 망아지 구유에 기대 생을 마치리오

풍설이 그치지 않고 눈바람 흩날리네

어떻게 용사가 되어 의로운 깃발 휘날릴 수 있으리

김경천은 이 시를 좋아하여 뒷날 연해주에서 무장투쟁을 할 때도 떠올리곤 했다. 그래서 육필일기에 두 번 실렸다.

그는 유년학교를 졸업하고 1909년 12월 육사에 입학했다. 대한제국이 망하기 직전 일본으로 실려간 마지막 무관생도들이 26기와 27인데 그는 23기였다. 몸이 호리호리하고 민첩한 데다 소년시절 형에게서 승마를 배운 터여서 기병과를 택했다.

조선인 후배들의 멘토가 되어

이 무렵에 대한제국 무관학교 생도 44명이 그의 모교인 육군중앙유년학교에 편입해왔다. 김경천은 그들을 찾아가 멘토가 되었으며 조국을 잊지 말라는 다짐을 무수히 했다.

일본인 생도들은 군모에 국화꽃 모표, 옷깃(칼라)에 진홍색 금장(襟章)을 붙이는데, 44명과 그는 조선인이라 오얏꽃 모표와 분홍색 금장을 달았다. 이것이 그들을 애국심으로 결속시켰다.

일본 육군성 문서 중에는 김경천이 생도시절 달았던 모표 그림이 남아 있다. 강제합병 직전이라 도쿄에 있던 유학생감독부의 신해영(申海永) 감독이 보낸 그림이다.

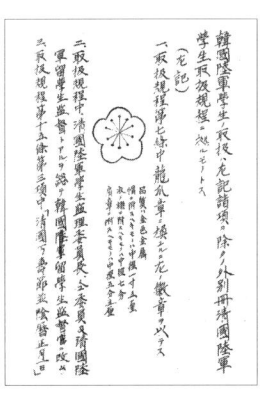

김경천과 조선인 후배 생도들이 달았던 오얏꽃 모표. 대한제국을 상징한다.

다음해인 1910년 강제합병으로 그들은 모표와 금장을 일본식으로 바꾸었다. 장차 일본군을 지휘할 신분이 된 것이었다.

합병이 발효된 직후 44명의 생도들이 도쿄의 아오야마(青山) 묘지로 가서 고국을 향해 절하고 통곡하며, 장차 '일본이 가르쳐 주는 대로 군사기술을 배워 조국이 부를 때 군대를 탈출해 독립전쟁에 나서자'고 결의한 사실은 널리 알려진 사실이다.

며칠 뒤 김경천은 그들 중 상급반의 지석규(지청천)·홍사익·이응준 3인을 조용히 요코하마로 불러 '조국이 부르는 날 함께 탈출해 한 몸을 조국독립에 바치자'고 결의했다. 《삼국지연의》에 있는 유비·관우·장비의 도원결의를 연상하게 하는 맹세를 하고 4인은 서로 격려하고 결의를 다짐하며 살았다.

김경천은 1911년 5월 27일 육사를 졸업하고 도쿄 주둔 제1사단 제1기병연대에 배속되어 6개월간 견습사관 복무를 하고 1911년 11월 말 24세에 기병소위로 임관했다.

이때 그는 다시 김광서(金光瑞)로 이름을 바꾸었다. 귀국하여 약혼녀와 결혼했고 부대가 있는 도쿄 아카사카(赤板)에서 살림을 차렸다.

그가 중위 때이던 1917년 대한제국 마지막 무관생도들이 육사를 졸업해 소위로 임관했고 전의회(全誼會)라는 친목회를 조직했는데 그는 당연히 회장에 추대되었다.

다음해인 1918년 1차대전 종결로 조국독립의 서광이 비쳐왔다. 프랑스 파리에서 승전국의 강화회의가 열리고 이에 앞서 러시아 볼셰비키 혁명에 성공한 레닌과 미국 윌슨 대통령이 민족자결주의를 제창했다. 일본이 승전국 중의 하나이니 나중에 다 소용없는 일이 됐지만 조선 민족은 거기 희망을 걸었다.

김경천은 그해 9월 의병휴직(依病休職)을 하고 아내와 두 딸을 이끌고 귀국, 경성 사직동에 저택을 마련했다. 대지 700여 평에 양옥과 솟을대문 한옥이 있는 집이었다.

경성에서 그는 YMCA의 월남 이상재 선생을 만나고, 서대문감옥에 갇힌 윤치호(아버지 때부터 인연이 깊었다), 죽은 형의 동기생이자 윤치호의 사촌아우인 윤치성을 만났다. 황실유학생 동기생으로 조선은행에서 일하는 한상우, 무역업을 하는 유승흠, 보성고보 교장인 최린과 그 학교 교사인 유병민, 중앙학교 교사 강전, 총독부의 서기인 박용희, 총독부 농상공부 광무과 기사인 민정기, 개업의사인 김태진 등을 만났다. 한창 잘 나가는 황실유학생 동기들, 그들과 어울렸다.

3·1만세 현장에서

만세 함성이 터지던 기미년 3월 1일 바로 그 날, 김경천은 만세 시위가 시작되는 순간을 목격하고 뛰어든 상황을 회고록《경천아일록》에 썼다. 아래는 그것을 풀어서 내가《김경천 평전》에 쓴 내용을 압축한 것이다.

김경천은 사복 차림으로 종로의 YMCA 회관에 가 있었다. 윤치호 총무와 예상되는 만세 시위 이야기를 했다.

윤치호가 초조한 얼굴로 말했다.

"오늘 파고다공원에서 뭔가 일어날 거야. 일어나면 희생만 치르고 말 텐데 걱정이야."

"희생을 치르더라도 일어나야 합니다. 이제 들고일어나야 하지 않습니까?"

그는 약간 목소리를 높여서 말하고 윤치호의 방을 나섰다. 그때 급히 브레이크를 밟는 자동차 소리가 났다. 창밖을 내다보니 헌병 순사 들이 건물을 포위하고 몇 사람이 올라오는 소리가 들렸다.

YMCA 회관에 있던 사람들은 모두 한 방으로 갇혔고 김광서도 포함되었다. 그의 신분증을 확인한 헌병 하사관이 날카롭게 쏘아보며 물었다.

"중위님은 왜 여기 계십니까?"

"시국이 궁금해서 왔네. 민중이 동요한다면 참말로 걱정이 아닌가?"

그렇게 말하지 않으면 연행될 것이었다.

"그렇지요. 어서 댁으로 돌아가십시오."

헌병의 말을 듣고 그는 회관을 나왔다. 무심히 시계를 보았다. 2시 30분이었다.

그 순간 "대한민국 만세"의 함성이 들려왔다.

파고다 공원은 200m 쯤 떨어져 있는데 함성은 바로 앞에서 터져 나오듯이 우렁차고 컸다.

잠시 후 태극기를 든 청년 군중이 종로통을 가득 메우고 밀물처럼 밀려갔다. 그는 몸에 전율이 일었다. 어찌할 수 없는 힘에 이끌려 군중 속으로 들어가 목이 메어 만세를 불렀다.

"대한독립만세! 우리 조국 만세!"

그는 격앙된 채로 눈물을 흘렸다. 종로 전체가 들끓는 듯하고 만세 시위 군중은 종로에서 경운궁 앞을 거쳐 진고개의 일본인 거주 지역으로 몰려갔다. 남학생뿐만 아니라 여학생들도 허다했다.

일단의 헌병대와 경찰이 시위대로 파고들어 곤봉으로 닥치는 대로 구타하며 연행하기 시작했다.

"조선 민족에게 자유와 독립을 달라!"

"동포여! 각성하라! 죽을 때까지 싸우자!"

여학생들이 이마에 피를 흘리는 채로 끌려가며 소리치고 있었다.

"어서 구출합시다!"

그는 자신의 신분을 잊고 크게 외

기병장교 시절의 김경천 부부, 김올가 씨 제공.

쳤다. 수백 명의 청년학생들이 뒤따랐다. 그는 여학생들을 헌병에게서 빼앗아 냈다.

진고개는 일본 헌병 경찰이 견고하게 방어하고 있었다. 여차하면 총을 쏠 기세였다. 거대한 용처럼 꿈틀거리는 시위대는 머리를 돌려 동대문 쪽으로 달려가기 시작했다.

성공회 성당 앞에서 어떤 여학생은 머리를 풀어헤치고 나온 차림이었다. 동대문 앞 부인병원 앞으로 밀려간 청년들이 만세를 부르니 간호원들이 울면서 달려 나와 만세를 부르며 호응했다.

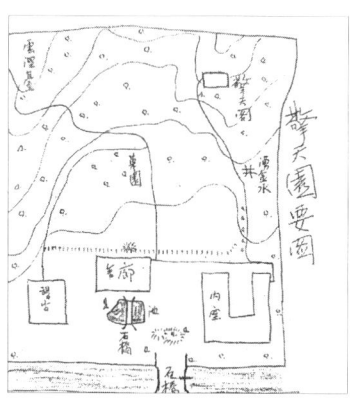

김경천이 육필 회고록《경천아일록》에 삽화로 그린 사직동 집과 후원 스케치.

3·1만세 시위가 막 일어나는 순간의 종로통 광경.
김경천도 여기 있었다.(독립기념관 소장).

"대한독립 만세!"

함성이 세상을 흔들듯이 울려 퍼졌다.

그의 몸은 만세함성의 일부가 되었다. 그는 목멘 소리로 자신을 향해 외쳤다.

"대한독립 만세! 나는 독립운동 할 거야! 탈출해서 독립전쟁 할 거야!"

시위대의 모든 사람들이 그렇듯 그는 목이 쉬었다.

해질 때까지 청년학생들 속에 끼여 만세시위를 한 그는 시위대가 수백 명의 경찰과 군인 들의 포위 속에 강제 해산당할 때 신속하게 골목으로 숨어들었다. 연행되어가면 군인의 몸이라 군사재판을 받을 것이기 때문이었다.

탕자처럼 놀아 감시 피하고 탈출, 신흥무관학교로

3·1만세 이후 김경천이 애국지사들을 만나 교유하자 만주로 탈출해 독립군 지도자가 될 걸로 예상한 일본군 헌병과 경찰은 감시를 강화했다.

김경천은 탕자(蕩子)가 되는 걸로 위장했다. 술과 여자를 탐닉하며 방탕한 생활을 이어갔다. 경성 최고의 요정 명월관에서 당대 경성 최고의 명기(名技)라는 현계옥도 만났다. 가장 값비싼 청국요리를 하는 여화원(麗華園 사축동[司畜洞] 현재의 중구 북창동에 있던 중국요릿집)에서도 기생을 끼고 술을 마셨다

명기 현계옥을 둘러싸고 의친왕 이강과 김경천이 삼각관계라는 소문이 경성 장안에 퍼졌다. 김경천 자료를 10년 이상 추적한 나는 이를 사실로 믿는다. 의친왕의 따님 이해경 여사가 쓴 아버지의 전기 《나의 아버지 의친왕》(도서출판 眞, 1997)에도 실려 있다.

그렇게 일본의 감시를 피한 김경천은 그의 지령을 받고 경성에 온 후배 지석규(지청천) ·이응준과 더불어 서간도로 탈출해 신흥무관학교를 찾아가기로 작전계획을 세웠다. 요코하마에서 함께 맹세한 홍사익 중위는 사단장이 육군대학 입시 후보자로 추천했다는 핑계로 오지 않아 끼지 못했다. 아니, 기회주의자 이응준도 탈출 순간에 나타나지 않았다.

1919년 6월 6일 주룩주룩 비내리는 날, 김경천과 지석규는 경의선 열차로 신의주까지 가고, 6월 7일 국경열차로 압록강을 통과해 안둥(安東, 현재의 단둥[丹東])에 도착해 탈출에 성공했다.

그리고 보름을 걸어 퉁화현(通化縣[통화현]) 싼위안바오(三源堡[삼원보])를 거쳐 류허현(柳河縣[유하현]) 하니허(哈泥河[합니하])에 있는 신흥무관학교에 도착했다. 이미 교관으로 있던 신팔균, 두 사람보다 늦게 합류한 이범석과 함께 그는 한인 생도들을 가르쳤다.

석 달 과정이었다. 졸업한 제자들은 의열단원으로도 가고 독립군

초급지휘자로도 가고 교사로도 갔다. 그들은 평우둥(鳳梧洞[봉오동]) 대첩, 창산리(靑山里[청산리]) 대첩에 참전했고 독립운동사에 큰일을 했다. 가장 유명한 이는 평양 숭실대학의 만세시위를 주도하고 망명한 김훈(金勳)이다.

동갑짜리 스승 이범석을 따라 북로군정서로 가서 소대장을 맡고 창산리(청산리)의 첫 전투 바이윈핑(白雲坪[백운평]) 매복에서 정면 차단을 맡아 작전을 성공을 이끌었다.

그의 중국식 이름은 양림(楊林)이었다. 그는 뒷날 이범석의 모교인 윈난(雲南[운남])강무학교를 나와 소련에 유학한 뒤 황포군관학교 교관을 지내고 중국 공산당 중심간부가 되었다.

중국공산당군이 국민당 군대에 쫓기는 대장정에서 마오저뚱(毛澤東[모택동])을 구하고 전사해 중국공산당사에 큰 이름으로 남았다.

서간도를 떠나 연해주로 가다

김경천이 서간도 싼위안바오(三源堡[삼원보])에 있는 신흥무관학교에서 청년들을 가르친 기간은 길지 않았다. 상황이 바뀐 때문이었다. 3·1만세 이후 만주와 러시아 연해주 등지에서 독립투쟁의 지평이 몇 배로 넓어져서 무장투쟁 지휘자가 필요했다.

'남만삼천' 교관들은 헤어지기로 했다. 지석규(지청천)는 이곳에 남아서 학교와 서로군정서를 맡고, 신팔균과 이범석이 북로군정서로 가고, 김경천은 러시아 연해주까지 가서 독립군부대를 조직하기로 했다. 그리고 내년 3월 1일을 기하여 국경지대에서 국내진공을 감행하자고 결의했다.

서간도와 북간도와 연해주, 세 곳 모두 독립전쟁을 위한 해외기지로 지목된 곳이었다. 세 사람 중 가장 역량이 큰 김경천이 연해주를 선택한 이유는 그의 출신지인 함경도 출신 유민들이 개척한 땅이고, 막 공산주의 혁명에 성공한 소련 지도자 레닌이 한인 독립운동가들에게 매우 우호적이기 때문이었다.

러시아 연해주에서 초기 한인 유민이 뿌리를 내리며 공동체를 만들어 간 곳은 5개 지역이었다. 첫째는 두만강 국경에 닿은 포시에트였다. 한인들의 지명은 연추(延秋)였다. 둘째는 거기서 동북쪽 300km 떨어진 항구도시인 블라디보스토크로 한인들이 부른 지명은 해삼위(海蔘威)였다. 셋째는 블라디보스토크 북쪽 150km, 우수리 강을 끼고 발달한 도시 니콜스크 우수리스크였다. 한인들이 부른 지명은 소왕영(蘇王營)이고 발해시대 지명은 소성(蘇城)이었다. 시베리아

러시아 연해주와 한러 국경선 부근 지도.
《김경천 평전》(도서출판 선인, 2018)에서 옮김.

횡단철도와 중국 만주에서 오는 철도가 교차하는 교통의 요지로 지금은 우수리스크라는 지명을 갖고 있다. 넷째는 블라디보스토크에서 동쪽으로 170km 뻗어간 산악지역으로 동해에 닿아 있었다. 중심지는 스찬이었으며 한인들이 부르는 지명은 수청(水淸)이었다. 다섯째는 니콜스크 우수리스크에서 남서쪽으로 중국 국경에 이르는 수이푼이었는데 한인들이 사용한 지명은 추풍(秋風)이었다.

연해주 한인들의 삶은 서간도나 북간도보다 대체로 나았다. 초기 유민들로서 러시아 국적을 얻은 사람들을 원호민(原戶民)이라 했는데 그들은 많은 토지를 소유하고 있었다. 지난날 고국 땅에서 천대 받은 농투성이 출신이었지만 그들은 돈이 있었고 조국 독립의 열망도 컸다. 그 바탕 위에서 1908년 이범윤(李範允)과 최재형(崔在亨) 등이 의병대를 만들었고 안중근의 지휘로 국내진공작전을 전개했다.

10월 혁명으로 정권을 잡은 직후 레닌 정부는 '평화에 관한 법령'을 공포했다. '러시아 내의 모든 민족에 대하여 민족적 종교적 온갖 특권과 제한을 철폐하고 러시아로부터 분리 독립정부를 가질 수 있게 한다'는 내용도 있었다.

한인 사회는 희망에 부풀었다. 1918년 6월 이동휘(李東輝)·박진순(朴鎭淳)·박애(朴愛. 마다베이) 등이 하바롭스크에서 한인사회당을 결성했다. 이동휘는 독립전쟁의 승리를 위해서는 볼셰비키 파의 협조를 받아야 한다고 생각했다. 연해주 원호민 출신으로 모스크바 대학 정치학과를 나온 박진순과, 극동지역 볼셰비키 투사들과 교유해온 박애가 의기투합해 그를 도왔다.

그러나 연해주와 동시베리아는 내란에 빠져 있었다. 레닌의 볼셰비키 혁명은 성공했으나 반혁명파가 반란을 일으켜 다시 부르즈와 정권을 세우려 했다. 미국·일본·영국이 국제간섭군으로 출병해 공산혁명군을 공격하고 있었다. 그중 일본군 병력이 압도적으로 많아 17만 명에 달했다.

한인들이 감당해야 할 것은 혁명뿐만이 아니었다. 일본군은 혁명을 간섭하고 방해하는 목적 외에, 연해주와 아무르 주를 손에 넣고 사할린과 알류산 열도, 캄차카 반도까지 장악하려는 속셈을 갖고 있었다. 블라디보스토크 부근에만 3만 명에 이르렀으며 아무르 강을 타고 동시베리아의 중심까지 진출해 있었다.

한인들은 무장조직을 만들어 일본군 및 일본군과 한 편인 적군(赤軍)을 상대로 맞서고 있었다. 첫 조직은 1918년에 조직된 한인적위대, 다반 군대, 황하일 부대 등이 있었다. 김경천이 도착할 때까지의 연해주 한인의 역사와 상황은 대략 그러했다.

김경천은 이런 상황을 잘 알고 있었다. 육사 3년 후배 이응준이 국제간섭군으로 출병했던 경험을 말해주었기 때문이다. 대규모 일본군은 곧 철수할 것이고 연해주는 독립전쟁을 하기에 가장 좋은 지역이었다.

김경천의 연해주 선택은 그의 운명을 뒤바꿔 놓았다. 그를 비롯한 연해주의 한인독립투사들은 레닌의 요청을 받아들여 혁명군인 적군(赤軍)과 손잡고 일본군, 차르 황제파인 백군과 싸웠다. 그러나 결과적으로 뒷날 레닌의 후임자인 스탈린에 의해 반역으로 내몰리는 배신을 당했던 것이다. 김경천의 연해주 선택은 가장 불운한 것이 되고 말았다. 결과론이지만 그가 북간도를 선택했다면 그의 생애는 그렇게 비극적으로 끝나지는 않았을 것이다.

김경천은 1919년 10월 북간도를 거쳐 러시아 연해주로 가는 여정에 올랐다. 긴 도보 여행이었다. 보름 만에 중간 기착지 지린(吉林[길림])에 도착해 독립운동 기관인 군정사(軍政司)에 짐을 풀었다. 박찬익(朴贊翊) 등 독립투사들이 반겨 맞았고 이곳에 체류 중이던 재미 항일투사 박용만(朴容萬)이 근사한 청국요리를 대접했다.

며칠 쉬며 힘을 회복하고는 창춘(長春[장춘])행 기차에 올랐다. 일본군의 만주 점령 거점으로 관동군 사령부가 있는 창춘에 도착해 일본군 검문을 피하며 하얼빈 행 기차로 갈아탔다. 기차는 무링허(穆陵河[무릉하])라는 강의 다리를 건너고 수이펀허(綏粉河[수분하])라는 강의 교량도 건넜다. 우수리 강 철교를 건너 러시아 땅으로 들어섰다. 그리고 11월 목적지인 니콜스크 우스리스크역에서 내렸다.

마적떼를 토벌하고 군정을 펴다

그런 상황에서 김경천은 군대 장교 출신 독립투사들이 북만주와 연해주 일대를 근거지로 삼아 조직한 한족군인구락부 창립에 참여하기 위해 북만주 모다오시(磨刀石)에도 가고, 수이푼 만석동에 초빙되어 애국청년들을 대상으로 군사교육을 시키기도 했다.

그런 가운데 1920년 3월, 러시아 혁명파 적군과 박(朴)일리아가 이끄는 한인 부대가 아무르 강 하구에 위치한 도시 니항(泥港 러시아어 지명 니콜라예프스크)에 주둔하던 일본군과 민간인을 전멸시키는 사태가 일어났다. 사태가 급박하게 돌아가기 시작했다. 일본군의 대규모 보복, 한인들을 무차별 학살할 것이라고 예상할 수 있었다.

독립운동 지도자들이 김경천에게 스찬으로 가 달라고 요청했다. 김경천은 블라디보스토크 신한촌에서 저명한 지도자 정재관(鄭在寬)과 장기영(張基永)을 만나 의기투합하고, 두 사람과 함께 기차를 타고 스찬의 삼림지대를 통과해 치모우라는 곳으로 갔다. 지도자들을 만나 연합총회를 열었다.

"나는 싸우고 싶습니다. 일본이 가르쳐준 전술로써 일본군을 공격하고 싶습니다."

그의 말에 지도자들은 박수를 쳤다. 그리고 수십 정의 소총을 내놓았다. 청년 입대자들이 모여들었다. 그들에게 소총 조작법부터 가르쳤다. 김경천은 100명 남짓한 대원들을 이끌고 산속을 달리며 신속히 기동하고 공격과 수비를 하는 훈련을 시켰다. 새봄이 오고 시베리아의 동토(凍土)를 뚫고 새 움이 트기 시작했다.

그러나 김경천이 조직한 한인 유격대 정보는 일본군에 들어갔다. 어느 날 적군(赤軍)사령부에서 통고가 왔다. 원호민만 남기고 조선 국적자는 귀가시키라는 명령이었다. 일본군사령부의 요구를 혁명군인 적군 사령관이 받아들인 것이었다. 김경천은 분루를 삼켰다.

4월초, 연해주 일본군은 총공격에 나섰다. 블라디보스토크의 원동공화국 산하기관들을 기습해 요원들을 살해하고 조선인 거주 중심지 신한촌을 습격해 닥치는 대로 학살했다. 니콜스크 우수리스크, 하바롭스크, 포시에트의 얀치혜 등 조선인 기관과 마을도 습격했다. 니콜스크 우수리스크에서는 연해주 한인공동체의 중심인물인 최재형을 생포해 역 광장에서 처형했다. 김경천이 있는 안쪽스찬(내수청)에서도 작전을 시작했다. 김경천은 피신하여 때를 기다렸다.

일본군은 조선인들을 학살한 뒤 국제적 비난에 부딪히자 만주의 마적 두목 카오샨(靠山)을 불러들여 돈과 무기를 주고 앞장세웠다. 마적들은 살판이 난 듯이 한인 마을을 분탕질하기 시작했다. 닥치는 대로 빼앗고 불을 질렀으며 여자를 겁탈했다. 그런 최악의 상황은 기병장교 출신인 김경천의 존재 가치를 갑자기 크게 만들어 주었다. 그는 치밀하게 대책을 세웠다.

1920년 5월 18일, 카오샨 파 마적 380명이 다우지미 북쪽 산에 도착했다. 미리 호를 파고 매복했던 김경천 부대는 일제사격을 가했다. 마적들은 시체 수십 구를 남기고 철퇴했다. 그러면서 한인 마을로 달라붙어 40채의 민가에 불을 질렀다. 불타는 초가집에서 살겠다고 달려나오는 한인들을 향해 닥치는 대로 총을 쏘았다.

한인부락을 분탕질한 카오샨파 마적은 석탄광 요새로 들어갔다. 일본군이 사용하다가 물려준 한 곳이었다. 김경천은 대원들을 산속으로 끌고 들어가 혹독하게 훈련시키면서 치밀하게 기습을 준비했다. 마침 한창걸(韓昌傑)이 지원군을 끌고 왔다. 원호민으로서 러시아 군대에 징집되었다가 키에프군사학교를 다니고 준위로 임관했던 한창걸, 나이는 김경천이 세 살 위였다.

김경천이 기습작전을 지휘해 석탄광 요새의 마적단을 전멸시켰다. 한꺼번에 300정 이상의 소총과 그만큼의 말을 노획한 유격대는 함성을 올렸다.

"김경천 대장 만세!"

그는 부대 이름을 '창해(滄海)청년단'이라고 짓고 본격적인 체제를 만들어 갔다. 전체병력은 상비대 102명, 예비대 945명으로, 모두 합해 1,047명이었다.

그는 직할 상비대를 지휘하는 한편 승마에 능숙한 9명의 별동대원들과 함께 틈나는 대로 예하 지대를 순시했다. 그러다가 일본군 순찰대가 보이면 쏜살같이 달려가 공격해 전멸시켰다. 노획한 말들 중에 백마 하나가 돋보였다. 그것을 김경천이 탔다. 백설처럼 흰 백마를 타고 질풍같이 달려가는 늠름한 그의 모습에 동포들은 경탄을 금하지 못했다.

그는 동포들의 지지를 받으면서 스찬 지역에 군정(軍政)을 폈다. 그 지역에 사는 한인은 물론 중국인과 러시아인도 통치하였다. 러시아인도 그곳으로 들어가거나 밖으로 나가려면 군정관인 그가 발행한 증명서를 휴대해야 했다.

일본군 사주를 받고 한인 마을을 약탈하는 마적단과의 싸움은 여름까지 이어졌다. 그해(1920년) 6월, 홍범도 장군의 펑우둥(鳳梧洞[봉오동]) 대첩 소식을 김경천은 일본군 앞잡이인 마적단을 공격하면서 들었다.

"나도 홍범도 장군처럼 일본군과 싸우고 싶다."하고 그는 여러 차례 참모들에게 말했다. 그러나 우선 당장은 동포들을 마적들의 약탈로부터 보호해야 했다.

'백마를 타고 산야를 달리는 김장군' 이야기가 빠른 소문으로 퍼져 나갔다. 고국 신문《동아일보》는 조선인들을 괴롭히는 마적의 만행을 보도하는 기사 끝에 김경천의 부대를 소개하여 그와 대원들의 독립투쟁을 슬며시 알렸다. 본론은 마적이 아니라 독립군 이야기였다. 일제의 사전검열을 피하기 위한 묘책이었다. 이름은 당시 그가 쓰던 김응천(金應天)이라는 가명으로 썼다.

보기(步騎) 양대(兩隊)의 대단(大團) 총사령관 김응천

김응천(金應天)이 사령관이라는 마적대는… 보병 기병의 두 대를 조직하고 전부 소총을 가지고 탄환도 백 발 이상 삼백 발씩 준비하였으며 군마 80두에 기관총 네 정을 갖고 그 외에 육혈포도 가져 있다 하며 그들은 조선의 독립을 목적 삼고 로국 공산당과 기맥을 통하며 병졸은 십칠 세 이상 삼십 세 이내의 청년이며 사령관 김응천은 삼십사 세인데 십육 세에서부터 일본에 가서 모 학교를 졸업하고 계속하여 일본에 있다가 사 년 전에 이곳에 와서 이 단체에 들었는데 부하의 존경이 비상하며 재질이 영민하고 또한 말을 잘 타는데 스스로 사회당 연해주 총사령관이라 일컫는다 하며…

《기세(氣勢)가 치성(熾盛)한 마적》, 《동아일보》, 1921년 8월 18일자).

가을이 되자 일본군은 더 이상 마적을 시켜서는 안 된다고 판단해 대규모 병력을 보내 김경천의 근거지인 스찬을 점령하였다. 그리고 김경천 부대를 전멸시키려고 밀정들을 풀었다. 시호티알렌 산맥의 밀영에서 대원들을 영솔하던 김경천은 당장은 일본군과 전투하기 어려운 상황이라고 판단, 조용히 숨어들었다. 그때 북간도에서 무관학교를 열 것이니 와서 자문해 달라고 하여 해로와 육로를 은밀히 이동해 북간도 타이핑춘(太平村[태평촌])에 다녀오기도 했다.

10월 중순, 김경천은 혈성단(血誠團) 간부들을 만나러 뜨레치푸진으로 갔다. 군정관으로서 해야 할 일이었다. 그곳의 방어진지를 튼튼

김경천 투쟁 무렵의 스찬 유격대와 당시 사용한 기관총. 2000년 답사 중에 촬영.

히 만든 뒤 사관 속성과정을 열었다.

혹독한 참패와 빛나는 승리

김경천은 스찬의병대 주력과 적군의 연합부대를 이끌고 일본군과 러시아 백군을 공격하기 위해 이동했다. 스찬의 신영거우(新英巨于)에서 백군에 근접하여 전투준비 상태에 돌입했다. 신영거우는 가장 오래된 한인 마을로 러시아 지명은 니콜라예프카였다. 발해시대의 성터가 있는 곳이었는데 그는 연합하기로 한 적군(赤軍) 부대가 잘못 기동하고 무책임하게 후퇴하는 바람에 일본군과 백군의 대대적인 병력에게 포위를 당했다. 결과는 참혹한 패배였다. 살아남은 것이 기적이었다.

김경천의 패배는 고국 땅에도 알려졌다. 백군과 함께 김경천의 스찬 의병대를 쫓은 일본군은 그를 사살한 것으로 판단했다. 블라디보스토크 주재기자의 긴급전보를 받은 《동아일보》는 그가 전사했다고 보도했다.

김경천이 전사했다고 보도한 《동아일보》 기사. 본명 김광서로 썼다.

김광서(金光瑞) 전사설(戰死說)

해삼위(海蔘威) 「맨크로푸」 정부군(政府軍)은 지나간 22일에 연해주(沿海州) 「오라가」(慈城 東北方 約40里)에서 과격파군과 충돌하여 두어 시간을 서로 맹렬히 싸운 후에 과격파군을 물리쳤는 바 그 싸움으로 부하 약 3백 명 가량의 독립파 조선 사람을 거느리고 과격파를 원조하는 기병중위 김광서(金光瑞)는 부하 70여 명과 같이 그 자리에서 전사를 하고 기타 과격파 군병도 다수히 전사하였는데 김광서는 원래 일본 육군사관학교(陸軍士官學校)에서 기병과를 졸업하고 제연대(第一聯隊)에 사관으로 있다가 병을 치료한다는 이유로 경성에 돌아와서 있던 중 재작년 독립소요 때에 그대로 로국(露國) 방면으로 행적을 감추어 지금까지 독립파의 조선사람을 모아가지고 맹렬한 무단주의를 실행하던 사람이라더라.

《동아일보》, 1921년 11월 27일자).

1922년 새해가 왔다. 김경천은 부대를 추스려 영하 30도의 혹한 속에 이만으로 이동했다. 그곳에는 러시아 백군과, 백군 복장으로 위장한 일본군이 수비하고 있었다.

절치부심한 끝에 감행한 이만 야간 기습은 여섯 시간 동안 계속되었다. 김경천은 자신의 부대원 200명과 적군 부대 연합병력을 지휘해 차르 황제파 정규군인 백군과 백군으로 위장한 일본군 연합부대를 괴멸시켰다. 일본군과 백군 900여 명을 몰살시킨 대승이었다.

고국 땅에 명성을 떨치다

김경천이 이만에서 대승을 거둔 직후인 1922년 1월 하순, 고국 땅에서는 '백마 탄 김장군' 이야기가 인구에 회자되고 있었다. 장엄하게 죽은 영웅 이야기여서 동포들을 비탄에 잠기게 했다.

지난 해 11월, 김경천이 크게 패했을 때 전사했다는 소식이 신문에 실렸고, 만주와 연해주를 취재하던 나경석(羅景錫)이 그것을 안타까워하며 장문의 르포를 기고했다. 그는 유명한 여성화가 나혜석(羅惠錫)의 오빠이기도 했다.

경천(擎天) 김 장군(金將軍)

시베리아에 가면 누구든지 우리 경천 장군의 명성이 놀라움을 알 것이외다. 월전(月前) 일본 신문에 누차 게재하였음에 의한즉 반과격파 정부 멜크로푸 군(軍)의 야습을 당하여 전사했다고 하는데 우선 그것이 사실이라면 노령 일대의 조선 사람에게는 큰 불행이라 하나이다. 그를 보았고 그를 아는 사람은 마음으로 추모하여 위대한 공적을 기억하게 하기 바라나이다. 그는 누구냐 하면 일한합병 당시에 일본 도쿄 사관학교에 재학하던 유일한 관비 군인학생으로 졸업한 후 도쿄 기병대 소위가 되어 의연한 소년 사관의 웅자(雄姿)로 아오야마(靑山) 연병장에서 때때로 준마를 달리면서 부하를 지휘하던 김광서 군을 도쿄에 여러 해 있던 학생 제씨는 아마도 역연히 기억할 듯하외다.

그는 아령 해삼위에 들어가 1년 여를 체재하였으나 역시 여의치 못한 중 일본이 출병하여 일본군이 과격파와 반(反)과격파의 무기를 전부 몰수하고 조선인을 포착(捕捉)할 때에 다행히 도망하여 노령 연해주 삼림지대인 조선인의 통칭 수청(水淸)이라는 산중에 잠거(潛居)하여 있었는데 그 때에 중국인 마적이 러시아인의 무기를 일본이 모두 압수하였음을 아는 까닭에 무인경에 들어오듯 하여 농촌의 절대 대수를 점한 조선인의 피해가 막심하였나이다.

그뿐만 아니라 일본 군대는 조선인의 독립단과 공산당을 박멸하기 위하여 마적 괴수인 고산(靠山)이란 놈을 니콜리스크시(尼市)에 불러다 놓고 각별 우대하여 가면서 마적에게 무기를 공급하여 조선인 촌락을 습격케 하여 다대한 손해를 주도록 한 것은 공연(公然)한 비밀이라 노령에 있는 조선 사람은 누구든지 아지 못하는 사람은 없나이다. (…)

이때에 김 장군은 각 마을에 격서(檄書)를 발송하여 의용군을 모집하여 급속히 주야로 연습하여 마적 토벌을 시작하였으나 처음에는 의용군에 적지 않은 사상자가 있어서 노령의 수천의 조선인 촌락이 불을 뿜는 산 위에 있는 것 같았나이다.

김장군은 사력을 다해 토벌을 계속하였으되 매양 자기가 선봉이 되어 단신으로 적진에 돌입하여 공격하였으므로 200~300명의 소수 의용군으로 수천 명 마적을 도주하게 하여 군신(軍神) 김 장군의 전술에 적은 전율하여 감히 접근하지 못하도록 되어 수청 일대의 수천 호는 개선가를 부르고 안도하게 된 후 중국인과 러시아인까지도 그 군정의 통치 하에 예속되어 러시아인이나 중국인이 타지방에 여행하려면 김장군의 증명서를 가지고 의용군 수비구역 밖에 출입하게 되었나이다(공민(公民), 〈노령견문기〉, 《동아일보》, 1922년 1월 23일과 24일).

얼마 후, 그가 생존해 있다는 소식이 알려졌고 이후 그의 소식은 신문에 여러 차례 실렸다. 곧 고국진공을 감행할 것이며 일본인들을 암살하라는 지령을 내렸다는 것이었다.

독립단의 양언(揚言)

일본군사와 아라사 「지다」 정부의 군사와 서로 충돌할 때 삼백 명의 조선군사를 거느리고 「지다」 군사에 가담하였던 자칭 한국독립군사령관 김응천(金應天)은 그 근처독립군 수령 한창걸(韓昌傑)과 함께 배일 조선인을 모아가지고 일본군사가 물러나 온 해삼위에 와서 일본 군사의 밀정이 되었던 자와 기타 친일파를 암살하고 다시 광동(廣東)으로 가서 그곳 독립군과 협력하여 조선 내지를 잠입한다고 떠든다더라.

(해삼위 전 보)(《동아일보》, 1922년 4월 22일자).

일본인 현상 암살(日本人 懸賞 暗殺)
독립군사령관 김응천의 선전

서백리아(西伯利亞)에 주둔하던 일본군이 돌아가는 틈을 타서 조선 내지에 침입하려고 계획 중이던 조선독립군사령관 김응천(朝鮮獨立軍司令官 金應天)은 「시고도와」 부근에서 조선의 독립을 부르짖고 격렬한 배일선전서를 배포하는 중이라는데 그 선전서의 내용은 상금을 줄 터이니 일본군 장교와 일본인을 암살하라 하였으며 대개 다음과 같다더라. 일본 장교 1명 50원, 통역 밀정 각 1명 30원, 군사탐정 각 1명 20원, 병졸 1명 10원, 일본인 남 1인 5원, 여 1인 3원(동경 전보)

《동아일보》, 1922년 6월 2일자).

이 무렵 대한민국임시정부와 독립군의 투쟁이 크게 누드러진 것이 없었으므로 고국의 동포들은 김경천을 최고의 독립투사로 인식하게 되었다.

그 후 김경천은 고국땅에서 가까운 수이푼을 거쳐 모국 땅이 가까운 얀치혜까지 진출해 백군 및 일본군과 전투를 벌였다. 백마를 타고 수십 명의 경기병을 이끌어 적진을 질풍처럼 내달렸고 크고 작은 전투에서 승리했으며 고국 땅이 보이는 두만강 하구까지 진격했다. 그때 부상을 당했으나 다시 일어섰다. 러시아 연해주의 모든 한인 무장단체가 고려혁명군으로 결합되었다. 그는 그 조직의 동부사령관에 임명되었다. 그는 몸이 아직 회복되지 않은 채 기동이 빠른 기병 별동대를 휘몰아 일본군을 공격하고 잽싸게 빠지는 작전을 감행했다.

백마를 타고 달리며 마적 떼와 일본군을 공격하는 김경천의 독립 전쟁은 이것으로 끝났다. 시베리아 내전이 종료되고 일본군 등 국제 간섭군이 철수하자 소련 당국이 한인 독립군부대를 포함한 모든 유격대에 해산명령과 귀가명령을 내린 때문이었다.

상하이 국민대표회의에 가다

김경천은 1923년 상하이로 밀행하여 국민대표회의에 참석했다.

임시정부를 다시 만드는가, 개조하는가 토론하는 독립운동 진영의 회의, 그의 명성은 모든 독립운동 진영에 알려져 있었다. 그래서 곧 군무위원으로 지명되어 무장 세력의 연합을 위한 토론에서 중요한 포스트에 앉았다.

《동아일보》는 150명의 투사들 중 유일하게 김경천의 직접 구술을 지면에 담았다.

빙설 쌓인 서백리아(西伯利亞)에서, 아령(俄領) 조선 군인 김경천

(앞부분 생략) 이때 철도와 중요한 길목은 모두 일본 군대가 점령하였으므로 우리 군사는 할 수 없이 산에 가서 주둔하는데 하루 귀리죽 몇 그릇을 먹고 발을 벗고 하루 눈이 한 길 쌓인 산 속에서 지내니 그 고생이 어떠하였겠소. 미국이 독립전쟁을 할 때에 겨울에 맨발을 벗고 얼음 위를 지나가서 얼음에 발이 베어 발자국마다 피가 흘렀다더니 우리군사도 이때 발자국마다 피가 고였었소.

… 우리는 적군(赤軍)과 행동을 같이 하였으므로 백군이 조선군이라고 만나기만 하면 죽일 때이오. 이때 연해주에 적군(赤軍)이 전멸함에 따라 다시 쫓기어 들어가는데 강냉이죽을 먹어가며 겨울에 박착(薄着. 옷을 얇게 입음)을 하고 이만강 가로 2백 리를 행군하여 갔소. 그래서 마침내 어떤 산에 가서 얼음과 눈으로 요새를 만들고 지키고 있으니 이 때 일본군이나 백군이 들이치면 산을 등에 지고 최후의 결전을 치르려 했소.

… 1922년 즉 작년 3월 중에 약골리가로 백군이 집중하매 우리 군사는 적군과 연합하여 공격하였더니 백군은 소학령으로 쫓기어 갔소. 그 후 일본 군대가 철병하게 됨에 우리나라 있는 쪽으로 퇴각할 듯하므로 나는 이것을 추격하기 위하여 군사를 데리고 일본군 경계선을 돌파하고 추풍(秋豊)으로 나오니 이것은 범의 허

리를 밟고 지나가는 듯한 장쾌한 모험이었소.

《동아일보》, 1923년 7월 29일자).

억울하게 숙청당하다

김경천이 상하이 대표회의에서 돌아온 1923년부터 무장투쟁을 더 이상 하지 못했다. 이후 서울에 있던 가족들이 와서 합류했고 그는 꼴호즈(집단농장)의 대표를 맡았다. 1931년 일본이 만주사변을 일으켜 만주대륙을 점령하자 일본군을 공격하게 해달라고 소비에트 당국에 요청했지만 뜻을 이루지 못했다. 그에게 내려진 명령은 하바롭스크에 있는 연방국가보안부의 일본문서 분석관으로 일하라는 것이었다.

김경천의 평전을 쓴 나로서는 이때 그가 가족을 연해주에 두더라도 왜 떠나지 못했나 하는 아쉬움이 있다. 1924년 레닌이 사망한 후

김경천이 교수로 일했던 블라디보스토크의 극동고려사범대학 건물.
2018년 12월 답사 중 촬영.

정권을 잡은 스탈린은 한인들에게 우호적이지 않았고 만주사변 이후에는 연해주 한인들이 일본 쪽에 붙을까봐 두려워하고 있었다.

1933년 그가 받은 마지막 직책은 블라디보스토크의 극동고려사범대학 일본어 교수였다. 2년 뒤인 1935년 소련 국가 내무인민위원회는 일본에 협조할 잠재적 가능성이 있는 한인 지도자들을 숙청하기 시작했다. 1937년에 단행할 한인들의 중앙아시아 강제이주 작전을 위한 예비작업이기도 했다.

내가 《김경천 평전》 탈고 직전에 김경천 장군의 외손자 김겐나지 선생에게서 받은 러시아 학자들의 논문에 당시의 비밀문서들이 인용되어 있다.

> 감사위원회는 또한 이 대학에서 많은 외부세계적 요소가 있음을 밝혔다. 한국어 교수인 오정황, 러시아어 교수인 김 세르게이 미하일로비치(전 백군 장교), 일본어 교수인 김경천(전 일본군 장교. 일본군의 유명한 한인 장군의 아들 – 체포). 식자실 담당 박진(김경천 아내의 형제, 이산수의 추천으로 들어옴. 또한 당에서 추방당한 김낙원 및 오선권 추천으로) 등이었다.

추측하자면 이렇다. 스탈린 체제 하의 대숙청 기간에 극동고려사범대학은 특별 감사를 받았다. 감사반은 간첩혐의, 경계해야 할 외국인, 간첩 혐의를 받은 사람의 추천으로 대학에 온 교수와 직원, 반혁명 활동을 한 사람들을 적발했고 '심각하다'는 보고서를 썼다. 김경천은 전 일본군 장교라는 사실 때문에 '경계해야 할 외부세계인'으로 지목되었다. 외부세계적 요소란 가상적국인 일본을 일컫는 것이었다.

그의 부친 김정우 군기창감은 일본에 유학했지만 일본군이 아닌 대한제국 군대에 몸담았을 뿐인데 '일본군의 장군'이라고 잘못 적시하고 숙청 사유 중 하나로 삼았다. 특별감사반은 김경천이 포함된 '인민의 적' 명단을 NKVD(내무인민위원회)에 넘겼을 것이다. 이런 감사반과 엔카베데의 판단이 이성적이고 정직하게 이뤄지지 않았음은 알려진 사실이다. 죄를 뒤집어씌우기 위해 혐의를 만들고, 배당된 인원을 채우기 위해 마구잡이로 숙청했던 것이다.

결국 그는 1935년 체포당해 군법회의에서 3년형을 선고받아 복역했다. 1939년 형기가 끝나, 강제이주된 가족이 있는 카자흐스탄 카라간다로 가서 콜호즈 채소작업원으로 일했으나 두 달 뒤 다시 체포당해 강제노동교화소 노동교화 8년형을 선고 받았다.

54세인 1941년 1월, 러시아공화국 아르헨겔스크 주 코틀라스에 있는 북부철도 수용소로 이송되어 철도건설 노역을 시작했다.

코틀라스는 어떤 곳인가? '천사들의 땅'이라는 뜻을 가진 아르헨겔스크 주에 속한 인구 6만의 작은 하항(河港)도시이다. 알렉산드르 솔제니친의 소설《이반 데니소비치의 하루》에 나오는 정치범들의 유형지였다. '대숙청 시기'라고 부르는 1940년대 초반 가장 악명 높았던 유형지였다. 수만 명의 죄수들이 침목과 교량 건설에 쓸 원목 벌채와 철도공사에 동원되었다. 이 도시에 있던 북부철도수용소에서는 하루 평균 50명 이상, 통산 2만 5천 명이 죽어나갔다.

1942년 1월 14일, 김경천은 결국 비타민 결핍으로 인한 심장 질환으로 사망, 죄수들의 공매장지에 묻혔다.

아직 유형지에 묻혀 있는 유해

1945년 8월, 조국이 일본의 항복 선언으로 해방되고, 10월 14일, 평양에서 열린 소련군 환영대회에 젊은 김일성이 지도자로 등장했다. 국민 대부분이 김경천을 '진짜 김일성'으로 생각하며 환국을 기다렸다. 그가 억울하게 죽은 사실을 알지 못했다.

기가 막히는 일은 김경천과의 독립전쟁 투신 맹세를 어기고 끝까지 일본군에 남아 고급장교를 지낸 이응준을 비롯한 일본 육사 후배들이 주축이 되어 국방경비대를 창설한 일이다. 일본 육사 생도 시절, 대한제국의 무관학교가 폐교되고 생도들이 육군유년학교로 편입해오자 김경천은 그들의 멘토가 되어 독립정신을 강조하고 독립전쟁 투신을 결의하도록 이끌었는데 그들은 대부분 친일의 길을 걸었다. 나는 이 사실을 파헤친 팩션《마지막 무관생도들》을 집필해 2016년 출간했다. 2018년 출간한 《김경천 평전》에도 그 이야기를 썼다.

김경천의 누명은 일찌감치 벗겨졌다. 1956년 러시아 군사재판소는 1936년의 반역죄 혐의에 대한 재심에서 무죄를 선고하고, 1959년에는 1939년의 간첩죄 혐의에 대한 재심에서 무죄를 선고했다.

고국에서는 김경천을 '진짜 김일성'이라고 결론 내리고 '독소전쟁에서 전사한 것'으로 추정했다. 그리고 그의 투

1939년 정치범 수용소에 갇힌 김경천. 김경천의 외증손녀 김올가 씨 제공.

쟁은 전설이 되어 갔다. 북한지도자 김일성과 그를 함께 엮는 오해도 커져 갔다. 1998년에 가서야 모스크바대학에 유학 중이던 정창영 감사원 감사관이 유족을 찾아 정부에 보고함으로써 그의 최후를 알게 되었다. 그해 8월 15일, 아들과 딸이 정부 초청으로 귀국, 건국훈장 대통령장을 추서 받았다. 그러나 그의 유해는 아직도 코틀라스 유형지의 공동매장지에 묻혀 있다.

김경천의 생애를 더듬어보면 일본군의 사주를 받아 한인 마을을 분탕질하는 마적과의 전투가 일본군과 직접 맞붙은 전투보다 많았던 점, 평우둥 대첩을 한 홍범도, 챵산리(青山里[청산리]) 대첩을 한 김좌진처럼 청사에 남는 한 방의 승리를 거두지 못한 것 때문에 존재감이 약해 보이나 실상 그의 공적은 그들보다 작지 않았다. 이 무렵 동포들의 염원 속에는 그의 존재가 큰 나무로 우뚝 서 있었다.

김경천의 외증손녀 김올가 씨가 유형지의 공동매장지 추념비에 묵념하고 있다.
김올가 씨 제공.

금년이 삼일운동과 임시정부 100주년이어서 많은 행사를 열고 많은 담론들이 쏟아지지만 김경천의 유해 발굴 이야기는 없다. 그의 외증손녀 김올가 씨(전남대 박사과정)가 혼자 국내에 들어와 유해 발굴을 호소했으나 그곳이 러시아 땅인데다 수천 명 희생자들과 섞여 있어 찾아내기 어렵다고 국가보훈처에서 대답한 모양이다. 일본은 DNA 검사로써 일본인임을 확인하면 봉안해 간다는데 우리는 왜 못할까. 안타깝고 속상한 일이다.

일제에 충성하고도
초대 참모총장 된 이응준

광복 후 창군의 주역, 그러나 친일로 지목

이응준(李應俊 1890~1986) 장군은 일본으로 유학 간 44명의 대한제국 마지막 무관학교 생도들을 대표하는 인물이다. 용모가 수려하고 체력과 학교 성적, 그리고 통솔력까지 모두 탁월했다. 친화력도 좋아서 스승, 친구, 후배와 부하 들의 신뢰를 받았다. 관운 또한 좋아서 대좌까지 승진했고, 8·15 광복 직후 미군정의 요청을 받아 국방경비대 창설을 맡았고, 1948년 정부 수립 후 초대 육군참모총장 자리에 올랐다.

초대 육군참모총장 시절의 이응준 장군. 《회고 90년》에서 옮김.

그러나 돌이킬 수 없는 흠결이 있다. 독립전쟁에 투신하겠다고 맹세했으나 그걸 지키지 않은 채 일제에 충성했고, 창군 당시 일본군과 만주군 출신 후배들을 중용한 것이다. 친일반민족행위자들을 검증, 청산하지 못하고 달려온 이 나라 현대사의 중심에 그가 있었다.

그의 파란만장한 생애는 마치 한 편의 소설 같다. 나는 그를 비중이 큰 인물로 삼아 장편 팩션 《마지막 무관생도들》을 썼다. 집필하는 동안 많은 고심을 했다. 소설이든 팩션이든 집필할 때는 주인공과 심리적 동일시를 이뤄야 한다. 그와 가장 깊은 심리적 동일시를 이루었으므로 집필하는 내내 가슴이 아플 수밖에 없었다.

냉정하게 마음을 다잡고 친일행각을 빠짐없이 기술했다. '그가 청년기의 맹세를 지켜 항일투쟁의 전선에 섰다면 우리 현대사도 달라졌을 게 아닌가?' 하는 아쉬움은 지금도 크다.

가출 소년을 애국지사 이갑이 챙겨

이응준은 평남 안주에서 평범한 농부의 아들로 태어났다. 어려서부터 총명함과 준수한 외모와 붙임성 있는 행동으로 사람들의 주목을 받았다. 한문을 배웠고 한약방의 심부름꾼, 거상(巨商) 점포의 서사 노릇을 했다. 러일전쟁으로 마을에 주둔한 일본군을 보았는데 강간 약탈을 일삼는 러시아군보다 깨끗하고 친절해 어렴풋이 일본을 동경하게 되었다. 농투성이로 살 수는 없으니 한성으로 가서 신학문을 배우자고 결심, 17세 때 아버지의 돈 3원 50전을 훔쳐 가출했다.

진남포에서 인천으로 오는 연락선에서 점잖은 신사의 눈에 들어 그를 따라 한성(서울)으로 갔다. 사람이 아무리 잘생기고 운이 좋아도 이러긴 어렵다. 신사의 숙부가 대한제국 군부 실력자인 노백린(盧伯麟) 부령(副領 지금의 중령)이었다. 노 부령 댁으로 가서 부령의 눈에 들어 소년식객이 되고, 노 부령의 일본 육사 후배인 이갑 참령의 집으로 옮겨 갔다. 이갑과 노백린에 대해서는 앞에서 별도의 글로 쓴 바 있다.

애국지사 이갑 참령은 이응준을 총애했다. 나라를 지킬 동량으로 키우려고 독선생을 두어 가르쳤다. 참령의 무남독녀인 정희(正熙)는 일곱 살 위인 응준에게 온갖 어리광을 부리고 매달렸다. 도산 안창호(安昌浩) 등 민간인 동지들은 물론 많은 영관장교 들이 그의 집에 드나들었고, 그 중 식객으로 있던 김형섭(金亨燮) 정위가 이응준에게 대수(代數)와 기하(幾何)와 과학을 가르쳤다.

이응준은 1906년 초가을, 막 개교한 보성중학교 입학시험에 합격했다. 보성중학교는 이용익(李容翊)이 설립했고 교장은 관비유학생 출신 신해영(申海永)이었다. 이응준이 재학 중이던 1907년 이용익이 망명지인 연해주 블라디보스토크에서 사망하자 그의 손자인 이종호(李鍾浩)가 운영을 맡았다. 이종호는 이갑과 간담상조하는 동지들 중 하나였다.

이응준은 중학교 교복을 처음 입으며 참령의 은혜를 평생 잊지 않겠다고 눈물을 흘리며 다짐했다. 중학교 입학 뒤에도 이 참령의 애정은 컸다. 학기말 시험 때는 집에 손님이 많이 와서 방해가 된다고 성북동의 별장을 빌려 거기서 공부하게 했다.

1907년, 이응준이 18세 때였다. 일본은 헤이그 밀사사건의 책임을 물어 광무황제(고종)에게 양위하라고 협박했다. 친일대신들이 일본편을 들었다. 이갑 참령은 이에 반대해, 일본 육사 선후배들과 무장봉기를 일으키려다가 체포되었다. 죄인의 집은 약탈해도 되는 관례가 있었다. 웅준은 학교에 가지 않고 큰 몽둥이를 들고 대문 앞에 앉아 부인과 외동딸 정희와 참령 댁을 지켰다.

이갑은 곧 풀려나왔고 웅준의 행동은 이갑과 그의 동지들을 감동시켰다. 그 무렵, 이 참령의 집에는 안창호·이종호·유동열(柳東說)·노백린·이동휘(李東輝) 등 애국지사들이 드나들며 밀의를 했다. 의병을 일으키려는 것이었다. 안창호는 참령의 외동딸 정희를 귀여워하며 수양딸로 삼았는데, 웅준이 참령의 가족과 집을 지킨 게 가상하다며 데리고 나가 양품점에서 가죽지갑을 사서 선물로 주었다. 이갑의 동지들은 전국으로 보내는 의병 격문을 노끈으로 꼬는 일을 웅준에게 맡기기도 했다. 참령의 집에 찾아오는 손님들도 우국지사, 학교도 애국지사가 세운 터라 소년 이응준도 애국심으로 젖어갔다.

1908년 봄, 이응준은 삼청동에 있던 육군무관학교 편입시험에 응했다. 자신이 한때 기숙했던 노백린 정령(正領 대령)이 교장이고 이갑 참령과 절친하니 정실합격일까? 아니라고 본다. 다음해 일본행에 오를 때 작성된 생도들 성적순 명부 선두권에 들었기 때문이다. 그는 무관학교 편입학 후 동기생들 마음을 사로잡아 적응에 성공했고, 우등생인 홍사익과, 고지식하고 지구력이 강한 지석규(지청천)와 단짝이 되었다. 그리고 장충단에서 열린 가을운동회에서 남산 봉수대를 왕복하는 산악구보에서 1등을 하여 황제가 내린 은시계를 상품으로 받았다.

그러나 다음해인 1909년 무관학교가 폐교되고 이응준은 일본행에 올랐다. 가느냐 마느냐 선택은 자유였다. 이응준 장군의 자서전《회고 90년》을 보면 이갑 참령이 일본행을 권한 것으로 되어 있다. 만약에 나라가 일본에 먹힌다면 독립투쟁에 투신하라는 다짐을 해서 보냈다고 한다.

동기생과 후배 들을 합한 40여 명 중 이응준의 성적서열은 아래와 같았다. 편입생인데도 학과가 우수하고 체력이 좋아 사관교육을 받기에는 최적의 자질을 가진 셈이었다.

서열 7. 이응준(李應俊) : 연령 18년 1월, 2학년,
일어—갑(甲), 기타학과—갑, 교련—중(中), 체조—우(優), 성질—온직(溫直),
궁행—방정(方正), 체격—강장(强壯)

일본 육군유년학교와 육사에서도 성적 빛나

대한제국의 위탁 생도들은 환경이 바뀌고 교육과정이 생소한 도쿄의 육군중앙유년학교에서 적응하기 위해 온 힘을 기울였다. 학과에서는 홍사익이 앞섰지만 이응준은 구보, 사격, 유도(柔道) 등 술과(術科)에서 우수했다. 그는 조선인 생도들을 경멸하는 일본인 생도들과 교관들의 마음을 사로잡아 갈등을 해결하는 역할도 했다. 그것은 조선인 생도들이 적응하는 데 큰 힘이 되었다. 이 무렵에 대한제국 황실유학생으로 5년 전 일본에 유학 온 유년학교 3년 선배 김현충(김경천)이 찾아와 격려했고 이응준은 그와의 유대를 단단히 하는 데도 기여했다.

그러나 1910년 8월 29일 한일강제합병 조칙이 발표되고 위탁생 신분이던 이응준과 조선인 생도들은 일본 천황의 신민으로 신분이 바

꿨었다. 그들은 일요일에 전원이 아오야마(靑山) 묘지에 모여 통곡하고, 장차 어떻게 할 것인가 토론했다.

결론은 일본이 가르쳐 주는 대로 군사교육을 받고 경험을 쌓은 뒤 조국이 부르는 날 무장투쟁에 나서자는 것이었다.

특히 단짝이던 3인, 이응준과 홍사익과 지석규는 김현충 선배와 요코하마에서 마치 《삼국지연의》의 도원결의와도 같은 맹세를 한 번 더 했다. 함께 탈출해 함께 싸우자는 것이었다.

1912년 5월 말, 23세의 이응준은 육군중앙유년학교를 11기로 졸업했다. 일본국 관보는 맨 끝에 조선인 생도들을 따로 실었는데 이응준은 홍사익 다음으로 2위였다. 전체 졸업 석차는 알 수 없으나 그가 현장부대 실무 수습 단계인 대부근무를 도쿄 주둔 1사단 3연대로 배치된 것을 보아 전체 10위 이내였음을 짐작할 수 있다. 성적순으로 배치했던 것이다. 반년간의 대부근무를 마친 그는 육사에 26기로 입학했고 1914년 5월 말 졸업, 다시 반년 간의 견습사관 근무를 마치고 그해 12월 육군소위로 임관했다. 이번에도 성적이 좋아 배치된 부대는 도쿄 아자부구(麻布區)에 있는 1사단 보병 3연대 그대로였다.

김명순 성폭행 사건

이응준 장군이 초임장교 시절 여고생을 성폭행했다고 추정할 만한 기록이 있다. 상대가 뒷날 한국 여성문학을 열어간 김명순(金明淳 1896~1951)이어서 파묻히지 않고 이미 세상에 드러나 있다. 그런데도 여기 쓰는 것은 정확한 자료를 전달하기 위해서이다.

1914년, 이응준이 육사 졸업을 앞두고 있을 때 고국의 김희선(金羲

광복 직후의 이응준 장군. 민족문제연구소《친일인명사전》에서 옮김.

善) 평남 개천군수로부터 '조카딸이 도쿄 유학 중이니 보살펴 달라'는 편지가 왔다. 김희선은 일본 육사 11기 대선배이자 같은 평안남도 출신이었다. 이응준이 이갑 참령 댁에 몸을 의탁했을 때 몇 번 만난 적이 있었는데, 경술 강제합병 후 조선총독부의 회유를 받아 군수가 되어 있었다. 이응준으로서는 피할 수 없는 부탁이었다.

김 군수의 조카딸이 바로 김명순이었다. 어린시절 김탄실이라는 이름을 썼고, 일본에서는 김기정(金箕貞)이라는 이름을 썼으며 고지마치(麴町)여학교에 재학 중이었다. 그리고 성적이 우수하고 빼어난 미모를 가진 처녀였다. 유학 전에 다닌 경성 진명여학교 학적부를 보면 성적이 탁월했다. 마지막 학기인 4학년 전체 과목 중 절반인 수신(修身), 국어(일본어), 지리, 도화(미술)는 100점으로 석차가 2위였다. 뒷날 춘원 이광수의 아내가 된 허영숙(許英肅 1895~1975)이 그 뒤 3위였다.

김희선 군수는 총명하고 예쁜 조카딸이, 장래가 촉망되는 이응준 소위와 맺어지기를 바랐던 것 같다. 일본군 장교는 위상이 높아서 상류사회의 일원이 되는데다 이응준은 성격이 좋고 리더십, 체력, 학력 모두 뛰어났기 때문에 탐을 냈을 가능성이 크다.

이응준 장군의 자서전《회고 90년》에 이런 이야기가 있다. 이 사건 1년 전 육사생도 시절 여름방학에 귀성휴가를 받아 경성에 갔다. 무관학교 은사 이희두(李熙斗) 장군이 자기 집 방을 내주어 거기 묵었다. 장군은 노백린에 이어 무관학교 교장에 부임했다가 폐교 선언을 한 인물이었다. 그때 장군은 좋은 가문에서 청혼이 들어왔다고 하며 결혼하기를 권했는데 이응준 자신이 사양했다는 내용이다.

일본 육사를 막 졸업한 신임소위들은 자유연애에 열을 올렸고 여학생들이 쉽게 넘어왔다고 한다. 이응준은 김명순을 연애상대로 만난 듯하다.

육사를 졸업하고 반년 간의 견습사관 근무를 거쳐 소위로 임관한 후 고지마치구 고반초(五番町) 마을에 하숙을 얻었는데 김명순의 학교와 가까웠다. 김명순과의 만남을 위해 그곳에 하숙을 잡았을 개연성이 크다.

그러나 25세의 청년장교 이응준과 도쿄 유학 여학생 김명순과의 사랑은 파탄에 이르렀다. 김명순이 기생 출신 첩의 딸임을 이응준이 알고 멀리 하려 했지만 김명순이 계속 매달렸고 그런 가운데 성폭행 사건이 벌어졌던 것으로 보인다. 나는 《마지막 무관생도들》에 김명순이 첩의 딸임을 고백했다가 버림받은 걸로 썼는데, 그녀는 감추었고 이응준 소위가 사실을 알고 등돌렸을 개연성도 있다.

당시 신문기사를 보자.

동경에 유학하는 여학생의 은적(隱迹) 어찌한 까닭인가

평안남도 평양(平南 平壤) 사는 김의형「金義衡」의 딸 기정「箕貞」(17)은 목하 동경에서 미국인이 경영하는 사곡전마정(四谷傳馬町) 파투테스트 교회 여자학교에서 기숙중인 바 지나간 이십사일 아침에 외출한 대로 행위불명이 되어 동학교 사감이 사곡경찰서에보호수색을 청원하였으나 아직 종적을 알지 못하였더라. 그 여자는 그 전부터 국정 오번정(麴町 五番町) 근처 하숙에 있는 유학생으로 목하 마포연대부 보병 소위 이모(麻布聯隊附 少尉 李用準? 23)이라는 한 청년과 서로 연연불망하는 사이라 한즉 이(李)를 생각하다 못하여 료사(寮舍)를 빠져나간 것이 아닌가 하는 말이 있고 그 여자의 동생으로 부하대기(府下大崎) 이백삼십구 번지에 유숙중인 김기동(金箕東 16)은 누이의 일을 염려해 각처로 찾아다니는 모양으로 가련하더라. (동경 전보) (《매일신보》, 1915년 7월 30일사).

이 신문은 명순의 부친 김희경을 김의형으로, 이응준을 이용준으로 잘못 게재했으나 8월 5일 김희경, 이응준으로 바로잡고, 그녀는 무사히 기숙사로 돌아왔으며, 이응준 소위가 결혼하려고 청했으나 그녀 집안에서 거절한 일로 이번 일이 벌어졌다고 속보를 게재했다.

8월 13일자에는 이응준 소위가 그녀를 사모한 적이 없으며 당연히 결혼을 청한 적이 없다고 수정 보도했다.

결국 정숙하지 못한 부잣집 여학생이 육군소위를 짝사랑하다가 소동을 일으킨 사건으로 세상에 알려졌다. 그녀는 고지마치여학교로 돌아가지 못하고 조선으로 떠났다. 그리고 그 후 많은 남성편력을 하며 전락의 길을 걸었다.

십여 년 뒤 그녀는 근대여성문학을 열어나가는 대표 문인이 되어 있었으나 최대 독자를 가졌던 잡지《삼천

이응준과 김명순의 연애사건을 보도한 세 번째《매일신보》기사.

리》가 그녀의 남성편력을 흥미로운 스토리텔링으로 다루었고 이응준과의 11년 전 연애사건을 앞에 넣었다.

> (앞부분 생략) 그 이튿날 도쿄 도하(都下)의 각 신문에는 김명순 랑(娘)의 사진이 나고 그 「로―맨쓰」가 나고 유서까지 모두 나서 연일 큰 쎈세슌을 일으켰고 육군사관학교에서는 이XX씨에 대한 여러 가지 조사로 분잡(奔雜)한 광경이 전개되었었다. 김랑은 여성의 최후의 일선까지 유린을 당하고 버리었노라고 진술하였으나 이 씨의 답은 사랑하는 사이는 되었으나 정조에 손이 아니 미쳤다고 하였다.(〈백화난만의 기미여인군(己未女人群)〉, 《삼천리》, 1931년 6월호.)

김명순 작가에 대한 연구서들이 성폭행이라고 단정한 것은 《매일신보》 기사 3편이 아니라 바로 이것이다. 임관 후의 일인데도 육사생도 시절의 일인 것으로 잘못 기술했다. 두 당사자가 그게 아니라고 반론을 편 기사는 없다.

세상은 김명순을 옹호하지 않았다. 성의 방종에 빠진 여성상으로 지목했다. 그녀가 도쿄미술학교 출신 화가 김찬영(金瓚永), 소설가 임장화(林長和)와 갈아치우듯이 동거한 때문이었다. 용산 소재 79연대 대위로 있던 이응준은 좋지 않은 일로 호사가들의 입에 오르내렸다.

그리고 김명순의 남동생과 소년기 친구였던 김동인은 김명순의 남성편력을 비난하는 소설을 〈김연실전〉이라는 제목으로 써서 1939년 3월 《문장》지에 발표했다. 단행본은 1946년 금룡도서에서 출간했다. 일본유학을 준비할 때 일본어 가정교사와의 통정, 그리고 일본 유학

시절 어리숙한 대학생을 유혹한 부분은 팩트로 보기 어렵다. 김동인은 이응준과의 연애사건을 뻔히 알면서도 상대를 농대생으로 썼다.

김명순은 여성문학의 길을 열었으나 불행하게 살다 1951년 사망했다. 2000년대에 들어 생애와 작품세계 연구가 활발해지고 문학전집이 출간되었다. 연구자들은 도덕적 전락의 원인을 이응준의 데이트 강간으로 보고 있다.

러시아 연해주 출정

김명순 사건 반년 뒤인 1916년 봄, 이응준은 평생의 은인인 이갑 참령의 당부대로 그의 무남독녀인 정희와 약혼했다. 이정희 여사는 김명순 작가와 진명여학교의 1년 선후배쯤 된다.

이갑은 중국과 러시아 연해주에서 독립운동을 하다가 중풍으로 쓰러졌다. 자신의 생명이 얼마 남지 않았음을 자각하여, 일본 유학 중 방학을 맞아 문병 온 조카 이태희를 통해 약혼하라는 당부를 반지와 함께 보냈다. 그리고 1년 뒤인 1917년 6월 니콜스크 우수리스크(현 우수리스크)에서 사망했다.

1918년, 일본군 부대는 시베리아 출병으로 술렁거렸다. 연해주와 시베리아는 볼셰비키 혁명정부를 거부하는 우파 세력의 반란으로 내전에 빠져 있었다. 일본은 미국·영국·프랑스와 함께 국제간섭군을 연해주와 시베리아 동부에 파병했다. 명분은 반란 세력인 백군(白軍) 편에 서서 러시아의 공산주의 혁명을 좌절시키려는 것이었지만 러시아 극동지역을 차지하려는 욕망, 그곳에서 활발하게 독립운동을 펼치고 있는 한인들을 제압하려는 속셈도 갖고 있었다. 그래서 처음 4

개 사단 정도를 파병했으나 점차 확대되어 11개 사단 17만 명을 보냈다.

이응준도 출병 대열에 끼게 되었다. 소속부대가 출정한 게 아니라 조선 출신 이응준에게 특별 보직을 주기 위한 지명차출이었다. 그는 블라디보스토크에 있는 일본군사령부에 배속되어 한인공동체의 동정을 파악하는 임무를 수행했다.

어느 일요일 하루 시간을 내어 블라디보스토크 북쪽 니콜스크 우수리스크에 있는 고 이갑 참령의 집을 방문하고 그의 묘소를 참배했다. 반지를 교환하며 약혼한 정희는 진명여학교에 복학하여 경성에 가 있어 만나지 못했다.

나는 지난겨울 서울신문사의 취재에 동행하여 연해주에 가서 애국지사 이갑 선생의 집터를 찾으려 했다. 러시아 한인의 정신적인 지주이자 거부(巨富)인 최재형(崔在亨) 선생이 안공근의 아우를 자신의 집 옆에 살게 거두었다는 기록, 안공근의 집 옆에서 이갑 참령이 살다가 별세했다는 이응준 장군의 회고록의 힌트를 갖고 있었으므로 근처를 살펴보았다. 명확히 짚을 수는 없으나 짐작은 할 수 있었다.

이응준 중위는 안중근 의사의 아우 안공근(安恭根) 등 독립운동가들과도 만나게 되고 한인 독립운동 관계 첩보도 다루게 되었다. 연해주 한인공동체는 최재형·안중근이 조직한 의병대에 입대해 고국 땅 진공을 감행한 적이 있고 항일무장투쟁에 가장 유리한 조건을 갖고 있었다. 그리고 블라디보스토크와 우수리스크에는 이갑 참령을 추종했던 세력이 살아 있었다.

이갑의 유지를 이어야 하는 의무감을 가진 이응준, 김경천·지석규

(지청천)와 무장항쟁을 하자고 맹세한 바 있는 이응준으로서는 군복을 벗고 탈출해 동포 무장세력 속으로 숨어버릴 절호의 기회였다. 그러나 그는 그러지 않았다. 일본군의 세력에 비해 조선인 무장세력은 턱없이 약해 독립전쟁이 불가능하다는 현실적 판단을 한 때문이었을 것이다.

그는 극심한 위장병에 걸려 8개월 만에 일본으로 후송되었다. 몸이 준마처럼 탄탄한 그가 일본으로 후송될 정도로 극심한 위장병이 걸린 이유는 무엇이었을까. 나는 졸저 《마지막 무관생도들》을 쓰면서, 마음의 갈등 때문인 것으로 방향을 잡았다. 결국 연해주 출정 경험이 그를 그렇게 만들었다.

그는 다음해인 1919년 봄 3·1만세가 일어난 뒤 경성에서 선배 김경천, 동기생 지석규를 만나 탈출계획을 세울 때 미온적이었고 끝내 그해 6월 6일의 서간도행 탈출에 동행하지 않는 배신을 저질렀다.

이응준의 가족 중에 친일인물은 없었다. 부인인 이갑 참령의 외동딸 이정희 여사와 아우 이영준(뒷날 의사로 명성 얻음) 박사는 각각 진명여학교와 배재중학교의 3·1만세 시위에 가담한 일로 구속된 바 있었다.

권총 분실 사건과 우쓰노미야 조선군사령관의 회유

김경천·지석규와 더불어 탈출하느냐 마느냐 고심할 때, 이응준은 임시정부 밀사에게 권총을 도난당하는 사고를 당했다. 그는 일본 도쿄 후송병원에서 중증 위장병 치료를 명분으로 장기 요양 휴가를 얻어 경성에 올 때 우리가 흔히 육혈포라고 부르는 26식 권총을 한 자루 갖고 왔다. 당시 일본군 장교는 그게 가능했던 것 같다. 망명 탈출해 독립전쟁에 사용하려 했는지, 뽐내려 했는지는 알 수 없다. 그런데 그 권총을 임시정부 자금모집 밀사인 최성수(崔成洙)에게 도난당했다. 그의 회고록에 의하면 최성수는 임정이 발행한 '제47호 신임장'과 '애국금수령서'를 내놓으며 빌려달라고 했고 그는 거부했다.

이 사건은 반년 후 그가 이갑의 딸 이정희와 결혼하고 며칠 뒤 최성수가 체포됨으로써 불거졌다. 고문을 이기지 못해 이응준의 권총이라고 자백한 것이다.

이와 관련하여 평남 도지사와 조선군헌병사령관의 보고서가 일본 방위성에 남아 있다. 최성수는 이응준이 빌려준 권총을 사용해 모금한 1만2천 엔을 평양 체류 중인 미국인 기자를 통해 상하이에 있는 임시정부로 송금했고, 이응준에게 권총을 빌려 송대헌(宋大憲)에게 1천 원을 의연(義捐)케 했고, 이응준의 혐의에 대해 헌병대가 대질심문으로 사실을 확인했다는 내용이다. 조선군사령부 및 육군성이 상당한 고심과 신중한 논의를 한 듯 이 사건과 관련하여 보고한 서류가 37쪽에 달한다.

일부 연구자들이 권총사건을 장인인 이갑 참령에게 보내려고 한 것으로 기술하고, 많은 아마추어 탐구자들이 그걸 인용해 인터넷 글에 올리고 있으나 시간이 맞지 않는다. 이 사건은 이갑이 사망하고 3년 뒤에 일어났다.

3·1만세시위에 참가한 사실만으로 징역 1년, 시위를 주동한 사람에게 징역 3년을 선고하던 서슬 퍼런 시기였다. 그리고 일본의 군형법은 민간 형법보다 3배쯤 형량이 컸다. 권총을 빌려주었건 도난당했

건 반년 동안 보고하지 않았으니 이응준이 군법회의에서 당할 형량은 징역 5년 이상 될 중범죄였다.

위기에 빠진 조선인 청년장교를 구원한 것은 조선군사령관 우쓰노미야 타로(宇都宮太郎) 육군대장이었다. 그는 이 해 60세였으며 온건한 아시아주의자를 자임하며 일(日)·청(靑)·한(韓) 삼국동맹을 주장했었다. 그러나 식민지 조선 땅에 와서는 선과 악의 두 얼굴을 모두 보여주었다.

두 해 전인 1918년 조선군사령관에 부임한 후 반일 성향 지도자들을 만나 의견을 듣는 등 온건한 성향을 드러냈다. 그러나 3·1만세운동이 걷잡을 새 없이 확대되자 군대를 동원해 가차 없이 진압했다. 그런 가운데 터진 사건이 수원 제암리 학살이었다.

시위대가 순사 둘을 타살하자 '강압수단을 사용해 조선인들이 두려워서 복종하고 꼼짝 못하게 하라. 다시는 일어서지 못하게 진압하라'는 명령을 내렸다. 출동한 수비대는 제암리에서 양민 29명을 교회에 가두고 불을 질러 학살했다. 다시는 일어나지 못하게 진압하라는 우쓰노미야의 명령을 따른 것이었다.

우쓰노미야는 학살사건을 은폐시켰다. 그리고 학살을 저지른 아리타 도시오(有田俊夫) 중위를 군법회의에 넘겼으나 무죄를 선고하고 30일간의 중근신 처분을 내렸다.

우쓰노미야 대장이 조선 출신 장교 이응준에게 기울인 애정은 하늘보다 높다는 어버이의 정만큼이나 컸다. 권총 도난사건을 자신이 책임지고 처리하겠다는 문서를 육군성에 보냈고 도쿄 1사단 소속인 이응준을 기어이 용산의 조선군사령부로 전속시켰다.

2007년 도쿄에서 출판된 우쓰노미야의 일기(《陸軍大將 宇都宮太郎 日記》, 2007, 東京, 岩波書店)를 보면 그가 조선군사령관으로 재임할 때의 일들이 상세히 실려 있다.

이응준 권총도난 사건이 불거진 1920년 2월 15일부터 사령관이 병이 깊어져 귀국길에 오른 8월 20일까지 일기에서 이응준 중위를 언급한 것이 14회에 달한다. 그것들을 찬찬히 읽어보면 그가 이응준을 중벌의 위기에서 구한 뒤 일본 편으로 회유하기 위해 얼마나 많은 노력을 기울였는지 알 수 있다.

강원도 지역 부대 순시에 나설 때 조선인 초급장교인 그를 고급참모들로 구성된 수행원에 넣어 데려 가는 파격을 보였다. 사촌처남을 취직시켜 달라는 부탁을 들어주었고, 아내가 싸준 점심 도시락을 그를 불러서 사령관실에서 같이 먹었으며, 병이 심해져 병상에 누웠을 때 고관대작들의 문병을 사양하면서도 그의 문병은 받아들였다. 의친왕(義親王) 이강(李堈)이 문병 와서 선물로 놓고 간 프랑스 와인을 하사했고, 자신이 귀국하기 전 그의 관사를 방문해 그의 아내가 끓인 차를 마셨다.

그것은 우쓰노미야 사령관의 고도의 책략이었다. 그는 3·1운동을 잔혹하게 진압한 자신의 이미지를 온화한 것으로 바꿀 필요가 있었고 그것은 무단정치에서 문화정치로 선회하는 일본의 정책 방향과도 일치했다. 게다가 일본 군부가

조선군사령관 시절의 우쓰노미야.

정성들여 양성한 조선인 육사 출신 젊은 장교들 중 조철호와 이동훈이 이미 이탈했고, 김경천·지석규는 아예 신흥무관학교로 탈출해 가서 일본군에 대항할 청년들을 키우고 있었다. 그들과 탈출을 모의했던 이응준을 잡아둠으로써 또 다른 조선인 장교들의 이탈을 막아야 했다.

결국 이응준은 사령관에게 회유당해 망명 항쟁의 길을 포기하고 말았다. 우쓰노미야 사령관에게 의심 없이 다가갈 기회가 무수히 많았다. 저격을 결심했다면 물론 목숨을 내놓아야 했겠지만 쉽게 성공했을 것이다. 일본이 데려다가 양성한 청년장교가 삼일운동 학살의 원흉 우쓰노미야의 가슴에 비수를 꽂았다면 이름이 청사에 빛날 것이다. 안중근 의사와 윤봉길 의사와 같은 반열에 서는 위인이 됐을 것이다.

어버이처럼 보살펴준 사령관을 인간적인 정 때문에 저격할 수 없었다면 '죄송하다' 한 장의 편지를 남기고 탈출했으면 어땠을까. 그가 탈출했어도 독립을 쟁취하기는 어려웠겠지만 민족사의 긍지는 한층 커졌을 것이다. 그리고 그렇게 끝까지 일본군에 충성한 인물이 국군을 창설했다는 사실이 주는 열패감을 우리는 갖지 않게 되었을 것이다.

이응준은 우쓰노미야의 기대대로 일본에 충성하는 삶을 선택했다. 제암리 학살사건을 자행한 79연대에서 충실한 장교로 복무했다. 그는 애국지사 고(故) 이갑의 사위, 도산 안창호의 수양사위, 그리고 대한제국 마지막 무관생도들을 상징하는 인물이기도 했다. 저절로 저명한 인사가 되어 이름이 경성 장안에 회자되었다. 1930년 1월 친일

성향의 잡지에 이런 탐방기사가 실렸다.

서백리아(西伯利亞)에서 불우하게 돌아가신 이갑 선생의 다만 한낱 혈육인 그 따님 정희 씨와 그의 남편 되는 이응준 씨가 현재 서울에 계시단 말을 듣고 1930년 맑게 개인 첫 가을 어느 공일날 용산을 찾았다. 이응준 씨는 옛날 한국시대에 육군 정령(현재의 대좌) 노백린 씨가 교장으로 있던 무관학교를 다니다가 일본 사관학교에 들어가 그곳을 마치고 동경 마포(麻布) 제3연대 사관으로 있다가 서백리아에 영미연합군과 함께 출전을 한 뒤 다시 7,8년 전에 조선에 돌아나와 용산 군대에 있는 터이다. 현직은 육군대위로 보병 제79연대 중대장으로 있는데 가정에는 이갑 씨 미망인과 그의 부처와 10살에 나는 창선이란 아들과 7살에 나는 따님이 있다.

울창한 한강통 수풀 속에 있는 육군관사로 씨를 찾으니 마침 문전에는 연대로부터 심부름 온 듯한 병정 한 명이 직립부동의 자세로 서서 중대장의 명령을 기다리고 있었다. 우리는 조금 뒤에 간결하게 차린 응접실에 마주 앉았는데 그때에 나의 눈에 처음 비치는 씨는 40이 가깝다 하는 것이 거짓말인 듯하게 아직 훨씬 젊어 보였고 풍모도 전장을 말을 타고 휘몰아 달리며 만군을 질타하는 그러한 우락부락한 용장(勇將)이라기보다도 불 도(佛道)나 닦고 앉았을 듯한 선배다운 분임에 놀랐다. 조금 있다가 다과를 가지고 들어 오는 이갑 씨 따님 정희 씨도 30

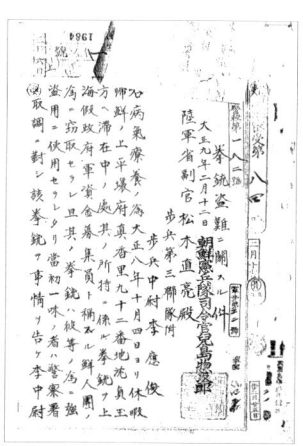

이응준의 권총도난 사건에 대해 조선군 헌병사령관이 육군성에 보낸 보고서.

이라 하나 주름살 한 점 없게 맑게 갠 그 얼굴로 보아서 훨씬 더 젊으신 듯이 보였다. 〈아하, 아버지 이갑, 그의 따님 이정희 여사 탐방기〉,《삼천리》, 1930년 10월호의 앞부분).

지난날 그와 독립전쟁 투신을 맹세한 무관생도 동기생 지석규는 이 무렵 북만주에서 피어린 항쟁을 하고 있었다. 후배로서 참의부 군사위원장을 맡아 만주 땅에서 눈부신 투쟁을 벌였던 이종혁은 일제에 체포당해 옥고를 치르고 있었다.

마지막 무관생도들의 대표 격인 이응준이 그런 길을 가지 않고 일제에 굴종한 것은 민족 모두의 불행과 수치가 되고 말았다.

일본군 장교를 상징하는 대표 인물로

동기생 지청천(池靑天. 1888~1957)이 1925년 중국 만주에서 정의부 총사령관으로서 무장투쟁을 전개할 때 이응준은 용산 소재 79연대의 대대장으로 있었다. 친일 성향의 잡지 《삼천리》가 일본군의 조선인 장교들을 높이 치켜세우며 소개하는 기사를 실었는데 이응준 소좌에 태반의 지면을 할애했다. 만주 신징(新京 오늘의 창춘[長春])의 관동군사령부에서 한 계급 높은 중좌로 복무 중인 홍사익보다 더 크게 썼다.

이응준 소좌는 동경 육군사관학교를 마친 제26기생 중 수재의 일인이다. 금년 8월에 일약 대대장이 되어 천여 명을 영솔하는 지위에 섰다. 나이는 금년에 마흔둘이라든가 셋이라든가 씨는 전 육군대신 부관이며 일본사관학교 출신이자 서북학회의 거두이던 고 이갑 씨의 사위인 것이다.

지금도 아침마다 용산 삼각정 부근에 서면 작은 언덕에 있는 제79연대 관사로부터 매일 아침 금빛 안장을 한 백마에 위풍당당하게 걸어 나오는 이 대대장을 만날 수 있다. 이럭저럭 생각하면 씨가 소위에서부터 소좌에 이르기까지 약 15,6년 가까운 세월이 걸리었다. 군율 엄한 군대 내의 일이라 특별한 전공 등에 의하지 않으면 소위부터 소좌에 가기까지 20년 걸리는 것이 보통이다. 이응준 씨는 이 예(例)에 비추어보면 성적이 매우 우수한 편이라고 할 것이다.

《군부에 있는 조선인 사관》, 《삼천리》, 1934년 9월호).

계급은 홍사익이 높지만 이응준이 존재감은 더 컸다. 이 잡지는 그의 동기생 또는 후배인 현역 장교들도 간략히 소개했다. 이응준과 같은 용산 제79연대의 유승렬 소좌, 대구 80연대의 박승훈 소좌와 남우현 소좌, 평양 주둔 보병 제7연대의 백홍석 소좌, 함북 회령 제75연대 정훈 대위 등 조선인 장교 대부분이 고국 땅에 들어와 있었다.

그리고 10년이 지난 1936년 봄, 이응준은 중좌로 진급했다. 48세에 중좌가 됐지만 육사 26기 전체 동기생들 중 15%에 해당하는 빠른 진급이었다. 조선 출신은 능력도 중요하지만 절대충성의 확신을 줘야 고급장교로 진급할 수 있었다. 이응준은 상

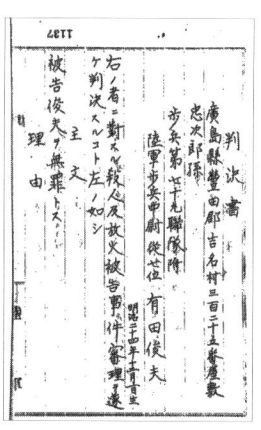

제암리 학살사건 주범 아리타 중위에게 무죄를 선고한 군법회의 판결서.

관들의 신임 속에 열심히 복무했고 그 결과로 1935년 '훈4등 서보장 (勳4等 瑞寶章)' 훈장도 받았다. 훈장은 진급에 큰 이점으로 작용했다.

새로 받은 보직은 경성의학전문학교와 경성약학전문학교의 배속장교였다. 두 학교에서 천황과 일본제국에 충성심을 갖게 하는 강의를 하고 학교를 통제하는 것이 임무였다. 정시 출퇴근이 가능한 꿀 같은 보직, 그는 일본 육사 유학 시절부터 교유한 인촌 김성수와 춘원 이광수를 자주 만났다.

끝까지 이어진 도산 안창호와의 인연

이갑(李甲) 참령의 동지였던 도산 안창호(島山 安昌浩) 선생도 가끔 뵈었다. 도산은 평양 근교에 머물렀는데 한 달에 한 번쯤 경성에 왔다. 조선호텔 식당이나 서울역 식당으로 이응준 부부를 불렀다.

도산은 가출소년 이응준을 품어 가르쳐 유학까지 가게 한 이갑의 비원(悲願)을 알고 있었다. 독립투쟁에 나서라는 것이었다. 그런데 일제에 타협하며 사는 이응준을 왜 아끼고 신뢰했을까? 이응준의 아내 이정희가 수양딸이어서만은 아니었을 것이다. 비록 일본군에 충성하고 있지만 언젠가는 독립전쟁 전선에 나갈 것이라는 기대를 버리지 않은 듯하다. 이갑의 비원은 도산의 비원이기도 했던 것이다.

1937년 6월, 수양동우회 사건으로 도산은 주요한·이광수 등 180여 명과 함께 구속당했다. 이응준은 종로경찰서장을 찾아갔다. 수양동우회의 활동은 독립투쟁이 아니고 계몽운동인데 왜 구속했냐고 따졌다. 서장은 육군 중좌보다 몇 단계 아래 직위였다. 꼿꼿하게 직립부동의 자세로 서서 땀을 흘리며 "죄송합니다"를 연발하다가 말했다.

"제 결정 아니고 경시총감님 분부입니다."

이응준은 더 이상 항의할 수가 없었다.

그해 7월 7일 중일전쟁이 일어났다. 이응준은 중국으로 출정했다. 톈진(天津)에 주둔하는 사단의 참모부 소속으로 허베이성(河北省) 일대에 전진 배치된 예하 연대의 작전을 조정하는 연락장교 임무를 수행했다. 그가 속한 사단은 나유안(南苑) 전투에서 승리를 거두고 남하작전을 전개해 산시성(山西省)으로 진군했다.

그는 1938년 초 베이징(北京)에 있는 북지파견군 사령부로 가라는 전속명령을 받았다. 점령지역에 사는 일본 청년들을 대상으로 징병검사를 하고 군대에 징집하는 임무를 수행했다. 숙소는 병영이 아니라 쭝양판디앤(中央飯店)이라는 서양식 건축물로 된 호텔이었다. 병영이 아니어서 마음만 먹으면 탈출해 독립전쟁 전선으로 갈 수 있었다. 그러나 그의 가슴에서 민족독립의 신념은 지워져 있었다.

그는 계속 일본에 충성했고 다음해 1939년 1월 다시 훈장을 받았다. 이번에는 4년 전보다 급이 높은 '훈3등'이었다. 산시성 토벌작전과 징집 병사업무 평가에서 최고의 근무 평점을 받은 때문이었다. 이 무렵에 도산이 별세했다. 이응준의 아내가 임종을 했다.

이응준은 이 해 8월, 홋카이도(北海道)의 삿포로(札幌) 병사구사

용산 주둔 부대 대대장 시절의 이응준 소좌. 자서전 《회고 90년》에서 옮김.

용산 주둔 보병 79연대 정문.

령부로 가라는 전속명령을 받았다. 고급장교인 그는 유명인사여서 신문들은 '반도의 자랑이 되는 이응준 중좌가 수훈의 개선으로 모지(某地)에 영전한다'고 보도했다(《동아일보》 1939년 8월 15일자). 그러나 실상은 대좌 진급에서 탈락하고 멀리 쫓겨 가는 것이었다.

탈락 이유는 두 가지였다. 도산과 춘원 구속 후 경찰서장에게 따진 일, 아내가 도산의 병수발을 하며 병원비를 구하러 다니고 임종을 지킨 일 때문이었다.

본인은 억울했겠지만 따지고 보면 그렇지도 않다. 동포들은 일제가 중일전쟁에 동원하느라 온갖 수탈을 해서 헐벗고 굶주리고 있었다.

이 무렵 조선총독부는 황민화 정책을 강행하면서 신사참배와 '황국신민의 서사(誓詞)'의 제창을 강요하며 민족말살정책을 펴 나가고 있었다. 국민정신총동원운동을 전개하고 지원병제도를 만들어 청년들을 전쟁터에 끌어가기 시작했다. 《조선일보》와 《동아일보》를 폐간

하고 창씨개명을 강행했다.

이응준은 다시 전속명령을 받고 대구병사구사령부로 갔다. 지원병을 뽑아 보내는 것이 주요임무였다. 다시는 트집잡힐 일이 없게 온 힘을 쏟아 업무에만 매달렸다. 창씨개명을 해야 했다.

그는 가야마 다케토시(香山武俊)로 이름을 고쳤다. 가야마는 춘원 이광수(가야마 미쓰로.香山光郎)의 창씨와 같았다. 춘원은 고향 평안도의 명산 묘향산에서 성을 땄느냐는 기자의 질문을 받고, 그게 아니라 일본 황실의 시조인 진무(神武)천황이 즉위한 가쿠야마(香久山)에서 땄다고 답했다는데 이응준도 그걸 따랐을 듯하다. 두 사람은 가까운 친구였다.

대구 부임 1년이 지난 1941년 8월, 이응준은 대좌로 승진했다. 이때 나이는 52세였다. 그리고 넉 달 후인 12월 7일, 일본군이 하와이 진주만을 기습하며 태평양전쟁이 시작되었다.

조선총독부는 극심한 착취와 강력한 통제와 억압으로 조선인들의 숨통을 조였다. 명망 있는 민족 지도자들 중 일부가 친일의 길로 나섰다. 독립보다는 일제에 편승하는 것이 민족의 장래를 위해 바람직하다는 발언을 했다. 윤치호·최린·최남선·김성수·이광수가 대표적인 협력자들이었다.

이응준은 김성수·이광수와 우정을 이어가고 있었고 심정적인 공명(共鳴)을 하고 있었다. 게다가 일본군 대좌 신분이어서 몸과 정신 모두 철저한 친일의 길을 달려가게 되었다.

생사를 초월해 천황에게 충성하라

이응준은 1942년 5월 북지(北支) 독립 7여단으로 전속되어 산둥(山東)반도 칭다오(靑島)의 신병교육대 대장자리에 앉았다. 현지 병사임무부대에서 일본인 장정들을 징집해 보내면 교육대에서 훈련을 시켜 전선으로 보내는 일이었다.

칭다오는 그와 가까웠던 사람들과 인연이 있는 도시였다. 멀게는 장인인 이갑 참령이 망명 직후인 1910년 여름에 동지들과 회담을 열고 독립운동 근거지로 만들려고 했던 곳이고, 가깝게는 지청천이 1차대전 말기에 자오저우만(膠州灣) 전투에서 독일군과 싸우고 부상당한 곳이었다.

그가 받은 신병들 중에는 300명의 동포 청년들이 포함돼 있었다. 그들을 일본군으로 뽑아 길들이는 일이 조국에 얼마나 큰 해악을 끼치고 민족정기를 압살하는 것인가는 깨닫지 못했을 것 같다.

1943년 가을, 화북지역의 일본군 제1군은 산둥성의 팔로군 유격대 토벌작전에 들어갔다. 이응준은 전투부대 지휘관이 되어 보산(博山) 지역에서 황해 쪽으로 진군하며 중국인 유격대를 괴멸시켰다.

이응준은 전투에서 몇 차례 죽음의 위기가 있었으나 살아 남았다. 그리고 진조우(錦州)라는 철도정거장 사령관으로 전속되었다.

휴가를 얻어 경성으로 왔는데《매일신보》기자가 안암정 집으로 찾아왔다. 징병제에 찬성하는 말을 해달라는 것이었다. 이틀 후 그의 발언은 신문에 실렸다.

생사를 초월하라 카야마 다케토시(香山武俊) 대좌 회견기

기다리고 기다리던 8월 1일 징병제 실시의 날은 왔다. 반도의 산하는 세기의 감격과 환희로 찼다. 최근까지 북지전선에서 휘젓고 싸우며 혁혁한 무공을 세우고 돌아온 평남 안주 출신의 카야마 다케토시 대좌를 안암정 자택으로 찾아 반도 청년에 부탁하는 말을 물으니 대좌는 이렇게 말했다.

'이번 조선의 징병제 실시에 의하여 조선 청년에게도 국가방위의 숭고한 병역의무가 부여된 것은 무상의 광영이며 명예이다. … 이 비상시국에 있어서 국가 방위의 최고 책무를 분담하게 된 것은 진실로 감사 감격에 이기지 못하는 터로 조선 청년인 자는 크게 감격하고 흥분하여 일어서야 하겠다. 그리고 촌각이라도 잊어서는 안 될 것은 명예가 있는 곳에 반드시 책임이 가중된다는 것이다. 대원수 폐하의 팔다리가 되어 황군의 일원으로 한 번 죽음으로써 그 책무를 완수하는 것이야말로 명예를 완수하는 길인 것이다.

《매일신보》 1943년 8월 3일자〉

그는 그 후 경성의 용산정거장사령관으로 전속되었다. 용산역은 조선반도 수송의 대동맥이었다. 조선 땅 곳곳에서 징발한 전쟁물자들을 중국전선으로 혹은 남방전선으로 수송하는 것이 그의 임무였다.

1943년 11월 9일 저녁, 조선군사령부의 달변가인 요시다(吉田) 소좌, 마지막 무관생도 후배인 가네야마 샤쿠겐(金山錫源 김석원의 창씨명)과 함께 경성 부민관(府民館)에서 열리는 매일신보사 주최 강연회에 나갔다. 그는 단상에 서서 말했다.

이씨 조선의 문약(文弱)의 소치로 전쟁에 가면 죽는다는 걸 연상하나 예로부터 전쟁의 사망자 통계를 보면 지극히 미미하다. 운이 좋은 사람은 총탄이 사람을 피하게 되고 운 나쁜 사람은 총탄이 따라오는 것이다. 전장 아닌 후방에서도 운 나쁜 사람은 별별사고로 죽어가지 않는가. 전장에 가면 꼭 죽는다고 두려워하지 말 일이다.

 이 나라의 국민으로서 같은 권리를 얻고 같은 대우를 받으려면 우선 의무를 다해야 한다. 영리를 내세우는 상사회사(商社會社)에 있어서도 돈을 많이 낸 사람이 사장이 되고 공로 많은 사람이 중역이 되기 마련이다.

 한 나라에 있어서도 마찬가지이다. 내지인은 나라를 위해 일청(日淸)전쟁, 일로(日露)전쟁에, 그리고 이번 대동아전쟁에서 이미 많은 희생을 바쳤다. 그러나 우리는 아직 그럴 기회가 없었다. 현재 내선일체(內鮮一體)와 일시동인(一視同仁)을 소리높이 부르짖으나 사실에 있어서 내지와 조선 사이에 허다한 차별이 있는 것은 부인할 수 없다. 예컨대 같은 국민으로서 같은 국내를 왔다 갔다 하는데도 우리는 현해탄을 건너는데 도항증이 있어야 하고, 같은 학생으로 같은 대학을 졸업하여 우수한 실력을 보인다 해도 취직하는 데 있어서는 요직에 쓰이지 못하고 보수에 있어서는 현격한 차이가 있다. 다만 조선인이라는 간판 탓이다. 누구나 그것에 분격할 것이다.

 그렇다면 우선 국민으로서 가장 중요하고 큰 의무인 혈세를 바치라. 희생을 바치라. 제군들이 희생을 바치고 난 후 또다시 분격을 느낄 차별대우가 있다면 나도 제군의 선두에서 항쟁할 생각으로 있다.

자서전 《회고 90년》에 있는 글이다. 근현대사의 인물들의 자서전을 실제 행적과 비교해 보면 자신의 과오를 숨기거나 변명하는 경우가 많다. 《회고 90년》은 상당히 진솔하다.

국군창설의 주역이 되다

이응준 대좌는 1945년 8월 15일, 원산항수송사령관 신분으로 일왕의 무조건 항복 방송을 들었다. 그리고 6일이 지난 21일 오전 소련군이 원산항에 상륙하는 것을 보고 아슬아슬하게 탈출, 서울로 왔다. 국제간섭군으로 시베리아에 출병해 혁명군인 적군(赤軍)과 싸운 경력이 있으니 포로로 잡혔다면 총살당하거나 시베리아 유형지로 끌려갔을 것이었다.

다음날, 일본 군복을 입은 청년들이 집으로 찾아왔다. 일본군과 만주군 장교 경력자들이 조직한 조선임시군사위원회 대표들이었다. 일본에 충성했으면서도 이응준을 회장으로 내세워 해방 조국 창군의 주도권을 잡으려는 것이었다.

"삼십 년 일본 군복을 입었던 내가 뭘 할 수 있겠나? 근신할 생각이네."

이응준은 그렇게 사양했다.

광복군은 돌아오지 못하고 있었다. 미군정이 개인자격으로 귀국하라고 했던 것이다. 이응준을 찾아간 조선임시군사위원회 말고도 여러 군사경력자 단체가 그 틈을 노려 민첩하게 움직이고 있었.

젊은 육사 출신 장교 계림회 후배들이 이응준의 집으로 몰려와서 떼를 썼다. 이응준은 결국 조선임시군사위원회 위원장 자리에 앉았다.

자서전을 보면 마지 못해 맡았다 하나 사람들은 그렇게 여기지 않았다. 며칠 전까지 일본군 대좌 군복을 입었던 자가 해방조국에서 일본군 장교 후배들을 이끌고 창군을 하려 한다고 비난했다. 수십 명의 일본군 후배 장교들을 자기 집 2층에 재우고 먹이고 있기 때문에 비난이 더 컸다.

9월 7일 인천에 미군 주력이 상륙하고 다음날 서울로 진주했다. 38선 북쪽에선 소련군이 일본군 장교라면 모조리 체포해 시베리아로 끌고 간다는데 남쪽의 미군은 고맙게도 그러지 않았다.

그에게 또 다시 행운이 다가오고 있었다. 미군정의 한국 측 치안책임자였던 조병옥(趙炳玉)이 국방기구 창설에 대한 조언을 구해왔고 그는 자신의 경험을 살려 알토란 같은 자문을 해 주었다. 미군정은 이를 받아들여 군정청에 국방부를 설치했다.

미군정이 조선총독부와 조선군사령부로부터 넘겨받은 통치 자료에는 조선인 지도자들에 관한 인력 풀도 있었다. 고정훈 선생의 《비록(秘錄)·군(軍)》(동방서원, 1967)을 보면 인물 계보 도표가 있었고 족보와 교우관계까지 명시되어 있었다고 한다.

짐작하건대 이응준은 대한제국 무관학교와 일본 육사 출신으로 호감 주는 용모의 소유자이고, 상관과 부하의 신망이 높고, 독립운동 자금 모금 밀사에게 권총을 대여한 사건으로 군법회의에 넘어갈 판에 비범함을 눈여겨 본 우쓰노미야 사령관의 배려로 용서받았다고 기록돼 있었을 것이다.

애국지사였던 이갑의 사위라는 것, 아내가 가장 저명했던 민족지도자 안창호의 수양딸이었다는 사실도 기록되어 있었을 것이다. 그런 기록들이 갑자기 어두운 그늘에서 나와, 그가 일본군 장교로서 받았던 훈장들보다 더 빛나기 시작했다. 그는 군사영어학교 개교에도 한몫 거들어 미군정의 환심을 샀다.

그해 11월, 개인 자격으로 귀국한 임정의 김구 주석의 말이 《동아일보》에 실렸다.

> 지금 우리 이청천 장군이 우방 중국의 원조로 광복군을 확대 편성 중이고 국내에서도 군정당국과 협의해서 국군편성의 토대를 세우려 한다. 국내에는 국군을 목표로 하는 여러 단체가 있는 모양이나 우리의 명령계통을 받는 것은 오광선 부사령 하에 있는 광복군 하나뿐이다.

그러나 미군정은 광복군을 창군의 주체로 인정하지 않았다.
12월 초, 의열단과 조선의용대를 이끈 약산 김원봉(若山 金元鳳)이 임정 군무부장 자격으로 임정요인 2차 귀국 항공기를 타고 귀국했다. 약산은 이미 여운형이 주도한 건국준비위원회 군사부장에 지명된 바 있었다.
그러나 건준은 민족주의자들을 포용하지 못하고 주춤거렸고, 그사이 공산주의자들이 인민공화국으로 변신시켜 버려 미군정의 눈총을 받고 있었다. 여론이 김원봉에게 쏠리고 있었으나 미군정이 용납하지 않으니 김원봉이 창군의 주도권을 잡기는 어려웠다.
이응준은 폭포를 거슬러 오르는 물고기처럼 위기를 돌파하고 주변 사람들을 조절하는 능력을 천부적으로 갖고 있었다. 12월 5일 군사영어학교 1기생 입교가 이루어지고 많은 군사경력자들이 입학했다.
광복군은 일부가 귀국해 있었으나 일본군, 만주군 출신과 동등하게 대우함에 불만을 갖고 입교하지 않았다. 그래서 당연히 일본군 출신들이 압도적인 비중을 차지했다.
1946년 1월 3일, 이응준은 군정청으로 출두해 국방경비대 고문을 맡아달라는 요청을 받았다. 자서전을 보면 그는 정중히 사양했다.

"나는 몇 달 전까지 일본군 대좌였습니다. 그런데 어떻게 나설 수 있겠습니까?"하고.

며칠 후 수락했다. 이 나라 국군창설은 이응준의 손에 맡겨졌다. 국방경비대는 일본 육사와 예비사관학교를 나온 일본군과 만주군 출신 장교들로 가득 찼다.

독립투사들은 군대창설에 친일파를 제거하고 배척하라고 분노하여 소리쳤다. 그러나 그는 묵묵히 창군사업에 매진했다. 그리고 광복군 출신인 유동열(柳東說)과 송호성(宋虎聲)을 국방부장과 국방경비대 총사령에 추천했다. 국방부는 곧 통위부(統衛部)라는 이름으로 고쳤고 예하부대를 만들기 시작했다.

태릉부대는 채병덕, 대전부대는 이형근, 전북 이리 주둔부대는 김백일, 전남 광주부대는 김홍준, 모두 일본 육사나 만주군 군관학교를 나왔다. 나머지 다섯 지방부대의 지휘관도 그랬다. 간도특설부대를 지휘해 항일세력을 토벌한 전력을 가진 사람도 있었다.

국군 창설의 잘못 끼운 첫 단추였다. 그래도 유동열과 송호성이 국방부장과 국방경비대총사령을 맡은 일, 이것 하나 때문에 '우리 국군의 정통이 광복군에 있다'는 말을 궁색하나마 할 수 있게 된 것이다. 그게 아니라고 말할 수도 없는 민망한 일이다.

이 모든 것의 중심에 이응준이 있었다. 그는 창군의 주도권이 광복군 출신에게 가는 것을 가로채지 않았고 미군이 불러서 갔을 뿐이었다. 그러나 당시 애국지사들은 그가 미군정의 창군작업 요청을 받아들인 것부터가 잘못이라고 화를 냈다. 그리고 그것은 70년이 지난 오늘, 돌이킬 수 없는 부끄러운 역사로 인식되고 있다.

초대 육군참모총장, '군의 아버지'로 국립현충원에

정부수립 후인 1948년 12월, 이응준은 초대 육군참모총장에 임명되었다. 그리고 대한민국 최초로 별을 단 장군이 되었다.

그가 광복 이후에 누린 역할과 영예는 평생을 독립전쟁 전선에서 싸운 지청천이 누려야 할 것이었다.

이응준은 친일의 약점이 있음에도 그것을 극복하고 광복 후의 위기를 최고의 기회로 만들며 입신에 성공했다. 잠시 퇴역해 재향군인회장을 맡았으나 다시 입대해 육군대학 총장과 훈련소장을 지내고 중장까지 올랐다.

신문을 검색해보면 1954년 9월 이 나라의 최고등급 훈장 무성태극훈장을 받은 기사가 보인다.

그는 1955년 퇴역해서 체신부장관을 지냈으며 반공연맹이사장, 국정자문위원장을 맡기도 했다. 그리고 흥사단 재건과 도산 안창호 선생 기념사업, 애국지사 이승훈 선생이 설립한 오산학교의 재건, 안중근 의사와 손병희 선생 기념사업에 참여했다. 그리고 군의 최고원로로서 더할 수 없이 흡족한 말년을 보냈다.

하늘이 내린 수명 또한 타고나서 45명의 대한제국 마지막 무관생도들 중 마지막까지 생존하며 96세까지 수를 누리고 1985년에 사망해 국립묘지(현 국립현충원)에 묻혔다.

장군 묘역에 있는 무덤에는 이런 묘비명이 적혀 있다.

님은 힘을 믿으셨기에
겨레를 위하여 힘을
창조하셨습니다.
그러나 님은 힘의
노예가 되지 않으시고
관용과 사랑을
택하셨습니다.
완숙한 열매에서 새 씨앗이 생겨나듯이
님은 가시면서
구원의 삶을 남기셨습니다.
영원한 아침에 내리는
아름다운 화환을 받으소서
군의 아버지시여.

겨레를 위하여 힘을 창조했다니 참으로 대단한 칭송이다. 그러나 잘못된 말이다. 겨레를 위한 무장항쟁의 힘이 필요한 때는 그것을 외면했으니 말이다. 아마 비문을 쓸 당시는 수긍할 만한 표현이었을 것이다. 그러나 세월이 지나면 역사의 정의는 잘못된 것을 바로잡기 마련이다.

반민족행위자로 지목

이응준 장군이 세상을 떠나고 20년이 지나서, 늦게라도 사실을 규명해야 한다는 여론이 일었다. 2004년 3월 '일제강점하 친일반민족행위 진상규명에 관한 특별법'이 공포되고 다음해 대통령 소속 친일반민족행위진상규명위원회가 치밀하게 조사에 나섰다.

마지막 무관생도들 중 가장 큰 존재였던 이응준 장군이 제일 먼저 지목되었다. 그는 위 위원회가 2007년 대통령과 국회에 보고한 '일제강점기 중기 친일반민족행위 관련자 195명'에 포함되었다.

이응준 장군이 강연과 신문 기고와 인터뷰에서 징병제를 찬양하고 학병 나가라고 권유한 것은 '일제 강점기 중기'가 아니라 '말기'였다.

그와 비슷한 언행을 한 대한제국 무관학교 동기생과 후배인 김석원·김인욱·백홍석·신태영·류관희·윤상필·이대영·정훈·홍사익 등은 2009년 11월 위 위원회의 '일제 강점기 말기 친일반민족행위 705명'에 들었다.

그런데 유독 이응준 장군 한 사람을 찍어 '중기'에 올린 것은 중기라기보다는 1차적 성격이 강하다. 그는 모든 일본군 장교 출신 인물들의 상징적 존재였기 때문에 1차에 포함시킨 것으로 보인다.

그리고 위원회는 다른 대상 인물들처럼 행적을 낱낱이 제시하고 결론을 내리는 데 그치지 않고 특별히 의견을 덧붙였다. 건국과 창군에 공로가 있긴 하지만 '친일'이라는 명찰을 달아줄 수밖에 없다는 완곡한 뜻도 엿보인다.

애국지사 이갑의 지원으로 학교를 다녔고 그 인연으로 사위가 되었으며 그에 대해 존경심과 동질감을 가졌다. 그런 성향으로 인해 1919년 김광서, 지석규 등과 함께 탈출을 모의했으나 탈출하지 않았다. 조선인으로서의 자각은 갖고 있었다고 보여지나 군인으로서 충성해야 할 국가에 대한 관념이 결여되어 있었다. 직업군인이기 때문에 일제에 충성할 수밖에 없었다는 논리는 같은 일본 육사 출신이면서도 대륙으로 망명하여 독립운동에 투신한 선후배들과는 전혀 다른 길을 걸었다는 점에서 합리화될 수 없다. (친일반민족행위진상규명위원회, 《친일반민족행위진상규명보고서》, 4.11-4.19)

그리고 그를 포함하여 위에서 열거한 10명과 권영한·김종식·김준원·김중규·남우현·민덕호·박승훈·박창하·서정필·염창섭·원용국·유승렬·이희겸·장기형·장석륜·장성훈 등은 2009년 민족문제연구소가 발간한 《친일인명사전》에 올랐다.

사위는 군번 1번 이형근 대장

위의 대한제국 무관학교 마지막 생도들 중에는 아들이나 사위가 일본 육사를 나와 국군의 장군이나 고급장교가 된 경우가 여럿이다.

이형근 대장. 《군번 1번의 외길 인생》(중앙일보사 1993)에서 옮김.

대를 이어 일본에 충성하고 대를 이어 국군에서 고위간부가 되었다.

이응준 장군은 아들 이창선 씨가 광복 후 육사를 2기로 졸업하고 중령까지 올랐으나 육군대학교 재학 중 준장 2명과 함께 커닝사건에 연루되어 예편했다. 큰사위가 육군 군번 1번이자 제9대 참모총장을 지낸 이형근 대장이었다.

그는 일본 육사 54기로 대위 계급장을 달고 패전을 맞았는데, 이응준 장군이 미군정의 국방경비대 고문을 맡은 직후 통역장교 겸 전속부관으로 발탁했고, 그 인연으로 큰딸 혜란 씨와 결혼했다. 그러나 이혜란 씨가 난산 끝에 세상을 떠나 해로하지는 못했다.

내가 인천에서 성장할 때 동인천역에서 가까운 인천 내동 언덕에 '이형근 대장 댁'이라는 기와집이 있었다. 그러나 뒤에 알고 보니 재혼한 아내의 집, 그러니까 두 번째 처가였다.

우리들의 슬픈 자화상

1909년 이응준과 43명의 생도들은 일본 육사를 나와 기울어가는 나라를 지키겠다는 결의를 다지며 일본 유학을 떠났다. 일본행이 결정된 직후 〈파검증군(把劍贈君 칼 잡아 그대에게 줌)〉이라는 글 한 편이 신문에 실렸다. 온 겨레의 여망을 담은 글이었다.

어화 우리 무관학도들아, 군사학을 공부하여 적개심을 키우고 나라독립 등에 지고 세계열강 물리치자 하였더니 갑작스런 군부 폐지로 학업중단 하였으나 와신상담하여 보세. 44명이 한 마음에 뜨거운 피 뿌리며 공부하여 나라 중흥 공신이 되어 보세.

어화 우리 학도들아, 동해를 건넌 후에 급류 중에 노를 젓고 열일(烈日) 아래 칼을 둘러 그 학업을 연구하고 인내 분발하여서 우리 국권 회복하고 유방백세(流芳百世)하여 보세.

《대한매일신보》 1909년 8월 12일자에 실린 4.4조 율조를 가진 개화기 가사(歌辭)의 후반부인데 인용하면서 의고문을 현대어로 조금 고쳤다. 작자는 '대한생(大韓生)'이라고만 되어 있다. 나는 이것이 이응준을 향한 평생 은인 이갑 참령의 마음 그대로라고 생각한다. 그러나 이응준은 그의 딸과 결혼은 했지만 그가 당부한 무장투쟁의 길은 가지 않았다.

사람이 어떤 인생길을 선택하건 그것은 자유의지이다. 그러나 그는 김경천·지청천과 결의를 하고 지키지 않았다. 대표성과 상징성을 가진 인물이라 당대 젊은이들에게 큰 영향을 주었고, 그것을 앞장세워 민족에게 해악을 끼치는 행위를 했다.

그래서 나는 그의 인생을 '우리가 끌어안아야 할 우리의 슬픈 자화상'이라고 생각하는 것이다. 아울러 어떻게 사는 게 가치 있는 삶일까 하는 화두를 안게 된다.

민족의 자존심, 지청천 장군

한성 삼청동의 무관 가문에서 출생

　광복군 사령관 지청천(池靑天 1988~1957) 장군, 그는 1909년 대한제국 육군무관학교 재학 중 학교가 폐교되자 일본으로 건너간 마지막 무관 생도 44명 중 가장 비범하게 독립전쟁을 치른 위대한 무인이다. 육사 3년 선배 김경천이 그와 함께 탈출해 독립전쟁을 펼쳤지만 조국의 무관 학교 출신은 아니다. 마지막 무관생도로서 끝까지 견뎌 일본군 소위로 임관한 사람은 33명, 그들은 일본 육군중앙유년학교 재학 중 '조국이 부르는 날 한 몸을 조국에 던지자'고 맹세했다.

　그러나 독립전쟁에 나선 사람은 지청천과 조철호·이종혁·이동훈 4명뿐이고 나머지 40명은 대부분 일제에 타협하며 살았다. 홍사익과 이응준은 지청

지청천 장군.(일본의 추적을 피해 잠시 이청천으로 바꾸었다).

천과 단짝이었다. 경술년 합방 직후 셋이 김경천 선배와 함께 요쿄하마로 가서,《삼국지연의》의 유비·관우·장비가 도원결의를 했듯이 독립전쟁 투신을 결의했다. 그러나 알려진 바대로 홍사익·이응준은 태평양전쟁 패망 일까지 일본에 충성했다. 그래서 지청천은 이름이 더욱 빛난다. 그가 없었다면 이 나라의 근대사가 부끄러웠을 것이다. 지청천은 민족의 자존심이요 긍지인 것이다.

지청천은 한성 삼청동에서 태어나서 성장했다. 본명은 석규(錫奎)로서 이 이름을 1919년 6월 김경천과 함께 서간도로 탈출해 신흥무관학교 교관이 된 직후까지 사용했다. 일본의 추적을 피하기 위해 이청천(李靑天)으로 바꾸었다. 지청천이라 하면 지 씨가 희성이라 바꾸나 마나라고 판단한 때문이었다. 이때 김광서가 김경천으로, 신팔균이 신동천으로 바꿔 '남만삼천(南滿三天)'으로 불렸다는 건 앞에서 쓴 바 있다. 지 장군은 1945년 광복된 조국에 돌아와서는 성을 되찾아 지청천이라는 이름을 썼다.

지청천의 아버지는 꼿꼿하고 청렴한 선비였으며 선조 중에는 고려와 조선 시대에 국난을 겪을 때 용맹을 떨친 명장들이 있었다. 그러나 그는 아버지의 훈육은 받지 못했다. 다섯 살 때 아버지가 세상을 떠나 편모슬하에서 자랐던 것이다.

그의 가계는 전통적인 무관가문이었으나 그 무렵 관로에 들어선 사람은 없었다. 당숙인 지운영(池運永) 지석영(池錫永) 형제가, 서양의 사진 기술을 도입하고, 종두법을 전파해서 당시 유명인이 되어 있었으나 큰 관직에 오르지는 않았다.

모친은 경주이씨다. 조선 말기 좌의정과 우의정을 지낸 이유원(李裕

元)과 촌수가 가까웠다. 삼한 갑족으로서 온 재산을 바쳐 신흥무관학교를 세우고 독립운동을 펼친 이회영·이시영·이목영 등 6형제가 먼 외가 친척이다.

어릴 적부터 모친의 엄격한 교육을 받았다. 직접 초급한문을 가르치며 조금만 게으르면 회초리를 들었다. 일곱 살이던 1894년 갑오농민혁명이 요원의 불길처럼 퍼져 나갔고 한성에는 일본군이 진주해 경복궁을 포위했다. 소개 명령이 내려져 지청천의 가족도 도성을 떠나야 했다. 경기도 고양(高陽)으로 가는 길에 일본군 병사들에게 몸수색과 조롱을 받게 되었다. 일본군 병사가 치마를 들어 올리는 바람에 누나가 울음을 터뜨렸다. 모친은 대성통곡했다.

그것은 지청천에게 깊은 수모감과 함께 강렬한 기억으로 새겨졌다. 약소국 백성의 비애가 무엇인가를 느끼고, 일본에 대한 나쁜 인상을 갖게 되었다. 다음해 8월, 일본인 낭인들이 명성황후를 시해한 사건으로 일본에 대한 소년 지청천의 적개심은 더 강해졌다.

몇 해 서당 교육을 받고, 1897년 교동소학교에 편입학했다. 1899년에 소학교를 마치고 배재학당에 들어갔다. 신학문에 대한 욕구도 컸거니와 학비가 무료이기 때문이었다. 재학 중 황성기독청년회(YMCA)에 가입했다.

이 단체가 주관하는 비밀 모임에도 참석했다. 스승의 권유로 학생 간부와 교사들의 토론회에 나갔다. 기울어가는 나라의 운명을 잡아 일으키려면 무엇을 해야 하는가. 학생들은 자기 의견을 내놓았다.

지청천은 발언 차례가 되자 비장하게 입을 열었다.

"여러 선생님, 이 어려운 문제를 해결하기에 다른 길이 없습니다. 우리에게 총을 구해 주십시오."

교사가 고개를 저었다.

"우리나라는 이미 무장을 빼앗긴 터라 그럴 수 없네. 무장항쟁이란 그렇게 쉽게 말할 수 있는 일이 아니야. 생명을 바치는 일이란 말이야."

"총이 없으면 주먹으로라도 해야 합니다. 그렇게 한 놈 한 놈 침략자들을 때려눕히는 게 우리들 조선 청년의 길입니다."

지청천은 그렇게 말하고 그 자리에 주저앉아 통곡하였다. 그러자 참석한 학생들이 덩달아 통곡했다.

그 일이 소문으로 퍼져나갔다. 일본 관헌들이 조사하게 되고, 그는 결국 배재학당과 황성기독청년회를 떠나야 했다.

독학으로 1906년을 보내고 1907년을 맞았다. 여름에 군대해산과 함께 군인들의 저항이 일어났고 그는 항일투쟁에 한 몸을 던지기로 결심했다. 어느 의병대를 찾아갈까 고심하던 참인데 육군무관학교가 새로운 생도들을 모집했다. 모친과 배재학당의 친구들이 입학을 권했다. 모친이 백방으로 노력한 끝에 황후의 추천을 받아 응시기회를 얻었다. 북일영(北一營)에서 두 차례 선발 평가가 있었다. 필기시험, 면접과 체력시험이었다. 북일영은 훈련도감의 분원으로서 대궐 호위 임무를 맡은 부대 또는 그 병영을 가리키는 말이었다. 경희궁 무덕문(武德門) 밖, 현재의 종로구 계동에 있었다. 김홍도가 기록화를 남겼다.

배재학당에서 공부하고 대한제국 육군무관학교로

경쟁이 치열한 입학시험에 합격했다. 무관학교 입학을 위해 떠나면서 큰절을 올리자 모친은 엄숙하게 말했다.

"열심히 연마하여 조상님들처럼 조국을 위기에서 구하는 장군이 되어라."

그는 짐을 꾸려 무관학교 생도대로 들어갔다.

무관학교 생도들은 크게 두 부류로 나뉘어 있었다. 조국이 자주독립을 하려면 강병(强兵)을 해야 한다는 시대적 요청에 부응하는 청년들, 그리고 이기적인 계산을 앞세워 무관학교 졸업 후에 장교로서 편히 살려는 청년들이었다. 지석규는 앞의 부류에 속했다. 그의 전기인 지헌모의 《청천 장군의 혁명투쟁사》(삼성출판사 1949)와 따님 지복영 여사가 쓴 《역사의 수레를 끌고 밀며》(문학과 지성사 1995)는 그가 앞의 부류에 속한 대표적 인물이라고 기록하고 있다.

초창기 배재학당의 교표.

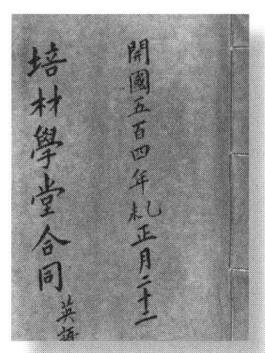

《배재학당 합동 영어》.

지청천은 육군유년학교 수석졸업생 홍사익과 친했다. 자신과 마찬가지로 자존심만 남은 한미한 양반 가문 출신이라는 것이 동류의식을 갖게 했다. 홍사익은 놀랍게도 웬만한 책 한 권을 하루 저녁에 읽어 치웠다. 그래서 무작정 홍사익을 따라 했고 저절로 성적이 좋아졌다. 그는 홍사익을 학교에서 가까운 자기 집으로 자주 데리고 나가며 우정을 쌓았다.

그를 가르친 무관학교 교장은 비밀결사 신민회 회원이자 애국지사였던 노백린 정령, 뒷날 대한민국임시정부 국무총리를 지낸 분, 그리고 친일인사인 이희두 장군이었다.

지청천은 무관학교 2학년이던 1908년 파평윤씨 가문 윤용자(尹龍慈) 규수와 결혼했다. 초야에 그는 신부에게 말했다.

"나는 나라와 겨레를 위망(危亡)에서 지키려고 결심한즉 언제 죽을지 모르오. 나를 용납할 수 없으면 나를 따라 시집으로 가지 않아도 좋소. 어떻소? 뜻을 분명히 해주시오."

신부는 줄곧 숙이고 있던 고개를 들고 또렷이 대답했다.

"좋습니다. 각오한 바입니다."

갑자기 무관학교 폐교 일본 유학길에

1910년 8월 1일 일제의 강요로 대한제국 황제는 군부의 완전 폐지와 무관학교 폐교 칙령을 발표했다.

> 짐(朕)이 앞으로 신민들의 발달 정도를 보아 증병(增兵)할 필요가 있다고 인정될 때까지는 군부와 무관학교를 폐지한다. 현재의 군사

일본육사 생도대 제3중대 제3구대 단체 사진 속의 지청천(맨 뒷줄 왼쪽에서 네 번째. 당시 이름 지석규). 조철호(가운뎃줄 맨 왼쪽) 유승렬(앞줄 왼쪽 다섯 번째) 이호영(뒷날 이대영으로 개명, 앞줄 왼쪽 여섯 번째) 등도 보인다.

는 궁중에 친위부(親衛府)를 설치하여 이를 관장하게 하고 사관 양성은 이를 일본국 정부에 위탁해서 군사 일에 숙달하게 하는 바이니 너희 백성들은 짐의 의도를 잘 헤아리라.

육군유년학교의 교육 정경.

《순종실록》순종 2년(1909) 7월 31일자에 있는 기록이다. 8월 2일의 이희두 교장 폐교선언과 생도 해산조치 상황은 조선통감이 육군대신에게 보낸 보고서에 상세히 남아 있다.

지청천과 함께 도일한 동기생들은 도쿄의 육군중앙유년학교와 육사를 거쳤다. 일본국 관보에 남아 있는 지청천의 재학기록은 이렇다. 물론 본명인 지석규로 실려 있다.

1909년 9월 7일 도쿄 육군중앙유년학교 예과 3년 본과 2년 총 5년 과정 중 예과 3학년에 편입학.

   1912년 6월 1일 육군중앙유년학교 졸업. 히메지(姬路) 제10사단 보병10연대로 현지부대 실습 적응과정인 대부근무 명령을 받음.

   1912년 12월 1일 히메지 보병10연대 대부근무를 마치고 육사 27기로 보병과에 입학.

   1914년 6월 1일 육사를 졸업하고 다시 히메지 연대로 가서 견습사관으로 근무.

1914년 12월 1일 견습사관 의무를 끝내고 히메지 연대에서 육군 보병소위로 임관.

지청천은 임관 직후인 1915년 제1차 세계대전에 참전했다. 유럽 전선으로 간 게 아니라 중국의 산둥(山東)반도 파병이었다. 그해 4월에 갑자기 일본이 독일에 선전포고를 하는 일이 일어났는데, 영국과 일·영동맹을 맺은 터라 영국 편을 든 것이었다. 일본은 산둥반도 자오저우만(膠州灣)에 주둔 중인 독일군에게 철수를 요구했으나 거부당하자 대규모 파병을 하게 되었고 지청천이 속한 연대가 출정부대에 포함되었다.

그는 32명의 부하를 지휘하는 보병 소대장이었다. 성격이 꼿꼿하고 의지가 강한 그는 부하들의 신망을 받고 있었다. 소대를 이끌고 전선에 투입된 그는 두 차례 공격전투에 참가했다. 격전을 치르고 목표를 점령한 뒤 대대장으로부터 용감하고 탁월한 지휘를 했다는 칭찬을 들었다. 전사한 대원의 시체를 보며 눈물을 흘렸고 부상당한 부하를 보자 적군에 분노가 일었다. 그러다 문득 고개를 좌우로 흔들었다.

'내가 지금 뭘 하고 있는 건가. 일본의 국익을 위해 싸우고 있지 않은가.'

그는 수많은 총탄을 발사한 소총을 들여다보면서 끊임없이 회의에 잠겼다.

김경천과 망명 탈출 신흥무관학교 교관으로

1919년 3월, 만세시위가 들불처럼 퍼져 나가자 김경천과 지청천은 요코하마에서 결의한 독립전쟁에의 투신을 감행할 시기라고 판단했다. 4

인의 결의자 중 이응준과 홍사익은 빠지고 둘이 탈출을 감행했다. 6월 6일 금요일, 택시를 대절해 남으로 역행, 수원까지 내려가서 북행 기차를 탔다. 압록강 건너 안둥(安東, 현재의 단둥[丹東])에 도착했고 열흘 쯤 걸어 서간도 신흥무관학교에 도착해 교관으로 변신했다.

신흥무관학교는 어떤 곳인가? 1880년대 말, 남부여대하여 떠난 조선인 유민들은 서간도 류허현(柳河縣 [유하현]) 싼위안바오(三源堡[삼원보])와 인근 지역에 잡초처럼 뿌리를 내렸다. 을미의병을 일으켜 전국을 휩쓸었던 유인석(柳麟錫)은 힘이 다하자 만주로 갔고 1896년부터 10년 간 싼위안바오 북동쪽 지역에서 재기병을 하려 애썼다. 그의 희망이 수포로 돌아갔으나 1910년에 이회영 이시영 등 6형제가 독립전쟁 기지를 만들려는 일념으로 전 재산을 처분해 찾아왔다. 여준(呂準)·이상룡(李相龍)·이동녕(李東寧) 등 선각자들이 모여들었다. 그들은 독립운동 기지를 건설해 청년들을 훈련시켜 장교를 양성해 때가 오면 독립전쟁에 집중시킨다는 비원을 갖고 있었다.

일찍이 유인석이 재기병을 꾀했고 1910년대에 선각자들이 독립전쟁론의 실현 장소로 서간도를 선택하고 거기 신흥무관학교를 세운 이유는 무엇일까. 서중석 교수는 두 가지로 설명한다.

첫째는 독립운동의 선각자들이 만주를 부여와 고구려의 고토이며 부여, 고구려, 발해 등이 모두 단군의 핏줄을 이어받았다는 인식을 가진 때문이었다. 언젠가 되찾아야 할 우리의 강역이라는 현실적 인식도 있었다.

둘째는 국외에 독립운동 기지를 만들려면 우선 우리 동포가 많이 살아야 하고 그 지역 정부가 그것에 호의적이거나 통치력이 약화되어 있어 방임하지 않을 수밖에 없는 상태에 있어야 한다. 또한 일본 군대나 경찰에 의한 위협이 적어야 한다. 만주는 신해혁명 이후 혼란이 계속되어 청국 정부의 통치력이 약화되어 있었다.

북간도의 룽징(龍井[용정])은 한인 유민들이 세운 도시였다. 그러나 일찍부터 일본영사관이 설치되어 있었다. 그와 달리 서간도 지방은 통치 중심인 셴양(瀋陽[심양])에서 멀리 떨어졌고, 신흥무관학교 소재지는 통화(通化)나 류허(柳河)에서도 꽤 떨어져 있었다.

그러나 가장 무난하다고 생각한 서간도도 쉽지 않았다. 한인 집단촌이 만들어질 조짐을 보이자 만주인 주민 대표가 유하현 현청에 고발하였다. 지금까지는 고려인이 몰려왔어도 황무지를 일궈 감자나 심어 겨우 연명한 사람들이었는데 이번에는 수십 대의 짐마차가 무기를 실어오니 장차 일본과 합하여 우리 청국을 치러 올 것 같다는 것이었다.

군경 수백 명이 몰려와서 이회영 형제 일행의 짐을 수색했다. 이회영은 북경으로 가서 총리대신 위안스카이(袁世凱[원세개])를 만났다. 위안스카이는 청나라 군대를 따라 조선에 왔을 때 6형제의 부친 이유승과 가깝게 지냈고 6형제와도 그러했다.

원세개는 즉시 그들을 도우라는 강력한 지시를 내렸다. 그리하여 싼우안바오에 땅을 샀고 독립운동 지도자들도 많이 모여들었다. 1911년 4월 경학사(耕學社)라는 자치단체를 조직했다. 황무지를 개척해 둔전을 만들고 장차 독립전쟁을 이끌어갈 청년들을 가르치자는 것이었다. 그 일이 순조롭게 되어 마침내 신흥무관학교의 전신인 신흥강습소를 열었다. 청년들에게 민족의식을 고취하여 독립투쟁의 전위로 키워 무장

신흥무관학교 터.

항일투쟁을 전개하는 것을 목표로 삼았다.

그러나 흉작과 질병으로 어려움에 처하자, 몇 달 뒤 경학사를 해체하고 그 후신으로 부민단(扶民團)을 만들었다. 싼위안바오가 눈에 띄기 좋은 곳이라 독립운동 기지와 신흥학교를 그곳의 남동쪽에 있는 퉁화현 하니허(哈泥河[합니하])로 옮겼다.

그 뒤에도 시련은 계속되었다. 삼한갑족으로 불리웠던 이회영 일가는 전 재산을 독립전쟁 기지 건설과 신흥무관학교 개교에 바치고는 생명 유지의 밑바닥까지 이르도록 굶주리고 그로 인해 죽거나 병들었다.

김경천과 지청천이 학교를 찾아갈 무렵 설립자이자 교장이었던 이시영 선생은 임시정부에 참여하기 위해 상하이로 떠나고 없었다. 그러나 그와 형제들이 세운 신흥무관학교는 애국지사들에 의해 무수한 시련의 고비를 넘기고 마침내 희망이 커지는 시기였다. 지금까지 배출한 신흥무관학교의 생도 수는 매년 백여 명에 불과했는데 3·1만세운동이 일어나자 입학하려는 학생들이 1천 명이 넘게 쇄도했다. 그래서 구산 쯔(孤山子[고산자])에 새로운 교육장을 만들었다. 그리하여 1919년 5월 신흥무관학교로 간판을 바꿔 달았다.

대한제국 무관학교를 나온 기존의 교관들 윤기섭(尹琦燮)·김창환(金昌煥)·성준용(成駿用)·신팔균(申八均)·원병상(元秉常)에다 30대의 일본 육사 출신 김경천과 지청천이 도착해 합류함으로써 신흥무관학교는 탄력을 받았다. 한 달 뒤 중국 운남강무학교를 수석 졸업한 20대 초반의 이범석까지 가세했다.

신흥무관학교의 교가는 이러했다.

    서북으로 흑룡태원, 남에 영절에
    여러 만만 헌헌 자손 업어 기르고
    동해 섬 중 어린것들 품에 다 품어
    젖 먹여 기른 이 뉘뇨
    우리 우리 배달나라의
    우리 우리 조상들이라
    그네 가슴 끓는 피가 우리 핏줄에
    좔좔좔 걸치며 돈다.

    장백산 밑 비단 같은 만리낙원은
    반만년래 피로 지킨 옛집이거늘
    남의 자식 놀이터로 내어 맡기고
    종설움 받는 이 뉘뇨

우리 우리 배달나라의
우리 우리 자손들이라.
가슴치고 눈물 뿌려 통곡하여라
지옥의 쇳문이 온다.

서로군정서 사령관이 되어 백두산 원시림으로

가을이 되어 남만삼천으로 불렸던 3인 중 신팔균과 김경천이 학교를 떠났다. 독립전쟁의 지평이 넓어져 독립군 부대를 지휘할 지휘관이 필요해졌고, 신팔균은 북간도로, 김경천은 러시아 연해주로 떠났다. 이범석도 졸업생 중 성적이 우수한 제자들을 데리고 북로군정서로 가서 사관양성소를 만들었다. 그밖에 이세영 교장은 북경으로, 윤기섭 학감은 상하이로, 이장녕 선생은 북로군정서 참모장으로 가버렸다.

그로부터 한 달 뒤 지청천은 동포 지도자들로부터 파격적인 결정을 통고받았다. 그를 남만주 독립군 진영의 최고 지휘자인 서로군정서 사령관으로 임명한다는 것이었다. 그의 어깨에 무거운 짐이 얹혀졌다. 그는 졸업생들 중 성적이 좋고 책임감이 강한 사람들을 교관으로 발탁해 대처했다. 그들과 함께 생도들을 가르치기 시작했다.

상황이 불리하게 돌아가기 시작했다. 한꺼번에 수백 명씩 군사학을 가르쳐 배출하는 무관학교를 일본이 수수방관할 리가 없었다. 마적 출신의 군벌 장쭤린(張作霖[장작림])에게 압력을 넣어 조선인의 군사훈련을 금하게 하고 독립군 토벌을 위한 본격 출병을 합의하게 만들었다. 지청천이 속한 서로군정서 수뇌부는 고민에 빠졌다. 지청천은 백두산 삼림으로 이동할 것을 주장했다.

그때 봉오동 대첩 소식이 들려왔다. 신흥무관학교에서 가르친 제자들 일부가 홍범도 부대의 초급지휘관으로 가 있었다. 그들이 올린 승전보라 재학 중인 생도들은 의기가 충천했다.

결국 서로군정서는 이동을 결정하고 만주 땅의 모든 독립군단에 안투현(安圖縣)의 백두산 처녀림으로 집결할 것을 권하는 밀사들을 파견했다. 동의한다는 답들이 오고 지청천은 400명의 무관학교 교성대를 지휘하며 이동했다. 그리하여 초가을에 제일 먼저 백두산 삼림에 도착해 밀영을 만들었다.

만주 땅의 조선인들에게 큰 위기가 닥쳐왔다. 일본이 훈춘사건을 조작해 나남 주둔 19사단을 주축으로 2만 명을 출병했던 것이다. 독립군단들이 서로 연합하면서 백두산으로 밀려오지만 일본군은 만주 땅을 휩쓸기 시작했다. 지청천은 신경을 곤두세우고 정찰병과 연락병을 내보냈다.

10월 22일, 급히 말을 타고 온 전령을 맞아들였다.

"북로군정서군이 백두산으로 오다가 일본군과 맞붙었습니다."

북간도 허륭현(和龍縣[화룡현]) 챵산리(靑山里[청산리])의 바이윈핑(白雲平[백운평]) 계곡에서, 안투로 오는 길을 차단하려고 나선 일본군 대대를 매복 공격해 수백 명을 사살한 것이었다. 전체 지휘자는 김좌진, 매복작전 지휘자는 이범석 연성대장이며, 신흥무관학교 출신들이 소대장과 분대장으로 싸웠다고 했다.

"젊은 이범석 동지와 우리 제자들이 공을 세웠다. 우리도 언제 전투에 휘말릴지 모른다. 전투대기 상태로 들어가자."

무관학교와 서로군정서군의 지휘권을 가진 지청천은 부하들에게 명령했다.

　승전보가 연달아 들어왔다. 쟈산춘(甲山村[갑산촌]), 완로우꼬우(完樓溝[완루구]), 첸수이핑(泉水坪[천수평]), 위랑춘(漁浪村[어랑촌]) 등지에서 홍범도 부대와 김좌진 부대가 일본군을 격파하고 있었다.

　지청천은 초조했다. 다른 부대들은 이리저리 피하다가 일본군과 조우해 승리는 거두는데 자신의 부대는 그러지 못하기 때문이었다. '내게도 기회가 오면 놓치지 않겠다' 그는 속으로 다짐했다.

　위랑춘 전투에서 대승을 거둔 홍범도 부대가 안투현에 도착했다. 서로군정서군은 즉시 그 부대와 연합했고 명칭을 대한의용군이라 정했다. 홍범도가 총사령, 지청천이 부사령이었다.

　아직 도착하지 못한 북로군정서군이 일본군에게 포위될 위험에 처했다는 보고가 왔다. 홍범도와 지청천은 부대를 휘몰아 출동해 북로군정서군에게 활로를 열어주고 구둥허(古洞河[고동하])에서 일본군 2개 소대를 전멸시켰다.

　홍범도 총사령이 지청천의 목에 태극기를 걸어주었다. 그 순간 지청천은 아내와 아이들을 생각했다. 그는 가슴 속의 아내를 향해 중얼거렸다.

　"나는 망명하고 처음 전투를 치르고 승리했소."

　11월 초, 독립군단은 안투현과 허룽현의 경계에 있는 황고우링춘(黃口嶺村[황고령촌])에 집결했다. 2천 명이 넘는 대부대였다.

　상황은 급박해졌다. 일본군이 북간도의 100만 조선인들을 상대로 대규모 보복학살을 시작한 것이었다. 독립군과의 전투에서 일본군 병사 3천 명이 전사했으므로 조선인 3만 명은 죽여야 직성이 풀릴 거라고

했다는 것이었다. 역사에 기록된 경신참변의 시작이었다.

독립군단의 지휘관들은 난상토론을 벌였다. 챵샨리 일대에서의 참패로 독이 오른 일본군이 병력을 더욱 증강해 밀어붙이고 있어서 애초에 계획대로 안도현에서 연합부대를 만들어 힘을 키워 국내진공을 하기 어렵게 되었다는 것이 중론이었다. 그리고 동포들이 학살을 당하고 있으니 전투를 자제하자는 것이었다.

불운하게도 구둥허전투밖에 전투다운 전투를 못해 본 지청천은 당장의 국내진공을 주장했다. 나남의 19사단 주력이 압록강을 건너와 버린 이때가 적기라는 것이 그의 생각이었다. 그러나 다른 지휘관들은 신중했다. 일본군이 없는 조선반도 북부에 대규모로 진공할 절호의 기회였으나 그의 주장을 받아들이지 않았다.

백두산 처녀림의 대안으로 떠오른 지역은 러시아 연해주였다. 그곳에 16만 명의 한인 공동체가 있는데다가 볼셰비키 혁명에 성공한 소련이 약소민족의 해방을 후원한다고 선전하고 있기 때문이었다.

천리를 이동해 연해주로

1920년 초겨울 지청천은 형언할 수 없는 고난의 길을 걸었다. 챵샨리 전투와 위랑춘 전투 등에서 빛나는 전과를 세운 3천 명에 달하는 만주 지역 독립군단은 결국 일본군의 토벌작전과 만주 군벌 정부의 요구에 못 이겨 시베리아를 향한 본격적인 대장정에 들어갔다. 우선 1차 집결지를 북만주 미샨(密山)으로 정하고 분산 이동하기 시작했다.

지청천이 속한 대한의용군은 북쪽 루트를 타고 갔다. 안투현 다샤허(大沙河[대사하])를 거쳐 둔화(敦化[돈화]), 둥징(東京[동경]), 닝안(寧安[영안]), 무링(穆陵[목릉])을 거쳐 미샨에 이르는 대장정이었다. 영하 30도의 혹독한 추위가 밀어닥쳤다. 대원들은 군화가 없어 거의 모두 짚신을 신었는데 얼음 뭉치로 변해 총개머리로 부수면서 가야 했다. 식량도 떨어져 굶주리면서 두 달 동안 천릿길을 강행군, 1921년 1월 마침내 미샨에 도착했다.

미샨에 집결한 독립군단은 회담을 열어 '대한독립군'이라는 하나의 명칭으로 통합했다. 지청천은 여단장이 되었다. 서일·홍범도·김좌진·조성환(曺成煥)·김규식·이장녕 등이 여러 명칭의 상급 직책을 가졌지만 그가 실질적인 지휘관이 된 셈이었다.

이때 치타에 있는 원동 소비에트 공화국이 지원을 다시 약속했으므로 독립군단은 러시아 이만(伊滿)으로 가기로 결정했다. 이만은 블라디보스토크에서 북쪽으로 500km 떨어진 도시로서 러시아 지명은 달네레첸스크였다.

지청천은 홍범도와 함께 대한의용군 병력 8백 명을 지휘해 우수리강을 건너다가 일본군 수비대를 공격해 제압하고 국경을 넘어 이만에 도착했다. 그러나 맹추위가 몰아쳤다. 대원들 태반이 동상이 걸려 있었으며 지칠 대로 지쳐 쓰러졌다. 부하가 죽을 때마다 그는 절규했다.

"하느님, 우리는 왜 이런 시련을 겪어야 합니까!"

그러다가 문득 두툼한 방한 외투와 기름진 음식을 먹으며 일본군 장교노릇을 하고 있는 이응준과 홍사익을 생각했다.

"네놈들은 고생 안하겠지? 두고 봐라. 난 이기고 말 거다."

그는 중얼거렸다.

문득 아내의 따뜻한 품과 집이, 그리고 아이들이 그리웠다. 그는 세

차게 고개를 흔들며 스스로에게 큰소리로 외쳤다.

"나는 강해야 해! 고생하고 싸우는 부하들을 위해서라도 강해져야 해!"

그렇게 다짐했지만 나라 잃은 군대는 거기서도 갈 곳이 없었다. 국제 간섭군으로 온 일본군은 철수한다는 약속을 어기고 아직 이만 근방에 버티고 있었고, 치타에 있는 소비에트 원동공화국 정부는 독립군단에게 무장을 해제하고 기차로 사흘이나 걸리는 알렉세예프스크로 가라고 요구했다.

알렉세예프스크는 하바롭스크 서북방 600km, 시베리아 횡단 철도가 지나가는 도시로 자유시(自由市)라고도 불렀다.

독립군단이 무장상태로 있는 것을 핑계로 일본군이 철수하지 않고 오히려 이만을 공격할 것을 우려해서였다.

고난의 세월

1921년 3월, 홍범도와 지청천의 대한의용군은 소비에트 원동정부 요구대로 알렉세예프스크(자유시)로 가서 신무기를 공급받아 재무장하자고 했으나 김좌진·이범석 등 북로군정서 측은 거부하고 북만주로 돌아갔다. 잔류를 선택한 홍범도와 지청천의 대한의용군은 알렉세예프스크 근방에 집결했다가 30km쯤 떨어진 마사노프로 이동했다. 거기서 지청천은 연대장 겸 책임교관으로서 대원들을 훈련시켰다.

그러나 최악의 상황이 기다리고 있었다. 러시아 지역 의병대 출신 양대 세력인 고려군정회의 측과 사할린에서 온 무장부대는 각각 이르쿠츠크 파 고려공산당과 상하이파 고려공산당을 배경으로 하고 있었는데 주도권을 놓고 다투었다. 결국 한쪽이 다른 한쪽을 무장 해제시키려고 알렉세예프스크 수비대를 동원해 공격하고 이에 무력저항을 하기에 이르렀다. 지청천의 부대도 휘말려들었다. 그리하여 수백 명이 총을 맞아 죽고 수십 명이 탈출하다가 제야 강에 빠져 죽었다. 이것이 자유시 사변이다.

 지청천은 독립군 대원들이 익사한 강변에서 목 놓아 통곡했다고 한다. 나쁜 일은 거기서 그치지 않았다. 일본이 동시베리아의 도시 치타에 있는 소비에트 원동정부에 조선인 무장집단을 해산시키라고 요구했던 것이다.

 이 해 8월 결국 독립군단은 재편성되어 이르쿠츠크로 이동했고 지청천은 고려혁명군사관학교를 설립하고 교장이 되었다.

 이르쿠츠크는 블라디보스토크에서 기차로 닷새 걸리는 머나먼 땅, 근처에 바이칼 호수가 있는 시베리아 중심의 도시이다.

 지청천은 민족 독립을 최우선의 과제로 삼았지만 소비에트 정부는 혁명의 수단으로 여겼다. 다음해인 1922년 4월, 그는 교관인 채영·오광선과 함께 구속되어 군사법정에서 사형선고를 받아 이르쿠

자유시사변으로 독립군 대원들이 무수히 사망한 제야 강

지청천이 사형선고 받고 갇혔던 이르쿠츠크 감옥. 2000년 답사시 촬영.

츠크 감옥에 갇혔다. 감옥 환경은 혹독했다. 물도 없이 하루에 검은 빵 두 쪽으로 연명해야 했다. 옆에 놓인 생나무 책상을 씹어 먹을 만큼 허기가 졌다.

상하이에 있던 임시정부와 독립운동 지도자들은 외교적 노력에 나섰다. 소비에트의 중앙 레닌정부에 항의했고 프랑스 파리의 신문에 보도되었다. 레닌은 지청천을 즉각 석방하라고 원동공화국 정부에 통고했다. 그리하여 지청천은 석방될 수 있었다. 몸은 한 걸음도 걸을 수 없이 쇠약해져 있었다.

마사노프, 자유시, 이르쿠츠크에 남은 지청천의 자취

1995년 봄, 나는 KBS TV의 광복 50주년 다큐멘타리 제작에 참여하여 홍범도와 지청천의 대한의용군 이동경로를 밟았다. 마사노프 마을에 갔을 때, 제니셍코라는 이름을 가진 85세 노인을 인터뷰할 수 있었다.

"70년이 지난 일이지만 나는 기억해요. 한인들은 붉은색 푸른색이

마사노프 마을 입구 간판.   제니셍코 노인의 집. 1995년 답사 시 촬영.

섞인 깃발을 앞세우고 행진해 왔소."

깃발은 태극기를 말하는 것이었다. 노인은 당시 12세였으므로 많은 것을 기억해냈다. 카레이스키(한인)가 마을에 온 건 그 때 이후 우리가 처음이라고 했다. 그는 훈련장이었다고 마을 앞의 공터로 안내했다. 자기 집에 한인 독립군들이 묵었으며 공터에서 훈련을 지휘한 키 큰 연대장도 집에 왔다고 했다. 나는 그가 지청천이라고 판단했다.

우리는 그곳을 떠나 알렉세예프스크에서 지명이 바뀐 스보보드니로 가서 독립군 부대가 허망하게 무너진 현장을 밟았다. 나는 2000년에 서울신문사의 취재팀과 함께 다시 연해주로 가서 지청천과 오광선이 갇혔던 이르쿠츠크 감옥 앞에 가 보았다.

상하이 국민대표회의에 참석

지청천은 1923년 초, 국민대표회의에 참석하기 위해 중국 상하이로 갔다. 회의는 1월초에 시작되었으나 쟁점을 조절하지 못하고 표류했다. 임시정부가 제 기능을 못하므로 새롭게 조직하자는 창조파, 기왕 조직한 것이니 조금 고치자는 개조파, 이것도 저것도 아닌 중립파가 대립하고 충돌했다.

지청천은 3년 전 함께 탈출 망명한 일본 육사 선배 김경천과 재회했고 나란히 군사전략의 중요한 포스트에 앉았다. 당시 신문기사에 두 사람 이름이 있다.

> 국민대표회의는 (중략) 군무위원은 우리 혁명 운동에 가장 중요한 책임이라 하여 고려 중이며 방침은 아령(俄領) 군인 출신 김경천(金擎天)·이청천(李靑天, 항일투쟁시 사용한 이름—필자) 씨가 중임으로 군사행동에 힘쓸 터이라더라 상해《동아일보》, 1923년 7월 1일자).

그러나 회의는 각파의 주장이 엇갈려 석 달 동안 토론을 하고도 합의점을 찾지 못하고 결렬되었다. 8월 하순, 국민대표회의에 참석했던 지청천을 비롯한 50여 명의 러시아 지역 지도자들은 선편으로 상하이를 떠나 러시아 연해주 블라디보스토크로 항해했다.

가족들이 겪은 고초

지청천이 망명지에서 독립투쟁을 벌이던 시기에 처자는 서울 삼청동 집에서 굶주림과 싸웠다. 독립전쟁 투신 결의를 배반하고 일본에 충성하던 마지막 무관생도 출신 일본군 장교들의 친목회인 전의회의《사막천(沙漠泉)》에 이런 이야기가 실렸다.

> **지 부인 및 그 가족 임시 구호의 건 통보**
>
> 지 부인의 생활상은 실로 참혹한 상태이다. 지금에 이르는 5,6년 그나마 생명을 유지하고 있는 것은 전적으로 우리 동창생 전원의 열렬

하고 후한 동정과 원조에 의한 것임은 물론이고 이 대위, 윤 대위 양 형의 대대한 진력의 결과라고 깊이 믿는 바이다. 박봉으로써 자기 한 몸도 지탱하기 어려운 정황 속에 있으면서 노상을 헤매는 전우의 가족을 구조한다는 것은 실로 이찌가야다이(市谷臺)상의 우리 전우가 아니고서는 도저히 실시할 수 없는 일이다.

  이제 지 부인은 입을 옷도 없고 어린 자녀에게 조석의 끼니조차 줄 수 없는 상태에 있는지라 제형께 차마 부탁하기가 미안하지만 한 번만 더 동정을 베풀어 주기 바란다. 만약 찬동하는 분은 각자의 형편에 따라 1원 내지 2원씩을 7월 5일 또는 7월 26일까지 회비와 함께 간사에게 송금해주기 바란다. 이미 아시는 바와 같이 지 부인은 의탁할 지기도 없고 친척도 없다. 우리 동창생이 구조하지 않을 때는 마침내 아사하기에 이를 것이다. 모쪼록 의협심 강한 제형이여, 다시 한 번 찬동해 주기를 바란다.

  내용 중의 이찌가야다이는 육군중앙유년학교와 육사가 있었던 도쿄의 지명으로 '육사'를 상징한다. '이 대위와 윤 대위'는 이 책 앞에서 각각 한 편으로 쓴 이응준과 윤상필이다. 일제에 굴종하는 자기들을 대신해 독립전쟁을 펼치고 있는 지청천에게 깊은 죄책감을 가진 터라 모금은 목표액을 넘었다고 한다.

  문장에 들어 있는 '입을 옷도 없고 어린 자녀에게 조석의 끼니조차 줄 수 없는', '마침내 아사하기에 이를'이라는 구절을 볼 때마다 나는 가슴이 먹먹해진다. 이 나라 독립투사의 가족들이 거의 다 그러했던 것이다.

다시 서간도로, 그리고 빛나는 승리

몇 해 뒤 지청천은 러시아를 떠나 서간도로 가서 통의부(統義府)에 합류했다. 지난날 그가 속했던 서로군정서 사람들, 김동삼·김창환·신팔균 등이 그를 맞았다.

김동삼 선생 등 지도자들은 그를 위하여 밀사를 경성으로 파견해 그의 가족을 빼오는 모험을 감행했다. 아내와 열여섯 살 된 장남 달수(達洙), 열한 살 장녀 선영(善榮), 여섯 살 된 딸 복영(福榮)까지 모두 그의 곁으로 왔다. 가족까지 합류하고 서간도 동포들의 각별한 관심을 한 몸에 받으면서 그는 건강을 회복했다.

1925년, 지청천이 속한 통의부는 다른 독립운동 단체들을 규합해 정의부(正義府)로 탈바꿈했다. 지청천은 군사위원장 겸 총사령에 취임했다. 병력이 800명이나 되는, 서간도 지역 독립군의 최고 지휘관 자리에 다시 오른 것이었다.

그는 부하들을 혹독하게 훈련시키고 압록강을 건너 모국 진공을 감행했다. 1925년 3월, 평안북도 초산군의 3개 경찰주재소를 기습해 일본경찰을 몰살시켰으며, 6월에는 만주의 일본기관을 폭파하고, 7월에는 철산군의 경찰관 주재소를 공격했다.

그 무렵, 그가 속한 정의부와 북만주의 신민부 간의 연합전선 성립과 정보 공유, 인적 교류를 위한 협의의 필요성이 대두되었다. 신민부는 이 해(1925년) 3월에 북만주에서 조직된 군정부였다. 지난날 창산리(靑山里[청산리]) 대첩을 일으킨 김좌진 계열인 북로군정서가 중심 세력이었다. 두 조직의 연합전선과 제휴는 꼭 필요한 것이었다. 정의부에서는 타협위원 대표로 지청천을 지명했다.

1925년 8월 북만주 하얼빈으로 밀행한 그는 신민부 대표로 온 후배 이종혁과 해후했다. 이종혁 이야기는 이 책의 맨 앞에 실었다. 마지막 무관생도로서 무장투쟁에 나선 사람은 둘뿐이었다. 그들이 만난 기록은 일제 관헌자료에 있다. 기밀 제508호, 1925년 10월 5일, 조선총독부 경무국장이 아세아국장에게 보낸 보고, 〈선비단(鮮匪團) 정의부 대 신민부 타협진행 상황에 관한 건〉이라는 제목으로 국사편찬위원회 데이터베이스에 있다.

다음해인 1926년 지청천은 투쟁 무대를 더 넓혀갔다. 그러다 제동이 걸렸다. 일본이 만주 군벌을 협박하자 군벌측은 독립군단을 제재하고 나섰다. 그는 가족이 있는 북만주 우창현(五常縣[오상현])으로 갔다. 그의 가족은 그곳에서 남의 땅을 빌어 농사짓고 있었다. 그는 농사를 지으며 은둔하는 필부(匹夫)로 살았다. 마을에는 조선인들이 절반 가량 살았는데 그는 야학에 나가 이따금 훈화를 할 뿐 다른 활동은 하지 않았다. 동포들은 그가 지나가면 공손히 인사했다. 그가 다시 독립전쟁 일선으로 나갈 것임을 알기 때문이었다.

1927년 초, 40세가 된 그는 은둔생활을 접고 정의부 조직으로 나가 활동하기 시작했다. 만주 군벌의 간섭이 뜸해진 것이었다. 그는 다시 지휘관이 되었고 무장부대 명칭을 조선혁명군으로 바꾸었다. 그리고 소규모 무장부대를 보내 국내진공을 감행하고 민족유일당 결성에 힘을 기울이는 것으로 3년을 보냈다.

1931년 9월에 만주사변이 터졌다. 망명길에 오르고 십여 년 풍찬노숙하며 기다려 온 절호의 기회, 그게 눈앞에 다가오고 있었다. 그동안 비협조적이었던 중국 측은 무기와 피복을 지원해 주었다.

지청천은 자기 휘하의 무장 세력을 한국독립군으로 개칭하고 강렬한 훈련을 시켰다. 3·1 만세 이후에 그랬듯이 애국청년들이 그의 부대에 속속 입대했다. 21세가 되어 있던 그의 큰아들 달수도 입대했다. 한국독립군은 6개 대대와 포병대, 그리고 여러 개의 전투 지원중대로 확대되었다.

1932년 초, 그는 중국 측의 지린(吉林[길림])자위군과 동맹을 맺어 일본군, 만주군 연합부대와 전투를 벌였다. 결과는 참담한 실패였다. 지린군이 대패하는 바람에 그들로부터 식량과 탄약을 보급 받지 못하고 일본군의 비행기 공격을 받아 부대는 뿔뿔이 흩어졌다. 지도자급 동지들과 가족은 살았는지 죽었는지 소식도 들을 수 없었다. 그는 몇 달 동안 풀뿌리와 머루, 다래로 속을 채우고 산야를 헤치고 다녀 부대를 수습했다. 그해 4월 애국청년 윤봉길이 상하이 훙커우(紅口[홍구])공원 행사장에서 폭탄을 던져 일본군 대장을 비롯한 요인들을 폭사시킨 소식도 두 달이 지나서야 들었다.

악전고투하며 부대를 다시 일으킨 그는 그해 9월과 11월 솽청현(雙城縣[쌍성현])의 카오펑린(考鳳林[고봉림]) 부대와 연합해 일본군 중대를 전멸시키고 괴뢰만주군 병력 수백 명을 포로로 잡았다.

1933년은 지청천에게 가장 빛나는 승리의 해였다. 중국 구국군(救國軍) 부대와 연합한 그는 이 해 초 닝안현(寧安縣[영안현]) 칭바이호(鏡迫湖[경박호]) 부근에서 매복을 펴서 적 1개 부대를 전멸시키고, 봄에는 일본군·만주군 연합부대를 협곡으로 유인해 섬멸했다. 그리고 6월에는 지난날 발해국의 수도였던 둥징성(東京城[동경성])을 공격해 함락시키고, 다뎬츠링(大甸自嶺[대전자령])에서 생애 최대의 대첩을 치렀다.

4시간 동안 벌어진 전투에서 한국독립군과 중국구국군 연합군은 일본군 1,600명을 섬멸했다. 군수물자를 잔뜩 싣고 이동하던 일본군을 4시간 만에 거의 궤멸시키고 군수품 200마차, 대포 3문, 박격포 10문, 소총 1천여 정 등 막대한 전리품을 노획했다. 한국독립당 산하 한국독립군의 항일전 사상 최대의 승전이었으며 지청천 개인의 투쟁 중 최대의 승전이었다.

임시정부 명령, 중국 관내로 이동

그 후 지청천은 오랫동안 투쟁한 만주를 떠났다. 임시정부의 명령으로 뤄양(洛陽[낙양])군관학교 한인특별반 책임을 맡게 된 것이다. 그는 노동자 복장으로 위장해 산하이관(山海關[산해관]: 만리장성 동쪽 끝에 있는 관문이자 군사요충지)의 일본군 경계선을 통과해 관내로 이동했다. 한인특별반은 90명, 지청천이 충교도관 직책으로 총괄하고 이범석이 학생대장, 오관선이 학생반장을 맡았다.

이 무렵에 만주지역 한국독립당과 관내 한국혁명당이 연합해 신한독립당을 결성하는 데 주도적으로 참여했다. 그리고 1935년에는 민족혁명당 창당에도 참여했다. 그러나 민족혁명당 내 김원봉과 의열단 계열의 독주에 반대하여 최동오·유동열·양기탁·현익철·김학규 등과 조선혁명당을 조직했다. 그는 이런 정치적인 활동을 하면서도 오로지 한 가지 소망은 임시정부 산하에 군대를 만드는 것이었다.

1937년 일제가 중일전쟁을 일으키자 임시정부의 군사위원이 되었고, 그는 1개 연대 창설과 장래의 군사활동 계획안을 내놓았다. 그러면서 여러 독립운동 단체의 통합을 위해 애썼다. 그런 가운데 일본의 총공세에 밀려 임시정부는 난징(南京[남경])을 거쳐 창사(長沙[장사])로 이동했다.

1938년 5월 그는 한국국민당·조선혁명당·한국독립당의 통합문제를 협의하기 위해 백범 김구, 유동열 선배, 동지인 현익철과 함께 창사의 난무팅(南木廳[남목청])에서 열린 회담에 참석했다. 이때 임시정부는 창사에 와 있었다.

지청천에게는 현익철에 대한 특별한 정리(情理)가 있었다. 현익철은 김경천 선배의 동지로서 그와 김경천의 압록강 국경 탈출을 도운 인물이었다.

1931년 여름, 국민부 중앙집행위원장이자 조선혁명군 총사령을 지내다 동포 밀정의 함정에 빠져 만주 펑톈(奉天[봉천])에서 일본 영사관 경찰에 체포되었다.

신의주 형무소에서 7년째 복역하던 그에게 지청천의 동기생인 관동군 중좌(중령)이던 홍사익이 접근했다. 가석방과 이권을 미끼로 던져 임시정부 측 정보를 빼내는 첩자로 심으려 했다. 현익철은 난징으로 오자마자 독립운동 조직에 자수했고 지청천과 재회했다.

이 사실은 국회도서관이 1976년 발행한 《한국민족운동사료》(중국편)에 실려 있다. 1936년 12월 1일 상하이 주재 일본영사관 배속 무관이 육군성에 보낸 전보 보고이다.

> 현묵관(현익철의 호—필자)은 원래 이청천 등과 같이 만주에서 활약하다가 체포되어 신의주감옥 복역 중 만주국 군관 홍 중좌(한국인)의 헌책에 의해 가출옥되어 난징 주재 한국독립운동자에 관한 정보수집을 목적으로

관동군에서 첩보비를 받고 난징에 왔으나 이후 변심하여 김원봉 일파의 혁명당에 가입하여 그 유력 간부로 활약하던 자이다.

그렇게 투쟁한 현익철이 허무하게 죽었다. 난무팅 회담 중 전 조선혁명당 간부 이운한이 난입해 총을 난사했던 것이다. 현익철은 그 자리에서 절명했다. 지청천은 총탄이 콩팥을 피해 옆구리 살을 찢으며 나가 며칠 치료받고 일어났으나 백범과 유동열은 중상을 입었다.

지청천은 현익철의 주검 앞에 고개를 숙이며 엄숙하게 명복을 빌었다. 한때 '백마 탄 김 장군'이라는 호칭을 들으며 연해주 벌판을 휘달려 독립전쟁을 펼치고 지금은 소식조차 끊어진 김경천 선배를 생각했다.

1940년 5월, 민족주의 독립운동 단체들이 한국독립당이라는 이름으로 통합하자 임시정부는 군사위원회를 만들고 군대창설을 준비했다. 그 중심인물은 지청천이었다. 광복군 창군작업은 이때부터 구체화되었다.

그는 중국 좌우합작 정부의 인사들을 만나 광복군 창설문제를 협의하며 여름 한철을 보냈고 9월 초순 마침내 협정을 체결했다. 비록 규모는 간부 중심의 병력 200여 명에 불과하지만 창군을 하면 이제 남은 일은 지금 화북의 타이항산 전선에서 일본군과 싸우고 있는 조선의용대를 통합하여 큰 군대조직으로 발전시키고 애국청년들을 뽑아 훈련시켜 큰 부대로 키워가는 것이었다. 그리고 바다를 건너 고국 땅으로 진격하는 것이었다.

광복군 총사령이 되다

임시정부 소속군대의 최고 지휘관이 되고 싶은 지청천의 소원은

1940년에야 이루어졌다. 그해 9월 17일 아침, 창강(長江[장강]) 강변 언덕에 있는 자일링삥관(嘉陵賓館[가릉빈관])에서 한국광복군 총사령부의 성립 전례식(典禮式)이 열리고 김구 주석이 선언문을 낭독했다.

> 대한민국 임시정부는 원년(1919년)에 정부가 공포한 군사조직법에 의거하여 중화민국총통 장개석 원수의 특별 허락으로 중화민국 영토 내에서 광복군을 조직하고 대한민국 22년(1940) 9월 17일 한국광복군 총사령부를 창설함을 자(玆)에 선언한다.

김구 주석은 지청천 총사령에게 군기(軍旗)를 수여했다. 참모부는 참모장 이범석, 참모처장 채군선(蔡君仙, 채원개[蔡元凱]라는 이름으로 더 알려짐), 부관처장 황학수, 정훈처장 조소앙, 군법처장 홍진, 관리처장 김기원(金起元, 본명 김명준[金明濬]), 군수처장 차이석, 제1지대장 김준식, 제2지대장 김학규, 제3지대장 공진원, 제4지대장 김동산 등 참모진은 세계 어느 나라에 내놓아도 빛나는 혁혁한 투사들이었다.

이범석은 창산리 전투의 영웅이고 황학수·조소앙·홍진·차이석 선생은 임시정부에서 고위직을 맡은 바 있는 대선배들로 지청천이 존경해온 분들이었다.

지청천은 평대원들과도 악수를 나누었다. 평대원은 본부대원이 50여 명, 각 지대 대원이 60명씩 총 240명이었다. 대원들 가운데는 뤄양군관학교를 나와 중국군 소위로 있었던 장남 달수와, 유일한 여성대원으로 입대한 딸 복영도 있었다.

그때 딸과 이런 대화를 했다는《중앙일보》2011년 8월 2일자 기사가 있다.

"아버지, 저도 필요하면 써주십시오."
"잘 생각했다. 조국 독립하는 데 남자 여자를 가리겠느냐. 조선의 잔다르크가 되어라."

일본 군복을 입고 끝까지 충성한 마지막 무관생도 동기생들이 앞을 다투어 아들을 일본 육사에 보낸 것과 대비된다. 앞의 글들에서 다루었지만 그 아들들은 일본군 장교가 되고 광복 후 국방부장관을 지내는 등 대를 이어 승승장구했다.

일단 광복군 창설을 한 지청천은 중국 대륙에 흩어져 있는 동포들에게 사실을 알려 청년들을 입대시키는 확군 작업에 들어갔다. 좋은 일이 또 생겼다. 조선의용대 대장 김원봉과 민족전선계 인사들이 그들의 간판인 민족혁명당, 그리고 조선의용대와 함께 임정에 참여했던 것이다. 사회주의자와 무정부주의자 들까지 들어왔으니 임정은 명실공히 대동단결을 이루었고 광복군도 조선의용대를 통합해 번듯한 군대가 되었다.

1941년 12월, 임시정부와 광복군에 비상이 걸렸다. 광복군 소속인 조선의용대 화북지대가 타이항산맥(太行山脈[태항산맥])의 후자쫭(胡家莊[호가장])이라는 곳에서 일본군과 격전을 벌여 적 12명을 사살했으나 4명이 전사하고 2명이 부상당하고 그 중 하나가 생포된 것이다. 전사자는 손일봉·박철동·최철호·왕현순, 부상자는 김세광, 부상당해 생포된 대원은 김학철이었다. 김학철은 뒷날 작가가 되어 자서전 《최후의 분대장》, 소설 《격정시대》, 〈무명소졸〉 등을 통해 조선의용대의 투쟁을 세상에 알렸다.

젊은 날에 의열단을 창단해 그것을 조선의용대로 키워온 김원봉은 얼굴이 굳어졌다. 전투에서 이겼으면서도 전사한 대원들을 생각하기 때문이었다.

"내 아들처럼 아껴온 대원들입니다. 제대로 묻어 주기라도 해야 할 텐데……."

마침 지청천은 김원봉과 더불어 중국군사위원회로 갈 일이 생겼다.

좌우합작 군사위원회는 화북 전선의 전투상황을 체크하고 있었다. 거대한 지도에 그려진 상황판은 아군인 팔로군(八路軍)과 적군인 일본군 부대들을 푸른색과 붉은색으로 표시하고 있었다. 광복군 소속인 조선의용대 화북지대는 중국공산당 산하의 팔로군과 연합하고 있었다.

팔로군이란 중국공산당의 군대로 홍군(紅軍)으로 불렸으나 제2차 국공합작 후에 국민혁명군 제8로군으로 개칭, 신사군(新四軍)과 함께 항일전의 최전선을 담당한 세력이다. 1947년 인민해방군으로 명칭을 바꾸었다. 조선의용대가 주둔한 지역의 일본군은 보병 108여단으로 홍사익이 여단장이었다. 조선의용대는 이 부대와 쫓고 쫓기는 상황은 벌어졌으나 홍사익 재임 중 실제 전투는 없었다.

비탄을 삼키며 환국하다

그렇게 시간이 흘러 1945년 8월 초, 지청천은 김구 주석과 함께 임시정부와 광복군사령부가 있는 충칭을 떠나 중국 내륙 깊은 곳 산시성

(陝西省[산서성]) 시안(西安[서안])에 가 있었다. 시안 교외 두취(杜曲[두곡])에서 미국 OSS(전략사무국)와 연합하여 국내진공을 위해 특수전 훈련을 받아온 광복군 2지대의 훈련이 종료되기 때문이었다.

낙하산을 메고 고성능 폭약과 기관단총을 든 광복군 대원들은 대부분 학병으로 징집돼 중국전선에 끌려와 탈출한 정예요원으로 세계 최강의 특수전 요원으로 길러졌고 무기는 미군이 무한정 공급할 것이었다.

그러나 8월 7일, 뜻밖의 첩보가 들어왔다. 어제(8월 6일), 미군 B29 폭격기가 일본 히로시마에 미증유의 파괴력을 가진 원자폭탄을 투하해 도시를 완전히 파괴하고 30만 명 이상을 살상했다는 것이었다.

지청천은 김구 주석, 광복군 제2지대장 이범석과 더불어 도노번(William Joseph Donovan) 장군을 비롯한 미군 OSS 측 참모들과 작전회의를 열었다. 그는 간곡한 음성으로 말했다.

"어서 우리 광복군을 조국으로 진공하게 해 주시오. 푸양(阜陽[부양])의 제3지대는 아직 준비가 덜 됐으니 우선 이곳 시안에서만이라도 진공을 해야겠소."

장시간 회의를 한 끝에 작전 방향이 결정되었다. 고국진공 총대장에 이범석, 평안도반과 황해도반, 경기도반으로 구성되는 제1지구대장에 안춘생, 충청도반과 전라도반으로 구성되는 제2지구대장에 노태준, 함경도반과 강원도반과 경상도반으로 구성되는 제3지구대장에 노복선이 임명되었다.

그러나 임정과 광복군 지휘부는 8월 10일 추사오처우(祝紹周[축소주]) 산시성 성장의 초청만찬에 갔다가 일본의 항복소식을 들었다. 기쁨보다 실망이 컸다. 항일전쟁의 결과로 획득한 해방이 아니므로 건국과정에서 소외될 우려가 컸다. 그는 김구 주석과 함께 임정과 광복군사령부가 있는 충칭으로 돌아왔다.

8월 10일, 임정과 광복군 수뇌부는 긴급회의를 열고 이범석을 국내정진군 선발대장으로 임명했다. 그러나 병력을 보낼 길이 없었다. 일본이 항복한 터에 미군이 비행기를 내줄 리가 없었다. 슬프게도 광복군은 비행기는 물론 배 한 척도 없었다.

8월 16일, 미군은 조선 내 포로수용소를 방문할 목적으로 버드(W. H. Bird) 중령이 이끄는 대표단을 파견하기로 결정했다. 미군 18명이 떠나는 비행기에 이범석과 광복군 정진대원 3명을 실어 보냈다. 그러나 비행기는 여의도 도착 몇 시간 후 일본군의 거부로 되돌아오고 말았다.

임정과 광복군은 선박편을 마련해 한꺼번에 귀국하려고 했다. 그러나 그것이 뜻대로 되지 않았다. 남한을 통치하고 있는 미군의 하지 중장은 김구 주석에게서 '개인 자격으로 입국한다'는 각서를 받아간 뒤 임정 인사들의 귀국을 허용했던 것이다.

지청천을 비롯한 임정 수뇌부와 광복군 지휘부는 일단 고국에서 가까운 상하이로 이동했다.

고국에서는 수많은 자칭 애국단체가 만들어지고 군대창설을 하겠다고 나서는 조직도 있다는 소식이 들려왔다. 가관인 건 그 가운데 패전 순간까지 일본군 장교였던 자들도 있다는 것이었다.

그 후 중국이 비행기 두 대를 내주었다. 임정 요인들은 일단 상하이까지 이동한 뒤 거기서부터는 미국 비행기를 타고 환국하기로 했다. 임시정부는 비행기를 타기 전 미군정에 4개의 요구사항을 전달했다.

1. 대한민국임시정부는 귀국 후 내지(內地)에서 MP의 보호를 받지 않는다.
2. 조선의 치안유지는 우리들의 손으로 하겠다.
3. 신국가 건설에 필요한 군대를 귀국 후 구성하겠다.
4. 귀국 후의 정치행동에 대해서는 미군정 당국의 간섭을 받지 않겠다.

그것은 미군정과 임정 측의 동상이몽이었다. 미군정은 며칠 전인 11월 3일 국방사령부의 설치를 발표했고 모든 군사단체를 해산시키기로 방침을 세웠던 것이다. 그리고 잘 알려진 바와 같이 창군의 주도권은 이응준 대좌에게 넘어갔다.

이승만 박사가 미국을 방문하고 귀국하는 길에 그를 만나러 상하이에 왔다. 이승만과 지청천은 배재학당 선후배였다. 이승만이 그런 인연을 앞세워 설득했는지 지청천은 미국을 등에 업고 해방조국의 최고 실력자가 된 이 박사의 약속을 믿고 환국을 결심했다.

장제스(蔣介石[장개석])는 이승만과 지청천의 귀국을 위해 자신의 전용기를 내놓았다. 그리하여 1947년 4월 21일 오전, 지청천은 1919년 6월 망명 탈출한지 28년 만에 귀국길에 올랐다.

다음해인 1948년 8월, 대한민국 정부가 서고 초대대통령 이승만은 이범석을 국무총리 겸 국방부장관으로, 지청천을

앞서 귀국하는 김구 주석을 환송하는 지청천 광복군 총사령.
상하이 비행장.

무임소장관으로 임명했다.

광복군 대원들은 이제 거의 귀국해 있었다. 오광선·안춘생·채원개·김신 등 십여 명의 광복군 간부들이 건군이 기정사실화되고 이범석이 국군의 총수에 오른 것을 받아들여 국군에 들어갔다.

그러나 국군의 중심은 이미 이응준을 대표로 하는 일본군과 만주군 출신 인물들이 잡고 있었다.

지청천은 독립전쟁 중에 사용했던 가명 '이청천'에 본래의 성을 붙여 환국 후 지청천이라는 이름으로 살았다. 창군의 주도권을 놓친 그는 청년운동에 나서 이범석의 민족청년단을 포함하여 26개 청년단체를 대동청년단에 흡수통합하고 단장이 되었다.

1948년 1월, 정부수립을 앞두고 남한만의 단독정부를 지지함으로써 백범을 비롯한 임시정부 동지들과 멀어졌다. 그리고 그해 5월 제헌국회 의원 선거에 서울 성동구에서 출마, 41,532표, 75.22%라는 전국 최고득표를 얻으며 당선되었다. 다뎬츠링 대첩(대전자령大甸子嶺 전투) 등 마치 신화와도 같은 그의 독립운동 경력을 국민들은 알고 있었던 것이다.

그는 초대내각의 무임소장관 자리를 한 달 만에 사임하고 청년운동과 제헌국회 일로 바쁜 나날을 보냈다. 국회의 전원위원장, 외무위원장, 국방위원장으로 활동하고 제2대 국회의원에 재선되었다. 1952년에는 자유당에 입당했다. 치열했던 독립운동과 달리 해방조국에서의 정치활동은 크게 빛나지 않았다. 정치적 술수에 익숙하지 않았고 오랜 세월 풍찬노숙하며 투쟁한 결과로 병을 얻고 있었던 것이다.

1957년 1월, 그는 70세의 나이로 평생 소원이던 조국의 통일과 강력한 자주독립국가의 완성을 보지 못하고 파란만장했던 생애를 접었다.

일을 성취하지 못하면 죽어도 몸이 썩지 않는다

국립현충원에 있는 지청천 장군의 묘소에는 짧고 소박한 묘비명이 새겨져 있다.

나라가 흥하고 망함은 국민 모두의 책임이다.
남녀노소를 막론하고 국민된 자 모두 힘을 모아 우리의 생존을 위협하고 침해하는 적과 맞서 싸워야 한다. 독립은 남이 주는 것이 아니고 스스로 싸워 찾아야 하는 것이다. 힘을 모으자. 살길은 하나다.

묘소에 합장된 부인 윤용자(尹龍慈 1890~2007) 여사 이름에 '애국지사'라는 경칭이 붙어 있다. 여사에게도 2017년 건국훈장이 추서되었다.

국립현충원의 지청천 장군 묘.

부부는 2남 2녀를 두었는데 장남 지달수(池達洙) 선생 역시 건국훈장을 받았고 국립현충원의 부모님 가까운 묘역에 잠들어 있다. 차남 지정계(池正桂) 선생은 광복 후 육군소위가 됐으나 1948년 여순사건 때 토벌군 소대장으로 전사했다. 장녀 선영(善榮) 씨는 망명지에서 병사했다. 차녀 지복영 여사도 건국훈장을 받았다. 지복영 여사의 아드님이 현 독립기념관 관장인 이준식 박사이다. 이렇게 일가가 모두 국가유공자인 경우는 지청천이 유일하다.

지청천 장군은 회고록 집필을 준비했으나 끝내지 못하고 별세했고, 지복영 여사가 끝을 냈다(《역사의 수레를 밀고 끌며》, 문학과지성사, 1995). 지복영 여사도 회고록을 쓰다가 별세, 이준식 박사가 책을 냈다(《민들레의 비상》, 민족문제연구소 2015).

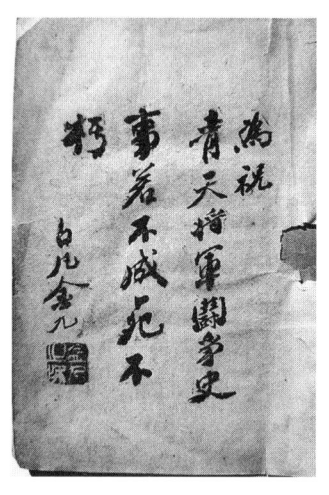

지청천이 회고록 집필시 백범이 써준 휘호. '일을 성취하지 못하면 죽어도 몸이 썩지 않는다'는 뜻.
지복영,《역사의 수레를 밀고 끌며》(문학과지성사 1995)에서 옮김.

지청천 장군이 회고록 집필을 시작할 무렵 백범 김구 선생이 써준 휘호는 '青天將軍 鬪爭史 事若不成死不朽(청천장군 투쟁사 사약불성사불후)'였다. '일을 성취하지 못하면 죽어도 몸이 썩지 않는다'는 뜻이다.

이 문구는 백범의 의지를 드러내기도 하지만 위의 묘비명과 함께 무관 지청천의 정신을 상징하는 가장 적확한 표현이다.

MBC TV는 2019년 3월 1일 졸저 《마지막 무관생도들》을 3·1운동 100주년

기념 2부작 다큐멘터리로 제작 방영하면서 이 문구를 2부 제목으로 삼았다.

지청천은 생애를 오롯이 독립투쟁에 바친 터라 그 공적을 아무리 칭송해도 지나치지 않는다. 그러나 그는 이 땅에 동상 하나 없다. 2018년 3·1절에 육군사관학교에 몇 분 독립투사들과 함께 건립된 것이 있을 뿐이다. 삼청동 생가 자리에 작은 표지석 하나 서 있는데 나라에서 그 땅을 매입해 생가를 복원하고 동상을 세웠으면 좋겠다.

1909년 그가 43명과 함께 일본 육군중앙유년학교로 떠날 때 신문에 어떤 익명의 지도자가 개화기 가사 한 편을 올려 마지막 무관생도들에 대한 민족의 여망을 표현했다.

어화 우리 학도들아, 동해를 건넌 후에 급류 중에 노를 젓고 열일(烈日) 아래 칼을 둘러 그 학업을 연구하고 인내 분발하여서 우리 국권 회복하고 유방백세(流芳百世)하여 보세 (《대한매일신보》 1909년 8월 12일자).

《대한매일신보》에 실린 개화기 가사 〈파검증군〉.

지청천은 그렇게 살았다. '유방백세'란 '거룩하게 살아 꽃다운 이름을 후세에 길이 전하다'는 뜻이다. 그는 민족의 자존심이다. 이름이 해와 달처럼 빛나며 청사에 길이 남을 것이다.

일제 강점기 무관 15인 약전
애국인가 친일인가

초판 1쇄 발행 2019년 8월 20일

지은이   이원규
펴낸이   윤형두
펴낸곳   종합출판 범우(주)

등록번호 제 406-2004-000012호(2004년 1월 6일)
         (10881) 경기도 파주시 광인사길 9-13 (문발동)
대표전화 031)955-6900, 팩스 031)955-6905

홈페이지 www.bumwoosa.co.kr
이메일   bumwoosa1966@naver.com

ISBN 978-89-6365-266-5 03900

＊잘못된 책은 바꾸어 드립니다.
＊이 도서의 국립중앙도서관 출판시 도서목록(CIP)은 e-CIP홈페이지
(http://www.nl.go.kr/cip.php)에서 이용하실 수 있습니다.